HISTOIRE

DES SOURCES

DU DROIT ROMAIN.

IMPRIMERIE D'HIPPOLYTE TILLIARD,

RUE DE LA HARPE, N° 78.

HISTOIRE

DES SOURCES

DU DROIT ROMAIN,

TRADUITE DE L'ALLEMAND,

SUR LA HUITIÈME ÉDITION,

De M. F. Mackeldey,

PROFESSEUR A L'UNIVERSITÉ DE BONN ;

ET AUGMENTÉE DE NOTES,

PAR F. F. PONCELET,

AVOCAT A LA COUR ROYALE ET PROFESSEUR A LA FACULTÉ DE DROIT DE PARIS,

SUIVIE

1o D'un Appendice renfermant le texte restitué de la loi des XII Tables, celui de l'Édit prétorien, etc.

2o De l'histoire du Droit français, par l'abbé FLEURY.

PARIS,

ALEX-GOBELET, LIBRAIRE,

RUE SOUFFLOT, No 4, PRÈS L'ÉCOLE DE DROIT.

1829.

AVERTISSEMENT.

L'ouvrage dont on publie, en partie au moins, la traduction, jouit en Allemagne de la plus haute réputation. Huit éditions successives attestent l'accueil qu'il a reçu dans un pays qui cependant est bien plus riche que le nôtre en ouvrages de cette nature. Il est devenu le texte suivi dans beaucoup d'Universités allemandes, pour les leçons sur les éléments du Droit romain.

En France, son utilité, sous ce dernier rapport, serait susceptible d'être contestée, d'abord parce que, pour l'enseignement, l'on y préfère en général le texte même des *Institutes* de Justinien à tout ouvrage élémentaire moderne. Ensuite, parce que le but de **M. Mackeldey**, but indiqué par lui-même dans le titre de son ouvrage, a été surtout de rédiger des éléments de Droit romain, qui puissent être d'un usage *pratique*; dominé par cette pensée, il a dû se borner à présenter l'état du Droit tel que l'avaient fixé les compilations de Justinien, en négligeant tout ce qui ne tenait qu'aux antiquités de la Législation romaine c'est-à-dire, tout ce qui n'appartenait plus qu'au domaine de l'histoire. Or c'est là précisément la portion la plus intéressante de cette législation lorsqu'on veut l'étudier, non pas telle qu'elle se présente, défigurée par les compilations de Justinien, mais telle qu'elle était florissante au temps des Adrien et des Antonin.

Sous ce double rapport, comme on le voit, une traduction complète des Éléments de M. Mackeldey pourrait n'être pas accueillie en France par un succès pareil à celui qu'ils ont reçus dans la patrie de leur auteur; mais aucune de ces observations n'est applicable à la portion historique de ces mêmes Éléments.

Il est impossible en effet de resserrer dans un cadre aussi étroit une plus grande abondance de notions importantes, de documents précieux; d'offrir une érudition plus abondante ou plus variée, de présenter un tableau plus complet de l'état actuel de la science historique des sources du Droit romain, science qui, depuis un demi-siècle, a fait de si étonnants progrès dans l'Allemagne.

Au moment où l'enseignement du Droit en France vient de s'enrichir de nouveau de celui de l'histoire de ses sources, le besoin d'un livre élémentaire qui pût servir, sinon de texte, au moins de guide dans son étude, a dû se faire sentir. La traduction que l'on offre satisfait pleinement à ce besoin. Elle a été faite avec un soin scrupuleux, dans le but d'éviter certaines erreurs qui étaient échappées à un précédent traducteur. Quelques notes, la plupart bibliographiques, ont été ajoutées. Enfin l'on a cru devoir faire suivre cette traduction du texte de la loi Décemvirale, telle qu'elle se présente d'après les restitutions les plus récentes des Haubold, des Dirksen et des Zell, de celui de l'édit du Préteur, d'après Haubold, des textes de Pomponius sur l'origine du Droit romain, et des Constitutions découvertes par Clossius, sur l'autorité des jurisconsultes anciens au temps de Constantin et de ses successeurs.

A défaut d'un travail meilleur sur l'histoire du Droit français, l'on a pensé qu'il pouvait être utile de reproduire aussi la très courte histoire donnée par l'abbé Fleury, qui ne laisse cependant pas que de renfermer encore quelques

documents importants sur l'origine de notre ancien Droit.

La réunion de ces divers morceaux est destinée à servir de Manuel à ceux qui suivront le
cours d'Histoire du Droit Romain et du Droit
Français, que l'ordonnance du Roi, en date du
26 mars 1829, a rétabli dans la Faculté de
Paris.

1er Juillet 1829.

INTRODUCTION.

NOTIONS PRÉLIMINAIRES.

SECTION PREMIÈRE.

Notions générales sur le droit et la jurisprudence.

§ Ier. Droit et justice.

Le mot français DROIT se prend dans une double acception, comme chez les Romains le mot JUS, savoir : 1° comme droit *objectif*, et 2° comme droit *subjectif*.

1° Pris comme *objectif*, le mot DROIT embrasse la collection des vérités, des règles et des préceptes, que les hommes, considérés comme êtres raisonnables, sont tenus d'observer dans les rapports qu'ils ont les uns avec les autres. Tout ce qui s'accorde avec ces préceptes prend l'attribut de *juste* (*justum seu rectum*) ; et ce sont les principes de droit en harmonie avec les actions de l'homme qui suit l'impulsion de son cœur et le penchant qui le porte vers le bien, qui constituent ce que l'on nomme *justice* (*justitia*) (1).

---

(1) Pr. J. *de just. et jur.* I, 1. « *Justitia* est constans et perpetua *voluntas*; jus suum cuique tribuendi. »

2° Le *droit subjectif* est le pouvoir d'agir, en d'autres termes la faculté morale, ou de faire une chose par nous-mêmes ou de demander qu'un autre la fasse ou l'omette, le tout dans notre intérêt. *Droit*, pris en ce sens, est synonyme de *privilége* (comme droit de chasse, droit de clôture, etc.), et alors il désigne l'état de supériorité où se trouve un individu vis-à-vis d'un autre, relativement à un objet quelconque.

§ II. I. Du droit objectif en particulier.

1. *Droit naturel et droit positif.*

On divise ordinairement le *droit objectif* en *droit naturel* et *droit positif*. Le *droit naturel* peut être considéré comme le produit et le résultat de la raison naturelle; on peut également le définir, la doctrine des conditions générales et constitutives de la liberté individuelle des membres d'un état quelconque (1). Le *droit positif* est le droit fondé sur des faits historiques; on peut le considérer aussi comme l'ensemble des principes

---

(1) C'est ce qui fait qu'on l'appelle aussi avec raison *la doctrine philosophique du droit* ou *la métaphysique du droit*. Il faut se garder de la confondre avec ce qu'on nomme *la philosophie du droit positif*.

Sur les divers systèmes de droit naturel, V. *Annales de législation de Genève*, I, 61.

reconnus légaux et obligatoires dans un pays déterminé. Le droit positif est , par conséquent , toujours redevable de son existence à la sanction et à la force de loi qu'une nation imprime à un principe de droit (1). Mais après que cette existence lui a été donnée , ce droit est soumis à l'influence que doivent naturellement exercer sur lui les mœurs, le caractère national, la religion et la forme de gouvernement du peuple chez lequel il a pris naissance. C'est là ce qui nous explique d'abord pourquoi le droit positif diffère chez chaque nation du droit de la nation voisine, tandis que le droit naturel est le même chez toutes; et ensuite comment il se fait que le droit naturel est toujours la base de tout droit positif.

§ III. 2. Sources du droit positif.

Le droit positif d'une nation doit son origine à deux sources principales : ce sont, d'abord, les lois prescrites d'une manière expresse par le pouvoir suprême de l'état (*jus quod ex scripto con-*

---

(1) C'est là ce que, chez les Romains, on entend par *jus civile* ou *jus proprium civitatis*, fr. 9. D. *de just. et jur.* « Omnes populi qui legibus et moribus reguntur, partim suo proprio, partim cummuni omnium hominum jure utuntur. Nam *quod quisque populus ipse sibi jus constituit*, id ipsius civitatis proprium est : vocaturque *jus civile.* »

stat) ; puis l'*autonomie* établie par les sujets de ce même état, ou, pour parler le langage ordinaire, les coutumes qui s'introduisent dans l'état (*jus quod sine scripto venit* (1).

§ IV. *A*. La loi.

La loi, en l'envisageant dans l'*acception juridique* de ce mot, est une règle émanée du pouvoir suprême de l'état, et à laquelle les sujets de ce même état sont tenus de se conformer ; toute loi repose donc sur la volonté du législateur.

Pour que la loi devienne obligatoire, il faut qu'elle parvienne à la connaissance de tous ceux que cette loi doit gouverner, et c'est l'acte par lequel on donne à la loi cette publicité, que l'on nomme *promulgation* (*promulgatio legis*) (2).

______

(1) Fr. 6. D. *de just. et jur.*, I, 1. « Jus nostrum constat aut *ex scripto* aut *sine scripto*, § 3, 9, I. *de jure nat. gent. et civ.* 1, 2. CICERO *de invent.* 2, 22. « *Consuetudinis* jus esse putatur id, quod *voluntate* omnium sine lege vetustas comprobavit. » ULPIANI *fragm.*, tit. 1, § 4. « Mores sunt tacitus consensus populi longâ consuetudine inveteratus. »

(2) Au temps de la république, *promulgare legem*, c'était, chez les Romains, publier le projet de loi avant le vote dans les comices, afin qu'elle fût à l'avance connue et pût être discutée par chacun. Mais au temps de Justinien, l'on employait déjà cette expression dans le sens que nous lui donnons aujourd'hui. *Præm.* Inst., § 1. « Omnes verò populi *legibus à nobis promulgatis vel compositis* reguntur. »

La promulgation se fait de différentes manières. Tant qu'elle n'est point intervenue, la loi n'est point obligatoire. La loi ne régit que l'avenir, et n'a point d'effet rétroactif (*lex ad præterita trahi nequit* (1).

§ V. *B*. La coutume.

Aucun droit positif ne peut être fondé exclusivement sur des lois expresses. Dans tous les temps, et chez tous les peuples, les mœurs et les usages ont donné naissance à une foule de principes de droit, qui ensuite se forment et se régularisent par les décisions des juges et par le développement scientifique qu'on donne au droit reçu et en vigueur dans l'état (2). Le *droit coutumier* (3)

---

(1) Const. 7, C. *de legib*. I, 14 ; Nov. 22, cap. 1, Nov., cap. 66, § 4 ; Chabot de l'Allier, *Questions transitoires*, *Paris*, 1809, 2 vol. in-4° ; *Thémis*, VII, 289 ; Blondeau, *sur l'effet rétroactif des lois*, Paris, 1810, in-8°. ; Meyer, *Principes sur les questions transitoires*, Amsterdam, 1813, in-8°. ; Jourdan, *Thémis*, VI, 441.

(2) Les Romains se formèrent de très bonne heure des idées arrêtées sur cette portion de tout droit positif. Quintilien dit dans ses *Inst. orat.*, 5, 3. « Pleraque in jure *non legibus* sed *moribus* constant ; Fr. 32, pr. D. *de statu hom.*, I, 3. De quibus causis scriptis legibus non utimur, id custodiri oportet quod *moribus et consuetudine* inductum est. » Gellius, *Noct. att.*, 20, 1.

Chez nous, Portalis a proclamé que : « Les codes des peuples se font avec le temps ; mais, à proprement parler, on ne les fait pas. » *Disc. prélim. du Code civil*. Conférence du Code civil, t. I, XXVII.

(3) Cf. G. V. De Busche, *De consuetudine*. Gott., 1752.

se compose donc en conséquence de ceux des préceptes de droit qui ne sont pas fondés sur une loi expresse émanée du pouvoir législatif, mais qui ont été sanctionnés par l'usage et l'opinion. Au surplus, toute doctrine fondée sur ce droit, a absolument la même force que celle fondée sur une loi expresse (1).

§ VI. 3. Prédominance de la loi nouvelle sur la loi antérieure.

Le droit positif d'une nation ne se forme pas

---

(1) § 9. Inst. *de jure nat. gent. et civili*, 1, 2. « Ex non scripto jus venit quod usus comprobavit. Nam diuturni mores consensu utentium comprobati *legem imitantur.* » Fr. 32, § 1. D. *de statu hom.*, I, 3. « *Inveterata consuetudo pro lege non immerito custoditur*, (et hoc est *jus* quod dicitur *moribus constitutum*). Nam cum ipsæ leges nulla alia ex causa nos teneant, quam quod judicio populi receptæ sunt : merito et ea, quæ sine ullo scripto populus probavit, tenebunt omnes. *Nam quid interest populi, suffragio populus voluntatem suam declaret, an rebus ipsis et factis?* Quare rectissime etiam illud receptum est ut leges, non solum suffragio legislatoris, sed etiam tacito consensu omnium per desuetudinem abrogentur. » Fr. 33, *ibid.* — « Diuturna consuetudo *pro jure et lege*, in his quæ non ex scripto descendunt, observari solet. »—Fr. 35, *ibid.* « Sed et ea quæ longà consuetudine comprobata sunt, ac per annos plurimos observata, velut tacita civium conventione, non minus quam ea quæ scripta sunt jura, servantur. » —Fr. 40, D. *ibid.* «Omne jus aut consuetudo sane, aut necessitas constituit, aut firmavit consuetudo. »

d'un seul jet ; sa croissance est insensible , et les changements qu'il subit sont continuels (1). Dans l'application pratique , un principe nouveau de droit l'emporte toujours sur un principe plus ancien , sans distinguer s'il doit son origine à la loi ou à la coutume (2). C'est là ce qu'on exprime par un axiome latin : *lex posterior* (ou mieux *jus posterius*) *derogat priori.*

§ VII. 4. Droit national et droit étranger.

Le droit positif d'un peuple est ou *national* ou *étranger.* Il est *national* lorsqu'il a pris naissance et s'est formé au sein du pays même auquel appartient ce peuple : il est *étranger* (*jus receptum*) lorsque, formé chez un autre peuple , il est reçu et obtient force de loi dans un pays qui ne lui a pas donné la naissance. Il prend cette qualification non pas seulement lorsque ce sont des systèmes

---

(1) § 11, Inst. *de jure nat. gent. et civ.* 1, 2. « Ea vero quæ ipsa sibi quæque civitas constituit , sæpe mutari solent , ex tacito consensu populi, vel aliâ posteà lege latâ. »

(2) Fr. 4, D. *de const. princ.*, I , 4. « Constitutiones tempore posteriores , potiores sunt his quæ ipsas præcesserunt. » Fr. 32, § 1. D. *de statu hom.* I , 3 , *cit. supra*, *not.* 3, Const. 2 C. *quæ sit longa cons.*, 8, 53. » Consuetudinis usûsque longævi non vilis autoritas est : verum non usque adeo suo valitura momento, ut aut rationem vincat aut legem. Cf. C. Schwitzer, *de desuetudine ,* Lips. 1801 , in-8°.

ou corps entiers de droit qui sont ainsi transplantés
chez une autre nation (1), mais même aussi lorsque ce ne sont que des doctrines ou des préceptes
isolés que cette nation adopte (2).

§ VIII. 5. Droit public et droit privé.

La dénomination de droit positif embrasse chez
chaque peuple le *droit public* et le *droit privé*.
I. Le *droit*, *jus publicum*, *public* ou *politique*, comprend tous les principes de droit relatifs à la constitution et au gouvernement de l'état, et qui
déterminent les rapports du pouvoir suprême,
c'est-à-dire des gouvernants, avec les sujets de
l'état, c'est-à-dire les gouvernés. II. Le *droit privé*
(*jus privatum*) renferme les préceptes qui règlent
les relations des sujets les uns avec les autres,
sous le rapport du droit (3).

§ IX. 6. Jurisprudence.

La jurisprudence *objective*, en prenant cette

---

(1) Par exemple, en Allemagne, le droit romain, le droit
canon, le droit des Lombards et le droit français.

(2) Comme, par ex., la *Loi Rhodia*, *de jactu*, chez les Romains.

(3) Fr. 1, § 2. D. *de just. et jure*, I, 1. « Hujus (juris) studii
duæ sunt positiones, *publicum* et *privatum*. *Publicum* jus est, quod
ad statum rei romanæ spectat ; *privatum*, quod ad singulorum
utilitatem » § 4, I. *de just. et jure*, I, 1.

qualification dans le même sens que pour le *droit objectif*, est l'exposé scientifique des principes de droit (*doctrina juris*). La jurisprudence *subjective* est la connaissance scientifique du droit (*scientia juris*)(1).

§ X. 1. Du droit subjectif en particulier.
I. *Droit et devoir.*

Le droit *subjectif*, ainsi que nous l'avons dit (§ I), est le pouvoir ou la faculté morale , ou de faire une chose par nous-même, ou de demander qu'un autre la fasse ou l'omette dans notre intérêt. Vis-à-vis de ce droit se trouve placé, comme en opposition, ce que l'on appelle *devoir* (*officium* et non pas *obligatio*) (2), c'est-à-dire la nécessité ou la force morale qui influe sur les actions qui dépendent de notre volonté. Droit et devoir sont par conséquent des corrélatifs, c'est-à-dire que l'un ne saurait subsister sans l'autre.

§ XI. II. Devoirs parfaits et imparfaits. ?

Tout ce qui donne un droit à un individu, im-

---

(1) « Est justi atque injusti scientia » § 1, I. *de just. et jure*, I, 1.

(2) Les Romains n'ont jamais attaché au mot *obligatio* le sens qu'emportent chez nous ceux de *devoir* ou d'*obligation*; ils entendaient par là cette espèce de droit que nous appelons *créance* ou *dette*.

pose nécessairement en même temps un devoir à un autre : ainsi donc, pour que le premier puisse s'exercer, il faut que l'on satisfasse au second. A la vérité, la raison commande à l'homme d'accomplir tous ses devoirs de son propre mouvement; mais s'il néglige de le faire, le magistrat a-t-il le pouvoir de l'y contraindre? Pour résoudre cette question, il y a une distinction importante à faire entre les divers devoirs que l'homme doit observer.

Parmi ceux-ci, il en est que nul homme ne peut être forcé de remplir; et il en est d'autres, au contraire, qu'on peut contraindre chaque homme d'accomplir (1). Les premiers s'appellent *devoirs imparfaits*, ou devoirs dictés par la morale et la conscience; les seconds *devoirs parfaits* ou forcés, c'est-à-dire prescrits par la loi (2).

---

(1) Les Romains n'avaient pas inventé deux termes distincts pour séparer l'idée de devoir parfait de celle de devoir imparfait ; ils les comprenaient tous les deux sous le nom d'*officium*. Lorsqu'ils voulaient exprimer un devoir parfait, ils disaient : *cogendus est, tenetur, necesse est*, ou *habet, debet* ou *debetur*. Les modernes expriment la même idée en appelant cette espèce de devoir, *obligatio perfecta, necessitas legitima, officium jure impositum*, etc.

(2) Le mot *officium* est entendu chez les Romains en quatre sens différents : 1° Pour signifier tout devoir quelconque imposé soit par la loi, soit par la morale : par ex.,Const. 7. C. *de dotis prom.* 5, 11. — 2° Comme obligation dérivant de la libéralité seule, par

§ XII. III. Droits parfaits et imparfaits.

De même qu'il y a des devoirs parfaits et imparfaits, de même aussi les droits qui leur correspondent sont ou parfaits ou imparfaits.

Le droit corrélatif à un devoir imparfait se trouve nécessairement ne constituer qu'un *droit imparfait*, ou *droit moral* : celui, au contraire, qui correspond à un devoir parfait, établit un *droit parfait*, c'est-à-dire un véritable droit, en prenant ce mot dans l'acception qui lui appartient réellement, ou, en d'autres termes, un *droit juridique*. La jurisprudence ne s'occupe uniquement que de cette dernière espèce de droit; quant aux autres, ils sont exclusivement du domaine de la morale.

§ XIII. IV. Protection accordée par l'état aux droits parfaits ou juridiques.

Quiconque peut invoquer en sa faveur un droit parfait, doit, par la même raison, pouvoir contraindre à reconnaître et à exécuter le devoir cor-

---

opposition à l'obligation qui dérive de la nécessité : par exemple, fr. 17, § 5, D. *commodati*, 13, 6.—3° Comme synonyme de devoir dérivant de la piété ou de la reconnaissance, fr. 2, D. *de inoff. test.*, 5, 2; et fr. 1. D. *de operis libert.*, 38, 1. — 4° Enfin, pour exprimer une charge et tous les devoirs qui en découlent, Dig., lib. I, tit. 10-22.

rélatif à ce droit. Mais cette contrainte, il ne peut
l'exercer en vertu seule de son autorité privée;
il faut qu'à cet effet il ait recours au pouvoir suprême de l'état, lequel est chargé de défendre le
droit et la liberté de chaque individu contre les
attaques ou les atteintes qu'un autre voudrait
leur porter. Ainsi donc, la contrainte légale ou
juridique n'existe que dans l'état et par l'état;
hors de lui, l'on ne peut tolérer l'exercice d'aucun
droit juridique.

§ XIV. V. Sujet et objet du droit.

Tout droit a un *sujet* et un *objet*. Tout ce qui
est appelé à jouir du droit, que ce soit une *personne* ou une *chose*, s'appelle le sujet du droit (1).
L'objet du droit est la chose ou la personne sur
laquelle le droit est dirigé. Dans les termes du
droit parfait (§ 12), les actions légales ou *extérieures* de l'homme peuvent seules former l'objet
du droit, parce que ce sont les seules qui soient
susceptibles de restriction ou de limitation, c'est-à-
dire qui puissent être forcées de se restreindre
dans les bornes que la liberté de l'homme reçoit

---

(1) Par exemple, en matière de servitude prédiale, le fonds
dominant est le sujet du droit; en matière de privilége, la chose
appelée à en jouir est également le sujet du droit, etc.

dans l'état de société ; tandis que les actions *intérieures* ou *morales* ne peuvent être empêchées ou contraintes par aucun pouvoir humain, ne sauraient jamais être l'objet du droit.

§ XV. VI. Classification générale des droits.

Les droits que l'état reconnaît et protége dans la personne de chacun de ses membres sont : 1º ceux qui ont rapport à la *capacité* d'un individu, c'est-à-dire aux qualités et conditions nécessaires pour être considéré dans l'état comme habile à exercer et à jouir, dans tous les cas, des droits établis dans son sein ; 2º en supposant l'existence de cette capacité légale, tous ceux qui concernent l'*état de famille* de cet individu ; et enfin 3º tous les droits relatifs à la propriété, c'est-à-dire qui frappent sur ses biens (ou sa fortune). Ces derniers sont : A ou *réels* : ce sont ceux en vertu desquels il est autorisé à jouir et disposer directement des choses soumises à sa puissance ; B ou *personnels* : ce sont ceux qu'il a pour forcer une personne obligée envers lui à remplir son engagement, et à terminer par la prestation de la chose due les rapports juridiques que l'obligation établissait entre eux. Les droits de capacité civile, ceux de famille et les droits réels sur les biens ou la propriété sont ce que l'on appelle des droits *absolus*, c'est-à-dire des droits qu'on peut

a.

forcer tous les hommes de reconnaître, et dont on peut réclamer la jouissance contre tous ceux qui voudraient y porter atteinte. Les droits personnels de propriété ne sont au contraire que des droits *relatifs*, c'est-à-dire des droits qu'on ne peut faire valoir que vis-à-vis seulement de la personne obligée elle-même.

§ XVI. VII. Classification générale des devoirs.

Le devoir, considéré comme correspondant ou corrélatif à un droit, est, ou *général et négatif*, ou *particulier et positif*. Le *devoir général* ou négatif impose à tous les hommes, sauf celui en faveur duquel il existe, de ne point troubler celui-ci dans l'exercice ou la jouissance de son droit. Le *devoir particulier* ou positif n'est imposé qu'à certaines personnes seulement, et il consiste à obliger celles-ci de faire ou d'accomplir ce qu'un autre est autorisé à exiger d'elles, en vertu de son droit. Le premier correspond plus particulièrement aux droits absolus, le second aux droits relatifs.

§ XVII. VIII. Actions ou plaintes.

Celui au profit duquel des droits sont acquis, est autorisé à les faire valoir en justice lorsqu'on les lui conteste, et l'on appelle en général *actions* (*actiones*) les moyens qui tendent à poursuivre en justice, et à faire maintenir l'existence ou la conservation d'un droit (1).

SECTION DEUXIÈME.

Idées genérales des Romains sur le droit.

§ XVIII. *Jus et justitia.*

Le principe fondamental sur lequel était basé tout le droit chez les Romains, c'était ce respect et cette vénération spontanés qui s'attachent à tout ce qui est noble et bon (2). La contrainte légale n'était nulle part regardée comme un moyen indispensable (3). *Jus est ars æqui et boni*, disaient-ils, et c'est animé de ces sentiments, qu'ULPIEN, s'a-

---

(1) Pr. I. *de actionibus* 4, 6. « *Actio* nihil aliud est, quam jus persequendi in judicio, quod sibi debetur. »

(2) Q. CICERO *de off.*, lib. I, c. 28.

(3) Cependant les Romains connaissaient très bien la différence des devoirs en parfaits et imparfaits (§ 1). CICERO, *de off.*, lib. I, c. III ; SENECA. *de Ira*, lib. I, cap. XXVII; fr. 144 , D. *de Reg. jur.*, 50-17. «Non omne quod licet honestum est »; fr. 197, *ibid.* fr. 42 , D. ; *de Ritu nupt.*, 23 , 2, fr. 1 § 5, D., *de extraord. cogn.*, 50, 13. Mais ils ne s'attachaient pas avec autant de soin que nous à marquer la différence qui existe entre *la morale* et *le droit naturel*, et l'on ne voit nulle part qu'ils aient considéré la contrainte légale comme formant le caractère principal, ou, pour mieux dire, unique du droit positif.

dressant aux jurisconsultes, qu'il considère comme
les ministres sacrés de la justice, leur recommande
de ne pas se borner à inculquer aux hommes la
nécessité de conformer leurs actions extérieures
aux règles de la loi, mais de leur inspirer en outre
le besoin de conformer leurs actions intérieures
aux règles de la morale (1). Aussi chez eux la jurisprudence était-elle *divinarum atque humanarum
rerum notitia, justi atque injusti scientia* (2), et
la justice ne consistait pas seulement à assurer aux
actions humaines une légalité extérieure, mais
encore à établir une harmonie complète entre
elles et les principes du droit, harmonie fondée
sur un penchant naturel et une détermination
libre de la volonté (3).

(1) Fr. 1, § 1, D. *de just. et jure*, 1, 1. « Jus est ars æqui et
boni, cujus merito quis nos sacerdotes appellet. Justitiam namque colimus, et boni et æqui notitiam profitemur ; æquum ab iniquo
separantes, licitum ab illicito discernentes : bonos non solum
metu pœnarum, verum etiam præmiorum quoque exhortatione
efficere cupientes, veram philosophiam, non simulatam, affec-
tantes. » Cf. Tit. C. *Pro quib. caus. servi pro præm. libert. accip.*
7, 13, et tit. C. *de fam. lib.* 9, 36, const. 1, § 1; C. *de vet. jure
enuc.* 1, 17.

(2) Pr. I, *de just. et jure*, I, 1; fr. 10, § 1., D. *de just. et jure*, I,
1 ; fr. 2., D. *de legib.*, I, 3, const. 1, § 1; C. *de vet. jure enuc.* I, 17.

(3) Pr. I, *ib.*; fr. 10, pr. D. *eod.* « Justitia est constans et perpetua voluntas jus suum cuique tribuendi. » Nov. 69, pr.; Cicero,
de Finib., lib. V, c. 33 ; Cicero, *de Invent.*, lib. II, c. 64;
Aulus Gellius, *Noct. att.*, lib. XVII c. 5.

§ XIX. *Tria juris præcepta.*

Les Romains, en partant de ces bases morales, réduisirent à trois les principes fondamentaux du droit tout entier.

I. Honestè vive, c'est-à-dire vis et agis toujours comme un homme honnête, évite avec soin pour toi-même, pour ta dignité morale, tout ce qui est contraire à l'honneur et aux bonnes mœurs.

II. Neminem læde, c'est-à-dire n'enlève à personne ce qui lui appartient.

III. Suum cuique tribue, c'est à-dire donne à chacun ce que tu es obligé de lui donner (1).

§ XX. *Jus publicum et privatum.*

Considérée par rapport à son objet, les Romai ns divisaient la science du droit en deux branches :

Science du *droit public; jus publicum est quod ad statum rei romanæ spectat ;* et 2. Science du *droit privé; jus privatum est quod ad singulorum utilitatem spectat* (2).

§ XXI. *Jus naturale, gentium et civile.*

Ils subdivisaient ensuite le droit privé en trois branches, *jus naturale, gentium* et *civile* (3).

---

(1) § 3, I. *de just. et jure*, I, 1, fr. 10, § 1. D. *cod.*, Donellus, *Comment. jur. civ.*, lib. II, c. 1.

(2) Fr. 4, D, *de just. et jure*, I, 1 ; fr. 1, § 2, D. *eod.*, I, 1. Cf. § 8, *supra.*

(3) § 4, I. *de just. et jure* I, 1; fr 1, § 2 D. *eod.*, I, 1. « Pri

I. Au *jus naturale* ils rapportaient toutes les actions matérielles qui, par leur nature, s'attachent à la partie purement animale de l'homme, en un mot tout ce qui est commun à l'homme et à la brute (1).

2. Le *jus gentium* était chez eux l'ensemble des rapports et des principes de droit, résultat forcé de l'état de société entre les hommes, et regardés comme obligatoires, c'est-à-dire comme ayant force légale, chez tous les peuples civilisés (2).

3. Ils appelaient *jus civile* le droit établi par

vatum jus tripartitum est, collectum enim ex naturalibus præceptis aut gentium aut civilibus. »

(1) Pr., I. *de jure nat. gent. et civ.*, I, 2, fr. 1, § 3, D. *de just. et jure*, I, 1. « Jus naturale est quod natura omnia animalia docuit. Nam jus istud non humani generis proprium est, sed omnium animalium quæ in terrâ, quæ in mari nascuntur, avium quoque commune est. Hinc descendit maris atque feminæ conjunctio, quam nos matrimonium appellamus; hinc liberorum procreatio, hinc educatio. Videmus enim cætera quoque animalia, feras etiam istius juris peritia censeri. »

(2) § 1., I *de jure nat. gent. et civ.*, I, 11. « Jus gentium est quod naturalis ratio inter omnes homines constituit, id apud omnes peræquè custoditur, vocaturque jus gentium, quasi quo jure omnes gentes humanæ utuntur. » Cf. fr. 1, § 4; fr. 2, 3, 4, 5, 9. D. *de just. et jure*, I, 1. La dénomination de *jus gentium*, chez les Romains, ne comprenait pas tout ce que nous entendons par celle de *droit naturel*, c'était plutôt un résumé du droit positif de tous les peuples civilisés. On le trouve cependant quelquefois appelé aussi *jus naturale*, par ex., § 11, I. *de just. et jur.*, I, 11, et § 1, I. *de rerum div.*, II, 1.

chaque peuple en particulier, et qui, sans s'écarter entièrement des deux premières espèces de droit, et sans les suivre non plus à la lettre, ajoute ou retranche à chacun d'eux, ainsi que le dit ULPIEN (1).

En résumé, sous le rapport du *jus naturale*, l'homme était considéré comme animal, sous celui du *jus gentium*, comme être doué de raison et destiné à vivre en société avec ses semblables, et enfin, sous le rapport du *jus civile*, comme citoyen ou membre d'un état en particulier.

§ XXII. *Jus scriptum et non scriptum.*

En prenant le *jus civile* dans cette dernière acception, les Romains le divisaient en *jus scriptum* et non *scriptum* (2). Toutefois, le plus fréquemment on ne trouve l'expression de *jus civile*

---

(1) Fr. 9, D. *de just. et jure*, I, 1. « Omnes populi qui legibus et moribus reguntur, partim suo proprio, partim communi omnium hominum jure utuntur. Nam quod quisque populus ipse sibi jus constituit id ipsius proprium civitatis, est, vocaturque jus civile. § 1, 2, I. *de jur. nat.*, I, 2, fr. 6, pr. D. *de just. et jure*, I, 1. « Jus civile est quod neque in totum a naturali vel gentium recedit, nec per omnia ei servit : itaque cum aliquid addimus vel detrahimus juri communi, jus proprium id ac civile efficimus. » GAIUS, lib. I, § 1. Quant aux autres significations du mot *jus civile*, Cf. §. 40 p. 34 note 1.

(2) Fr. 6, §. D. *de just. et jure*, I, 1. « Jus nostrum constat aut *ex scripto* aut *sine scripto*. » § 3, I. *de jure nat.*, gent. et *civ.*, I, 2.

employée chez eux , que sous son acception gram-
maticale, et alors ils entendaient par là tout le
droit écrit, par opposition au droit coutumier ou
non écrit (1).

Aujourd'hui on donne la qualification de *jus
scriptum* exclusivement au droit qui émane des
lois positives, et par *jus non scriptum*, on entend celui qui résulte des mœurs et des coutumes,
sans s'attacher à la circonstance matérielle de savoir s'il a été ou non réellement écrit (§ 5).

§ XXIII. Système du droit privé des Romains.

Le système du droit privé se partageait, d'après
les idées propres aux Romains, en trois parties
principales, savoir :

1. JUS PERSONARUM , c'est-à-dire doctrine des
personnes en général, de leur capacité légale et
de leurs rapports de famille.

2. JUS RERUM , c'est-à-dire doctrine des *choses*,
de leurs diverses espèces et des droits qui y sont
attachés.

3. JUS OBLIGATIONUM ET ACTIONUM , doctrine
des *droits* qu'un individu peut avoir contre un
autre , et des *moyens* de faire valoir ces droits.

---

(1) C'est pour cela qu'ils rangeaient les *Edicta prætorum*, et les
Responsa prudentúm , parmi le *jus scriptum*, § 3-9, I. *de jur. nat.
gent. et civ.* 1 , 2 ; fr. 32-38. D. *de legib.* I, 3.

HISTOIRE
DES SOURCES
DU DROIT ROMAIN.

CHAPITRE PREMIER.

PRÉLIMINAIRES.

§ XXIV. Définition du droit romain, et de son histoire.

L'on entend par droit romain en général, l'assemblage des principes du droit qui a été en vigueur chez les Romains, nation célèbre de l'antiquité, sans distinction des différentes époques où ces principes se sont formés ou ont été modifiés (1).

L'*Histoire du droit romain* se divise ordinairement en histoire *extérieure* et histoire *intérieure*.

La première (*l'histoire extérieure*) ne s'occupe qu'à tracer l'histoire de l'origine et du développement des sources du droit romain, tandis que la seconde (*l'histoire intérieure*) explique les doctrines produites par

---

(1) En prenant la qualification de *droit romain* dans un sens moins étendu, l'on n'entend par là uniquement que les compilations de Justinien, qui forment le droit romain tel qu'il est en vigueur, soit comme loi positive, soit comme raison écrite chez les nations modernes.

ces sources, et fait voir le sort que ces doctrines ont éprouvé dans leur origine, leurs progrès et leur décadence.

§ XXV. Sources et bibliographie de l'histoire du droit romain.

I. SOURCES (1).

Parmi celles-ci l'on doit ranger particulièrement *les collections* de droit romain faites à des époques plus ou moins reculées, ainsi que les édits ou ordonnances qui leur servaient de promulgation, et les commentaires des auteurs contemporains qui les suivirent de près, comme, par exemple, celui de THÉOPHILE sur les *Institutes*; ensuite toutes les *Inscriptions* qui nous sont parvenues, soit entières, soit par fragments; comme, par exemple, la *loi Rubria*, ou, comme on l'appelait jusqu'à présent, la *Tabula Heracleensis* (2); la *Lex de Gallia cisalpina* (3) et l'*Obligatio prædiorum seu tabula Trajani alimentaria* (4); enfin

---

(1) C. G. HAUBOLD. *Institutiones juris romani litterariæ.* Lips., 1809, t. I, part. II, p. 217.

(2) HAUBOLD, l. c., p. 249; H. E. DIRKSEN. *Observationes ad tabulæ Heracleensis partem alteram quæ vulgo æris Neapolitani nomine venit,* Berol., 1817, in-8°. — *Fragmentum legis romanæ in aversa tabulæ Heracleensis parte. Notis criticis et commentario illustravit* G. T. L. MAREZOLL. Gott., 1816, in-8°.

(3) HAUBOLD, l. c., p. 248, H. E. DIRKSEN. *Diss. proponens observationes ad selecta legis Galliæ Cisalpinæ capita.* Berol, 1812, in-4°. *Tavola legislativa della Gallia Cisalpina, ritrovata in Velleja nell' anno* MDCCLX, *e restituta alla sua vera lezione da D. Pietro* DE *Lama, colle oservazioni e annotazioni di due celebri Giurisconsulti Parmigiani.* Parma, 1820. THEMIS, t. VI, p. 523.

(4) HAUBOLD, l. c., p. 291. *Quæstio antiquaria de pueris et*

les ouvrages d'un grand nombre d'écrivains grecs et
latins, tant parmi les jurisconsultes, que parmi les
historiens, les rhéteurs, les grammairiens, et même
les poètes.

Parmi ceux de ces écrivains qui étaient jurisconsultes, l'on doit surtout diriger toute son attention
sur l'Histoire du droit de POMPONIUS, contenue dans
le fr. 2., D. *de Origine juris* (1), sur les fragments
D'ULPIEN, et sur les Institutes de GAIUS (*Voyez* plus
bas, § 44). Quant aux écrivains qui n'étaient pas jurisconsultes, on tirera particulièrement le plus d'utilité
de POLYBE, DENYS D'HALICARNASSE, PLUTARQUE, TITE-
LIVE, CICÉRON, JULES-CESAR, PLINE LE NATURALISTE
et PLINE LE JEUNE, TACITE, SUÉTONE, les SCRIPTORES
HISTORIÆ AUGUSTÆ, et les grammairiens et rhéteurs
tels que VARRON, QUINTILIEN, ASCONIUS PÆDIANUS,
AULU-GELLE, ainsi que d'autres moins anciens, SEXTUS
POMPEIUS FESTUS, SERVIUS et BOECE.

II. BIBLIOGRAPHIE.

A. *Histoire politique des Romains.*

HISTOIRE UNIVERSELLE, par une société de gens de lettres, traduite de l'anglais, Paris, 1779-1791, 126 vol.
in-8°. La partie qui est relative à l'histoire romaine, jusqu'à la mort de Constantin, est supérieurement traitée.

---

puellis alimentariis, specimina tria, ed. C. H. PAUFLER. Dresd.,
1809, in-4°. *Tavola alimentaria Vellejate, detta Trojana, restituta alla sua vera lezione da D. Pietro* DE LAMA, *col alcune osser-
vazioni del medesimo.* Parma, 1819, in-4°.

(1). . . . .

La république romaine, par L. DE BEAUFORT, La Haye, 1766, 2 vol. in-4°, ou Paris, 1767, 6 vol. in-12.

ED. GIBBON's, *History of the decline and fall of the Roman Empire.* London, 1777-1788, 6 vol. in-4°, ou 1797, et autres années, 12 vol. in-8°. Traduite en français, avec des notes par F. GUIZOT, Paris, 1812, 13 vol. in-8°.

A. FERGUSON's. *History of the progress and termination, of the Roman Republic.* London, 1783, 3 vol. in-4°, ou 1805, 5 vol. in-8°. Traduite en français, Paris, 1781, 7 vol. in-8°, ou in-12.

AD. DE TEXIER. Du gouvernement de la république romaine. Hambourg, 1796, 3 vol. in-8°.

B. G. NIEBUHR's. *Roemische Geschichte* (Histoire romaine). Berlin, 1811, 1812, 2 vol. in-8°, nouvelle édition, entièrement refondue. Bonn, 1827, tom. 1, in-8°. [Nous ne possédons aucune traduction française de cet important ouvrage, tandis que nos voisins les Anglais en ont deux ; l'une faite sur la première édition, Londres, 1827, 2 vol. in-8°, et l'autre sur la seconde, Cambridge, 1828, in-8°. ED.] Les observations qui ont paru sur cet ouvrage sont celles de A. G. DE SCHLEGEL, dans le journal d'Heidelberg, pour 1816, de W. WACHSMUTH. *Die altere Geschichte, etc.* (L'Antique histoire du gouvernement romain. Halle, 1819, in-8°), et une Dissertation d'ELVERS, sur les sources de la plus ancienne histoire du gouvernement et du droit des Romains, dans ses *Beitragen fur Rechtslehre* (Matériaux pour la législation et la science du droit.) Gottingue, 1820, in-8°.

B. *Constitution et Gouvernement des Romains.*

Johannis Laurentii Lydi de magistratibus Reipublicæ romanæ, libri III, edidit J. D. Fuss.; præfatus est C. B. Hase. Parisiis, 1812, in-8°.

Pauli Manutii Antiquitates romanæ. Venetiis, Aldus, 1557, in-fol., ou 1581, in-4°.

Quelques-unes des dissertations sur *les lois*, *le sénat*, *les comices des Romains*, et *la cité romaine* ont été insérées dans le Thesaurus antiquitatum Romanarum de Grævius. Traj. ad Rhen., 1694, 12 vol. in-fol., et particulièrement dans les tomes I et II.

Onuphrii Panvinii Reipublicæ romanæ, commentariorum libri III. Venet., 1558, in-8°, ou Paris, 1588, in-8°.

On trouve également, dans les tomes I et II de Grævius, quelques dissertations tirées de cet ouvrage.

Franc. Hotomanni Antiquitatum romanarum libri v, dans la collection de ses œuvres. Colon. All., 1599, 3 vol. in-fol. Voir le tome III, p. 191-764, et aussi Grævius, tome II.

C. Sigonii De antiquo jure populi romani libri XI, Halæ, 1715, 2 vol. in-8°.

La meilleure édition de cet ouvrage, qui est encore l'un des plus précieux sur la matière, se trouve dans celle des œuvres complètes de l'auteur. Mediol., 1736, 12 vol. in-fol., elle forme le tome V, avec des notes excellentes de Maderni.

C. F. Schulze. *Von den Volksversammlungen* (Sur les assemblées populaires des Romains). Gotha, 1815, in-8°.

T. MAX. ZACHARIÆ. *Versuch einer Geschichte*, *etc.* (Essai d'une histoire du droit romain). Leipzig, 1814, in-8° (1re et 2e partie).

TH. BANKES. *The civil and constitutional History of Rome.* Londres, 1819, 2 vol. gr. in-8°.

C. DICT. HULLMANN. *Staatsrecht des Alterthums* (Droit public de l'antiquité). Cologne, 1820, in-8°.

C. A. GRUNDLER. *Handbuch der Roemischen-Rechs Gesch.* (Manuel de l'histoire du droit romain), t. Ier, Histoire du gouvernement des Romains, de leur constitution et de leur droit public). Bamberg, 1821, in-8°.

A. M. J. J. DUPIN. Précis historique du droit romain, 3e édition. Paris, 1825, in-18.

C. *Histoire du droit romain en particulier.*

I. *Histoire extérieure.*

AYMUNDI RIVALLII Historiæ juris civilis libri V. Valentiæ, 1515; Moguntiæ, 1527, in-8°.

JAC. GOTHOFREDI Manuale juris.

On y trouve, entre autres morceaux, une courte histoire du droit. Il y a une foule d'éditions ; les meilleures sont celles de Leyde, 1684, in-12, Genève, 1710, in-12; celle de Paris, 1806, in-8°, quoique plus ample que les précédentes, est fort incorrecte. On trouve aussi cet ouvrage dans la collection des J. GOTHOFREDI opera minora, ed. TROTZ. Lug. Bat., 1737, in-fol.; voir pag. 1237 et seqq.

G. SCHUBART De fatis jurisprudentiæ romanæ. Jenæ, 1696, in-8°; nova editio, ed. TILLING. Lipsiæ, 1796, in-8°.

C. G. HOFFMANN. Historia juris romani. Lipsiæ, 1718 et 1734, 2 vol. in-4°.

J. S. Brunquell. Historia juris romano-germanici. Jenæ, 1734, Amstel., 1751, in-8°.

Ant. Terrasson. Histoire de la jurisprudence romaine. Paris, 1750, in-fol. ; Toulouse, 1823, in-4°.

J. H. Chr. de Selchow. *Geschichte der Rechte ;* Histoire de tous les droits en vigueur dans l'Allemagne. Gottingue, in-8°.

R. F. Telgmann. *Geschichte des R. R.* (Histoire du Droit romain). Gottingue, 1736, 2 vol. in-8°, et avec des notes de **Scheidemantel.** Leipzig, 1780.

J. G. Heineccii Historia juris civilis romani et germanici. Halæ, 1733, in-8°, et souvent depuis.

Parmi les meilleures éditions, il faut compter celle de Strasbourg, 1765, in-8°, à cause des notes de **Ritter** et de **Silberrad.**

J. A. Bach Historiæ jurisprudentiæ romanæ. Lipsiæ, 1754, in-8°, et depuis avec des notes de **Stockmann.** Lips., 1796 et 1806.

Th. Brewer. *The History of the legal polity of the Roman state ; and of the rise, progress and extent of the roman laws.* London, 1781, in-4°.

Ch. Gott. Haubold. Historia juris romani, tabulis synopticis secundum Bachium concinnatis illustrata. Lipsiæ, 1796, in-4° ; et en abrégé dans son Epitome institut. juris romani privati. Lips., 1821, in 8°, pag. 155 à 231. Ce sont ces dernières que l'on a réimprimées à Paris, 1822, in-fol.

T. M. Zachariæ. *Versuch, etc.* (Essai d'une Histoire du droit romain). Leipzig, 1814, in-8°. (3e partie).

Histoire du droit romain, par **Berriat Saint-Prix.** Paris, 1821, in-8°.

Venc. Alex. Macieiowsky. Historia juris romani, Ed. 2ª. Varsoviæ, 1825.

An Historical Essay, *on the laws and the government of Rome, designed as an Introduction to the Study of the civil laws.* Cambridge, 1827, in-8°.

II. *Histoire intérieure et antiquités du Droit.*

J. G. Heineccii Antiquitatum romanarum jurisprudentiam illustrantium syntagma, secundum ordinem Institutionum digestum. Halæ, 1719, in-8° et sæpius.

Parmi les nombreuses éditions, on doit préférer celle avec les notes de Herm. Cannegieter. Francker et Lewarden, 1777, in-8°, et surtout celle de Haubold. Francfort-sur-le-Mein, 1822, in-8°.

F. C. Conradi Parerga in quibus antiquitates et historia juris illustrantur. Helmstadt, 1735-1739, in-8°.

J. H. Ch. de Selchow. Elementa antiquitatum juris romani publici et privati. Gott., 1757, in-8°; réimprimé avec de nombreuses augmentations sous ce nouveau titre : *Elementa juris romani ante Justinianei.* Gott., 1778, in-8°.

C. G. Heyne. Antiquitas romana, imprimis juris Rom. Gott., 1779, 16 p. in-8°.

On peut employer utilement, comme secours pour l'étude des antiquités du droit romain les ouvrages suivants, qui traitent des antiquités romaines en général.

G. H. Nieupoort. Rituum quæ olim apud Romanos obtinuerunt succincta explicatio. Traj. ad Rhen., 1712, in-8°.

Il y en a une bonne édition, avec des notes de Nagel, Lugd. Bat., 1802, in-8°. Nous possédons une traduction française de ce livre, sous le titre : *Explication abrégée des coutumes et cérémonies observées chez les Romains*, par l'abbé DESFONTAINES. Paris, 1750, in-8°. Il faut aussi consulter, en lisant cet ouvrage, les deux écrits suivants, destinés à l'éclaircir.

C. G. SCHWARTZ. Observationes ad Nieuportii compendium antiquitatum Romanorum, cum præf. A. M. Nagel. Altorf. 1757, in-8°. M. G. HAYMANN. *Anmerkungen*, etc. (Remarques sur le Manuel des antiquités romaines, par Nieupoort). Dresde, 1786, in-8°.

G. E. MATERNUS DE CILANO. *Asfuerhliche Abhandlung*, etc. (Traité détaillé sur l'antiquité romaine, publié par ADLER). Altona, 1775, 1776, 4 vol. in-8°.

ADAM's (ALEX.). *Roman antiquities*. London, 1822, in-8°.

Il y a une traduction allemande avec de bonnes notes, par J. L. Meyer, dont la 3e édition a paru à Erlang, 1815, 2 vol. in-8°. Ces notes et le texte ont été traduits en français, par M. DE LAUBÉPIN. Paris, 1818, 2 vol. in-8°, et 1826, 2 vol. in-12.

P. F. A. NITSCH. *Beschreibung*, etc. (Description de l'état domestique, scientifique, etc., des Romains, avec une esquisse de la ville de Rome, par J. H. M. Ernesti), 3e édition, Erfurt, 1807 et 1812, 2 vol. in-8°.

J. L. MEYER. *Lehrbuch der Romischen Alterth.* (Manuel des antiquités romaines). Erlang., 1797; nouvelle édition, Giessen, 1822, in-8°.

J. D. FUSS. Antiquitates romanæ. Leod., 1820; ed. 2ᵃ. *ibid.*, 1826, in-8°.

F. Creuzer. *Abriss der Roemischen Antiquitaten.* (Esquisse des antiquités romaines, publiée par J. C. F. Bähr). Darmstadt, 1824, in-8°.

Il faut également indiquer ici l'ouvrage suivant.

Ed. Platner. *Uber die wissenschaftliche Begrundung,* etc. (Sur le fondement et la manière scientifique d'étudier les antiquités en général, et en particulier, les antiquités romaines). Marbourg, 1812, in-8°.

III. *Ouvrages sur l'Histoire extérieure et intérieure du Droit.*

J. V. Gravinæ. Originum juris civilis, libri III. La première édition est de Naples, 1701, in-8°. La seconde, avec une Dissertation *de Romano imperio,* et d'autres additions importantes, parut en 1713, in-4°. Depuis, l'ouvrage a été souvent réimprimé ; parmi les meilleures éditions, il faut compter celle de G. Mascow. Leipzig, 1737, et celle de l'avocat Sergio. Naples, 1756-1758, in-4°.

J. F. Reitemeier. *Encyclopedie und Geschichte.* (Encyclopédie et Histoire des droits en vigueur en Allemagne). Gottingue, 1785, in-8°.

Le 44e Chapitre de l'Histoire de la décadence et de la chute de l'empire romain, par Gibbon.

Il a été traduit en allemand, et publié à part, avec des remarques par G. Hugo. Gottingue, 1789, in-8°. Warnkoenig a extrait de la traduction de Guizot, et publié également ce chapitre sous le titre : Précis de l'Histoire du droit romain, par Gibbon. Liége, 1822, in-8°.

G. Hugo. *Lehrbuch der Geschichte,* etc. (Manuel de l'Histoire du droit romain. Berlin, 1790, in-8°,

1re édition, la 10e et dernière porte la date de 1827 , 2 vol. en un , in-8o.

Il a paru une traduction francaise de cet ouvrage , sous le titre , Histoire du droit romain , par G. Hugo , traduite de l'allemand par JOURDAN, revue par F. PONCELET. Paris , 1822 , 2 vol. in-8°.

G. HUFELAND. *Lehrbuch der Geschichte*, etc. (Manuel historique , et Encyclopédie de tous les droits positifs en vigueur en Allemagne. Tome 1er, contenant l'introduction et l'histoire du droit romain, 1re partie). Jenæ , 1796 , in-8°. (c'est tout ce qui a paru de cet ouvrage).

C. A. GUNTHER. Historia juris romani. Helmstadi , 1798 , in-8°.

A. HUMMEL. *Handbuch der Rechsgeschichte*. (Manuel de l'histoire du droit). Giessen , 1805 et 1806, 3 vol. in-8°.

C. C. DABELOW, *Roemische Staats, etc.* (Histoire du gouvernement et du droit des Romains en abrégé) , Halle, 1818 , in-8°.

AL. SCHWEPPE, *Rom. Rechts geschichte* , (Histoire et antiquités du droit romain, ouvrage dans lequel on se réfère pour la première fois aux Institutes de Gajus). Gott. ; in-8°, 1822 ; 2e édition , considérablement augmentée, 1826 *ibid* in-8°.

SIG. W. ZIMMERN, *Geschichte des Rom. privatrecht.*, (Histoire du droit privé des Romains jusques à Justinien.) tom. 1 , divisé en 2 parties. Heidelberg , 1826, in-8°.

D. *Histoire du droit romain dans le moyen âge.*

CH. G. HAUBOLD. Institutiones juris romani litterariæ, tom. 1. Lipsæ , 1809, in-8°.

G. Hugo. *Lehrbuch der civilistischen, etc.* (Éléments de l'histoire littéraire du droit civil). Berlin, 1812, in-8°; 2ᵉ édition, 1818, in-8°, sous le titre : *Manuel de l'histoire du droit romain, depuis Justinien.*

F. C. De Savigny. *Geschichte des Rom. Rechts im Mittelalter.* (Histoire du droit romain dans le moyen âge). Heidelberg, 1815, 1816, 1822, 1826, 4 vol. in-8°.

Geo. Spence. *An inquiry into the origin of the laws and political Institutions of modern Europe.* Londres, 1826, in-8°.

E. *Recueils de dissertations plus ou moins étendues sur les antiquités et l'histoire du droit romain.*

I. *Recueils consacrés à un seul auteur.*

Barn. Brissonii, Selectarum ex juri civili antiquitatum libri IV. Lugduni, 1558, in-4° et sæpius.

On les trouve avec des additions posthumes de Brisson, dans ses *Opera varia*, Paris, 1606, in-8°; ainsi que dans la collection des Brissonii opera minora, Lugd. Bat., 1747, in-folio, publiée par Trekell, qui y a joint d'excellentes annotations.

P. R. Schroeder, Origines præcipuarum juris civilis materiarum, Kœnigs. 1723, in-4°.

J. Toscano Mandatorizzi, Juris publici Romani arcana, sive de causis Romani juris. Nap., 1767-1782, 4 tom. en 6 vol. in-4°.

II. *Recueils de divers auteurs.*

J. G. Grævii Thesaurus antiquitatum romanarum. Traj. ad Rhen., 1664-1699, 12 vol. in-fol.

J. Godeschalci Clausingii Jus publicum Romanorum. Lemgo, 1726-1737, 4 vol. in-8°.

D. Fellenberg. Jurisprudentia antiqua, tom. 1 et 2. Bernæ, 1760, 1761, in-4°.

G. Hugo. *Civilistisches magazin* (Magasin pour le droit civil). Berlin, 1791 à 1828, 5 vol. in-8°, et le premier cahier du 6°.

Zeitschrift *fur geschichtliche, etc.* (Journal pour la jurisprudence historique, par de Savigny, Eichhorn et Goeschen). Berlin, 1815 à 1826), 5 vol. in-8°.

Magazin *fur die Philosophie des Rechts, etc.* (Magasin pour la philosophie du droit et la législation), publié par C. Grolman, 1er et 2e cahiers. Giessen, 1798, 1799, in-8°.

Ce recueil reparut en 1800, sous le titre de *Magasin pour la philosophie et l'histoire du droit et de la législation*, publié par C. Grolman. Giessen, tom. 1er, 1800; tom. 2, 1802. Le troisième volume offre un nouveau titre et un nouvel éditeur; *Magasin pour la jurisprudence et la législation*, publié par C. Grolman et E. de Lohr, Geissen, 1800, in-8°. Mais ce troisième volume était lui-même le commencement d'une nouvelle série formant suite aux deux premiers volumes, et qui porte le titre : *Nouveau Magasin pour la jurisprudence et la législation*, etc.; tom. 1er. C'est surtout cette série qui appartient à la classe d'ouvrages dont nous parlons en ce moment, et elle contient une foule de dissertations sur l'histoire du droit, de la plus grande importance, particulièrement celles qui sortent de la plume de l'éditeur, M. de Lohr. Le 4e volume de l'ancien Magasin est maintenant complet.

Archiv *fur die civilistische Praxis.* (Archives pour l'application du droit civil), publiées par Gensler,

Mittermaier et Schweitzer, Heidelberg, 1818-1828, 10 vol. in-8°.

Depuis le 5e volume, qui a paru en 1822, ces Archives ont pour rédacteurs De Lohr, Mittermaier et Thibaut.

Thémis, ou Bibliothèque du jurisconsulte, par une réunion de magistrats, de professeurs et d'avocats. Paris, 1820-1828, 9 vol. in-8°.

Depuis le tome 5e, ce Journal précieux a pour éditeurs avoués, MM. Blondeau, Ducaurroy, Demante, Jourdan et Warnkoenig.

Voyez, pour de plus amples détails sur cette partie de la Bibliographie, les *Institut. littér.* d'Haubold, tom. 1, § 70 et 71.

§ XXVI. C. Périodes de l'histoire du droit.

Gibbon fut le premier qui partagea l'histoire du droit romain en périodes : sa division, adoptée et suivie depuis par Hugo, nous semble la plus convenable pour l'étude et le développement de l'histoire du droit romain ; elle consiste à partager celle-ci en quatre périodes, savoir :

Première période, depuis la fondation de Rome jusques et compris la loi des xii tables.

Deuxième période, depuis la loi des xii tables, jusques à l'époque où vécut Cicéron.

Troisième période, depuis Cicéron jusques et compris le règne d'Alexandre-Sévère.

Quatrième période, depuis Alexandre-Sévère jusqu'à Justinien.

CHAPITRE II.

Des diverses Périodes de l'histoire du Droit romain.

PREMIÈRE PÉRIODE.

DEPUIS LA FONDATION DU GOUVERNEMENT ROMAIN
JUSQUES A LA LOI DES XII TABLES.

(An de Rome 1 à 300. — Avant J.-C. 750 à 450.)

§ XXVII. Sources du droit sous les rois.

Rome, dans son origine, fut formée de diverses peuplades de l'Italie, dont chacune se gouvernait par son droit particulier. Ces divers droits primitifs étaient fondés, ainsi qu'on le remarque chez toutes les autres nations de l'antiquité, en partie sur la croyance commune des citoyens, et en partie aussi sur les mœurs et les usages de la nation. Dès la fondation de ce nouvel état, et par la manière même dont il se forma, les vainqueurs et les vaincus se trouvèrent en rapport naturel de dépendance entre eux, et ce fut ce lien qu'on nomma *clientelle*.

Lorsque, plus tard, quelques peuplades latines se soumirent et s'incorporèrent à Rome, deux classes séparées se formèrent ; les *Patriciens* et les *Plébéiens*.

La forme du gouvernement était une monarchie tempérée, à la tête de laquelle était un chef appelé *Roi* (*rex*), dont la puissance était à vie. Près de lui, et sous sa dépendance, se trouvait un *Sénat* composé dans l'origine de *Patriciens* seulement. Le pouvoir législatif résidait dans l'assemblée du peuple (*comitia*), mais

l'initiative des lois, c'est-à-dire le droit de les proposer (*legem ferre*) appartenait au roi et au sénat (1).
On votait sur cette proposition dans les *comices*, d'a-
bord par *curies*, puis, plus tard, sous Servius Tullius,
par *centuries*, et elle ne prenait la force de loi obligatoire qu'après avoir été approuvée par les suffrages
du peuple ; c'était au *roi* ensuite à diriger et surveiller
son exécution. On prétend que toutes ces lois (*leges
curiatæ et centuriatæ* (2), furent rassemblées en un
corps ou recueil par SEXTUS ou PUBLIUS PAPIRIUS,
sous le règne de Tarquin le Superbe, le dernier des
rois (3). Il ne nous reste qu'un petit nombre de frag-

---

(1) *Legem ferre* ne signifiait pas chez les Romains *donner une loi*,
mais *proposer une loi* au peuple, et cette locution était synonyme de
celles *rogare legem* ou *rogationem ferre*. On disait de celui dont la
proposition avait été adoptée, *pertulit legem*. Cf. HEINECIUS, *Ant.
Rom.*, lib. I, tit. 2.

(2) Ce sont peut-être les mêmes auxquelles on donnait le nom de
leges regiæ, pour indiquer la source de laquelle émanait la proposition. TITE-LIVE, lib. 40, cap. 29, parle d'une collection des lois
de Numa, découverte par la suite, et que le sénat s'empressa de sup-
primer par des raisons politiques.

(3) Plus tard cette collection fut nommée *jus civile Papirianum*;
« Non quia Papirius de suo quicquam ibi adjecit, sed quod leges sine
ordine latas in unum composuit, » fr. 2, § 2, D. *de Orig. jur.*, 1, 2.
On lui donnait aussi par la même raison le nom de *Lex Papiria*. SERV.
ad Virg. Æneid. 12.836. Il est fort probable que la collection de Papirius
ne renfermait que les lois relatives au culte, et qu'au fond ce n'était
qu'un formulaire à l'usage des prêtres. Au temps de Jules César, un
jurisconsulte, GRANIUS FLACCUS, écrivit un commentaire sur ce recueil
(*de indigitamentis*). GLUCK *de jure civili Papiriano*, *liber sing.*, in
ejus *opusculis*. Erl. 1786, vol. II. DAUNOU *sur le droit Papirien* ;
Thémis, V, 251.

ments de cette collection, et encore sont-ils aussi douteux que l'existence de la collection elle-même (1).

§ XXVIII. Sources du droit au commencement de la République.

Après l'expulsion des rois (an de Rome 244), Rome se forma en république; deux *Consuls* choisis par les patriciens, et tirés de leur ordre, prirent pour un an la place des rois; leur renouvellement annuel fut abandonné à la classe dans laquelle ils étaient puisés. Par ce changement important dans la constitution de l'état, le pouvoir suprême se trouva presque entièrement entre les mains du sénat et des patriciens. Les plébéiens, en effet, étaient exclus de toute participation au gouvernement et à l'administration de la république; cette exclusion impolitique, et les vexations auxquelles l'avarice des patriciens vint soumettre les plébéiens appauvris par les guerres continuelles que Rome eut à soutenir, tout cela causa bientôt de grandes dissensions entre les deux ordres, et leur conséquence immédiate fut l'institution des *Tribuns du peuple* (an de Rome 260). Élus et tirés de la classe plébéienne, ces magistrats, dont la personne fut déclarée sacrée et inviolable (*sacro sancti*), étaient chargés de protéger et de défendre les droits des plébéiens contre les prétentions de la caste patricienne (2). Dans leur origine ils n'eurent d'abord que le droit de protester (*intercedere*) contre les décrets des consuls et du sénat, et d'en pa-

---

(1) On les trouve dans Hoffmann, *Hist. juris*, III, 9, et dans Terrasson, *Histoire de la jurisprudence romaine*, p. 22.

(2) Liv., lib. II, cap. 32, 33; lib. III, cap. 55.

1.

ralyser l'effet au moyen de leur *veto* (1); mais bientôt ils s'arrogèrent le pouvoir de proposer des lois aux plébéiens, dans les comices par tribus, propositions sur lesquelles les plébéiens étaient seuls admis à voter, et qui prenaient le nom de *Plébiscites* (*plebiscita*), lorqu'ils les avaient sanctionnées par leurs suffrages. En même temps qu'on accorda les tribuns du peuple aux plébéiens, qui déjà étaient reconnus comme corps dans l'état, on créa deux autres magistrats, dont la nomination leur fut pareillement confiée; ce sont les *Ediles* (2). Ils devaient surveiller la police et prendre soin de toutes les autres branches de l'administration qui intéressaient la sûreté publique. La garde et la conservation de certains édifices publics, ainsi que celle des archives, leur étaient également confiées.

§ XXIX. Les XII Tables.

Les différends qui s'élevèrent sans interruption vers la fin de cette période, entre les patriciens et les plébéiens, donnèrent naissance, à cette époque, à la célèbre *Loi des XII tables* (an de Rome 3oo) (3). Les XII

---

(1) C'est là ce qui fait donner, par Cicéron, *in Rullum*, 2, 6, aux tribuns l'épithète de *præses et custos libertatis.*

(2) Dionys. Halic., VI, 90; Gellius, XVII, 21; Varro, *De lingua latina*, IV, 14; Pomponius, in fr. 2, § 21, D. *de Orig. juris*, I, 2. « Plebs tribunos sibi in monte sacro creavit. Itemque ut essent qui ædibus præessent in quibus omnia scita plebs deferebat, *duos ex plebe constituerunt, qui etiàm ædiles appellati sunt.* » Ce ne fut que plus tard qu'on créa les *Ædiles curules.* Cf. sur les Ediles en général; F. G. Schubert, *de Romanorum ædilibus libri quatuor.* Regim, 1828, in-8°.

(3) La première proposition de cette loi fut faite par le tribun

tables étaient moins un recueil ou code de lois civiles,
qu'une grande loi fondamentale, une capitulation
entre les deux ordres. Par elle l'égalité des patriciens
et des plébéiens devant la loi fut arrêtée en principe ;
l'on fixa par elle les bases du pouvoir judiciaire,
qui reposait encore entre les mains des consuls,
et l'on régla d'une manière définitive l'ordre et
la marche de la procédure. En même temps l'on saisit
cette occasion pour rédiger par écrit une grande partie
du droit privé des anciens Romains ; mesure qui eut
pour résultat de fondre en un seul *droit national* les
législations diverses qui régissaient, dans l'origine,
les différents peuples réunis en une cité commune (1).

Cette grande loi des XII tables qui, par excellence,
porte aussi simplement le titre de *Lex*, ou bien celui

Caius Terentillus Arsa, par la loi *Terentilla*, l'an de Rome 293.
Liv., lib. III, c. 32; Dionys. lib. X, cap. 2. [Mais doit-on croire
avec Tite-Live à cette prétendue ambassade des décemvirs à Athènes,
pour en rapporter les lois de Solon ? C'est là un point historique qu i
paraît aujourd'hui plus que douteux, surtout lorsqu'en comparant
ce que l'on connaît des lois de Solon avec les fragments qui nous
restent des XII tables, l'on reconnaît qu'il n'y a que peu ou même
point du tout d'analogie entr'elles. Cette opinion, établie pour la première fois par un Français, l'abbé Bonamy, dans un mémoire inséré
parmi ceux de l'Académie des inscriptions, tome XII, a été adoptée
depuis par Niebuhr et la plupart des jurisconsultes allemands. On
trouve le résumé de toute la discussion à laquelle cette question a
donné lieu, dans un mémoire couronné en 1826 à l'université de Louvain, de M. X. C. T. Lelièvre ; *Commentatio antiquaria de legum
XII tabularum patria*. Lovani, 1827, in-4°, Ed.].
  Cf. Maciejowsky, *Legum Solonis et decemvir. comparatio*, in ejusd.
Opusc. sylloge. Varsov. 1823, in-8°. Themis IV, 314, et VI, 269.
  (1) Il est impossible de reconnaître et de fixer aujourd'hui d'une
manière précise quel était l'ordre des matières suivi dans cette loi.

de *Lex decemviralis*, de la dénomination de ceux qui furent chargés d'en dresser le projet (*Decemviri legibus scribendis*), cette loi, disons-nous, obtint la plus grande autorité, et sous toutes les périodes suivantes, jusqu'au règne de Justinien, elle demeura la base du *droit public* et du *droit privé* des Romains (1).

§ XXX. Fragmens de la loi des XII Tables.

Cette loi, dans le principe, fut gravée sur des tables de bois ou d'ivoire, et exposée dans le *forum*, devant la tribune aux harangues (*rostra*), afin que chaque citoyen pût en prendre connaissance, et qu'elle devînt la loi commune de tous (2). Son texte fut perdu lors de l'incendie de Rome par les Gaulois (an de Rome 368); mais comme on parvint peu à peu à en rassembler des fragments, et à recomposer la loi telle qu'elle était dans son état primitif, on eut soin alors de la graver sur l'*airain* ; l'on ne se borna pas à cette précaution conservatrice, on l'enseigna et on la fit apprendre par cœur aux enfants dans les écoles (3). Malgré toute cette sollicitude pour sa conservation, cette loi ne put échapper aux hasards des événements et à l'action des siècles. Il ne nous en reste aujourd'hui que des fragments, et Jacques Godefroy a bien

(1) Voyez Cicer., *de Leg.* II, 23 : *de Orat.* I, 43. Il fait dire à Crassus dans ce dernier endroit : « Bibliothecas omnium philosophorum unus mihi videtur XII tabularum libellus superare. » Tite-Live, lib. III, 1, 34, les appelle *fons publici privatique juris* ; et Tacite, *Ann.* lib. III, cap. XXVII, *finis æqui juri*.

(2) Pomponius, fr. 2, § 4. D. *de Orig. jur.* 1. 2. Scaliger veut qu'en cet endroit, au lieu de *eboreas*, on lise *roboreas*.

(3) Cicero, *de Legib.*, I, 5, et II, 23.

mérité de la science, par les peines inouïes qu'il s'est
données pour rétablir le texte primitif, à l'aide seulement du Commentaire de Gajus sur cette loi, ouvrage dont nous n'avons qu'un petit nombre de fragments dans les *Pandectes*, des *fragments d'Ulpien* et
du Traité de *Festus, de verborum significatione* (1). Les
Instituts de Gajus, nouvellement découvertes, nous
ont procuré le texte intégral de quelques passages
inconnus jusqu'à présent. Cicéron passe pour l'une
des sources les plus fécondes en textes de la loi des
XII tables, mais il faut bien se garder de considérer
comme authentiques ceux qu'il rapporte ; ses citations ne sont presque jamais des copies, mais plutôt des
imitations ou des amplifications du véritable texte de
la loi des XII tables. L'essai le plus moderne sur le
rétablissement de ce texte, est celui de HAUBOLD (2),

---

(1) On trouve ce travail dans J. GOTHOFREDI, *Quatuor fontes
juris civilis*, Genev. 1653, réimprimé dans le *Thesaurus* d'E. OTTON,
t. III. TERRASSON, *Hist. de la Jurisp. rom.*, p. 541 et suiv., le donne
également, ainsi que GRAVINA, *Orig. jur. civ.*, p. 280 ; HOFFMANN,
Hist. juris, II, 141 ; et BACH, *Hist. juris*, I, 2. Elles sont aussi
réimprimées à la suite des *Instit. hist. dogm.* de HAUBOLD, editio secunda ed. OTTO, Lips., 1826, in-8°. [Quant au volumineux travail de
BONCHAUD, *Commentaire sur la loi des* XII *tables*, Paris, 1787 et 1803,
ce n'est qu'une compilation, souvent même une traduction littérale des
travaux de ses devanciers. Le prétendu texte en langue osque fabriqué
par lui, et qu'il donne pour original, ne mérite aucune confiance].

(2) J. H. VANDERHEIM. *Comm. de Jac. Gothofredi meritis in restituendis* XII *Tabul. fragmentis*. Lug. Bat., 1823, in-8°. [L'on ne
saurait se dispenser de citer ici le beau travail de M. DIRKSEN, *sur la
critique et la restitution du texte des fragments de la loi des* XII *tables* (en allemand). Leipzig, 1824, gr. in-8°. L'on y trouve à la
fin, p. 724-740, la dernière restitution du texte de cette loi. Cette

dont le travail est presque diamétralement opposé à celui de JACQUES GODEFROY.

---

partie de l'ouvrage de M. Dirksen a été réimprimée à part par les soins de M. Zell, avec des annotations précieuses, sous le titre de *Legum XII tabularum fragmenta*. Friburg, 1824, in-4°. C'est le texte que l'on a suivi dans celui que l'on donne, *Appendice I* de cette traduction].

DEUXIÈME PÉRIODE.

Depuis la loi des XII Tables jusques à Cicéron.

(An de Rome 300 à 650. — Avant J.-C. 450 à 100.)

§ XXXI. Nouvelles sources du droit pendant cette période.

Les sources du droit, à partir de la loi des XII tables, sources par lesquelles le droit contenu dans celle-ci fut souvent changé en entier, et plus souvent encore modifié simplement, résultent de deux branches, les lois positives (*jus scriptum*) et le droit coutumier (*jus non scriptum*). Mais à cet égard il est bon de remarquer que la perfection vers laquelle le droit romain ne cessa de s'avancer progressivement durant cette période, fut due bien plutôt à la seconde de ces deux branches, c'est-à-dire au développement insensible du droit résultant des mœurs et coutumes, qu'aux dispositions émanées de la puissance législative.

§ XXXII. Législation positive ou droit écrit.
1. *Leges* (1).

Aux lois positives appartiennent : 1º les résolutions particulières du peuple (ou *leges*), c'est-à-dire les lois que le peuple romain tout entier (*populus roma-*

---

(1) Heineccii, Antiq. rom., I, 2, § 1-14.

nus) adoptait dans les *comices de centuries* (*comitia centuriata*), sur la proposition d'un magistrat appartenant à l'ordre des sénateurs (1). En général, elles avaient trait plutôt à des matières de droit public, qu'à celles de droit privé.

§ XXXIII. 2. *Plebiscita.*

Les *Plébiscites* (*plebiscita*) étaient les lois décrétées par les plébéiens seuls, et sans la participation des patriciens (*sine autoritate patrum*) dans les *comices de tribus* (*comitia tributa*) (1), et sur la proposition d'un tribun du peuple. Par le mode employé à leur confection, l'on voit que, dans le principe, ces lois ne devaient être obligatoires que pour les plébéiens seulement : il n'en fut ainsi que jusqu'en l'an de Rome 505, époque à laquelle les tribuns *Horatius* et *Valerius* firent adopter en principe par une loi, *Ut quod tributim plebs jussisset*, *populum teneret*, doctrine qui fut répétée, en 416, par la loi rendue sur la proposition du consul *Publicius*, *Ut plebiscita omnes Quirites tenerent*, et enfin, en 465, sur la proposition du dictateur *Hortensius* (3). Les plébiscites avaient, en gé-

---

(1) § 4, J. *de Jure nat. gent. et civ.*, I, 2. « Lex est quod *populus romanus* senatorio magistratu interrogante, veluti consule constituebat. » Gai. I, 3.

(2) § 4, J. *de Jure nat. gent. et civ.*, I, 2. « *Plebiscitum* est, quod *plebs*, plebeio magistratu interrogante, veluti tribuno, constituebat. Plebs autem a populo differe, quo species a genere. Nam appellatione *populi* universi cives significantur : connumeratis etiam patriciis et senatoribus. *Plebis* autem appellatione sine patriciis et senatoribus, ceteri cives significantur. » Gajus, I, 3. Heineccius, l. c., § 15-17.

(3) Tite - Liv. III, 55, VIII, 12 ; § 4. Inst. *de Jure*

néral, bien plus rapport au droit privé que les lois proprement dites (*leges*) (1).

§ XXXIV. 3. *Senatus-Consulta.*

3° *Les Sénatus-consultes* étaient des décisions du sénat même, sans la participation des plébéiens (2); ainsi que les *leges*, ils avaient principalement rapport au droit public; néanmoins cette période nous offre déjà quelques exemples de *sénatus-consultes*, qui traitent du droit privé (3). Les plébéiens refusèrent d'abord de se soumettre aux senatus-consultes; mais lorsque le sénat reconnut la force obligatoire des *plébiscites*, les plébéiens, en revanche, reconnurent aussi les sénatus-consultes, comme obligatoires pour eux (4).

---

nat., etc., I, 2, fr. 2, § 8. D. *de Orig. jur.*, I, 2. GELLIUS, XV, 27. THEOPH., *Paraphr.* ad. § 5. I. *de Jur. nat.*, etc., I, 2.

(1) Les *lois* ainsi que les *plébiscites* empruntaient leurs noms de celui qui en avait fait la proposition, par exemple : *Lex Aquilia, Lex Plætoria, Lex Furia*, etc., ou bien de la dignité dont il était revêtu, comme *Lex consularis*; fort souvent on y ajoutait un surnom tiré de l'objet de leurs dispositions, comme *Lex Cassia agraria*.

(2) HEINECCIUS, l. c., § 46-54. HAUBOLD, l. c., § 156. « Senatus consultum est, quod senatus jubet atque constituit. » § 5, I. *de Jure nat. gent. et civ.*, I, 2 ; ou bien, comme il est dit dans le fr. 2, § 12, D. *de Orig. jur.*, I, 2 » est quod solum senatu constituente inducitur sine lege, » GAIUS, I, 4. Voici comme, sous l'empire, l'on expliquait la translation du pouvoir législatif du peuple au sénat. « Nam cum auctus esset populus romanus in eum modum, ut difficile esset in unum eum convocare legis sanciendæ causa, æquum visum est senatum vice populi consuli » § 5. I. *sup. cit.*, avec le fr 2, § 9. D. *de Orig. jur.*

(3) LIV. lib. XXVI, cap. 34 ; lib. XXXIX, cap. 3; lib. XLI, cap. 9.

(4) THEOPHILUS. Paraphr. ad., § 5. I. *de Jure nat.*, etc. I, 2.

§ XXXV. II. Droit coutumier.

Le *droit coutumier* se forma de différentes manières; mais son importance pour le droit privé fut de beaucoup supérieure à celle de toutes les autres sources du droit dont nous avons fait mention plus haut.

Ce droit se composait de diverses espèces, savoir :

1° Les *mores majorum*, ou la Coutume proprement dite ; c'est-à-dire le droit qui puise son origine dans les mœurs et les usages des ancêtres, et qui a été transmis par eux à leurs descendants; c'est de ce droit dont les jurisconsultes romains parlent souvent, sous le nom de *jus moribus* ou *more majorum introductum*, *seu apud nos receptum est* (1).

2° Les *res judicatæ* ou *auctoritas rerum perpetuo similiter judicatarum*, c'est-à-dire cette espèce de droit coutumier qui se forme par une suite de décisions judiciaires conformes, rendues sur des cas semblables (*præjudicia*). C'est ce qu'on appelle en France la *Jurisprudence des arréts* (2).

3° Les édits des magistrats (*edicta magistratuum*), et en particulier ceux des préteurs et des édiles, peuvent aussi être énumérés au nombre des causes qui contribuèrent le plus à établir et à consolider le droit prétorien.

---

(1) Voy. fr. 1, D. *de Donat. inter vir et ux.*, 24, 1, fr. 2. D. *de vulg. et pup. subst.*; 28, 6 ; Cf. CICERO, *Top.*, c. 5. J. G. RICHER, *de Moribus majorum.* Lips. 1744, in-4°.

(2) ZEPERNICK, *De rerum perpetuo similiter judicatarum auctoritate.* In ejus edit. SICCAMÆ *de Judicio centumvirali.* Halæ, 1776, in-8.

4° Enfin les *responsa prudentum*, ou décisions des jurisconsultes. Nous allons consacrer quelques détails plus circonstanciés à ces deux dernières espèces.

§ XXXVI. Préteurs.

Dans la fondation du gouvernement romain, le pouvoir judiciaire était attribué aux rois ; de leurs mains il passa en celles des consuls, et y resta jusqu'en l'an de Rome 389, époque à laquelle on créa une magistrature spéciale chargée exclusivement de l'administration de la justice. Le magistrat auquel on la confia s'appelait *le Préteur* (*Prætor urbanus*), et ne pouvait être tiré d'abord que de l'ordre des patriciens ; ce ne fut qu'en l'année 418 qu'on décida qu'il pouvait aussi être choisi parmi les plébéiens (1). Mais celui-ci n'était compétent que lorsque les parties en contestation étaient toutes deux citoyens romains. Or, comme un nombre toujours croissant d'étrangers affluait à Rome, on créa bientôt un second préteur, pour décider les contestations des étrangers entre eux, ou des Romains avec les étrangers (*Inter cives et peregrinos jus dicebat*) : on l'appela par suite *Préteur des étrangers* (*Prætor pereginus*) (2). Leurs fonctions à tous deux ne duraient qu'une année (3).

---

1) Livius, lib. VIII, cap. 15 ; Heineccius, l. c. § 18-22.

(2) Theophilus, ad § 7, I. *de Jure nat. gent. et civ.* —Tacitus, *Annal.* I, c. 15 ; fr. 2 ; § 28. D. *de Orig. jur.*, 1, 2 ; Conradi, *de prætore peregrino ; in ejus Parergis.* Helmst., 1740, in-8°.

(3) La juridiction de ces deux préteurs ne s'étendait cependant que sur des matières de droit privé, et l'on définissait ordinairement l'étendue de leur pouvoir par ces trois mots Do, Dico, Addico. (C'est ce qui nous explique ce passage d'Ovide, *Fast.*

§ XXXVII. *Edicta prætorum* (1).

Les préteurs acquirent bientôt une influence décisive sur le développement du droit privé. Comme la domination des Romains s'étendait chaque jour de plus en plus, et sur l'Italie, et sur une foule de contrées situées hors de l'Italie, leurs relations avec les étrangers s'accrurent dans la même proportion. Dès lors, par la comparaison qu'ils furent à même de faire, entre leur législation et les législations contemporaines, ils vinrent à reconnaître et à établir l'existence d'un droit général, naturel à tous les peuples civilisés (*jus gentium*), qu'ils placèrent en regard de leur droit national (*jus civile*), si remarquable par la sévérité de ses formes et de ses principes.

Ce droit naturel, dans l'origine, ne fut reconnu comme obligatoire que pour les étrangers (*peregrini*) seulement; mais insensiblement l'influence de ses doctrines se fit sentir même sur le *droit national* des Romains, et ce furent surtout les préteurs, qui, par leurs édits, facilitèrent et en même temps régularisèrent la transfusion qui s'opéra des principes de ce droit avec ceux du droit civil romain (2).

---

l. 47, qui, pour exprimer un jour de vacance des tribunaux, dit :
     Ille nefastus erit, per quem *tria* verba silentur.)

Les provinces, dans le principe, étaient gouvernées par des préteurs particuliers; plus tard elles le furent par des propréteurs et des proconsuls, dont les fonctions, en ce qui touchait l'administration de la justice, étaient à peu près les mêmes que celles des préteurs à Rome.

(1) *Voy.* HEINECCIUS, l. c., § 23-24; HAUBOLD, l. c., § 170 et seq.

(2) THEOPHILUS, *Paraphr.* ad., § 7, l. *de Jure nat. gent. et civ.*, l. 2

Au commencement de leur entrée en fonctions, les préteurs prenaient ordinairement une mesure qui avait pour but de les mettre à l'abri du reproche de partialité, ou d'arbitraire dans l'exercice de ces mêmes fonctions, et surtout d'éviter pour eux l'intercession des tribuns du peuple, dans les actes de leur juridiction (*Intercessiones tribunorum*). Cette mesure consistait à faire afficher ou placarder un édit, c'est-à-dire un exposé des principes de droit qu'ils se proposaient de prendre pour guide pendant l'année de leur gestion, et de la marche qu'il y aurait à suivre pour obtenir d'eux l'exécution des lois (1). (*Ut scirent cives quod jus de quaqua re quisquis dicturus esset, seque præmunirent*) (2).

Dans cet édit, il était rare qu'on les vît établir des principes de droit entièrement nouveaux; ils se bornaient le plus souvent à reproduire simplement ceux que la coutume et l'usage avaient déjà sanctionnés à l'époque où ils vivaient (3). Cependant, lorsque le

---

(1) « Edicta in tabula et in albo proponebant, jurisdictionis perpetuæ causa, ubi de plano recte legi possunt. » Fr. 7, D. *de in Jur. voc.*, 2, 1.

(2) Fr. 2, § 10, D. *de Orig. jur.*, I, 2.

(3) Il est bien démontré par ce que disent GAIUS, I, 6; CICERO, *ad Attic.*, VI, 1, *de Invent.*, II, 2, AUTOR AD HERENN., II, 13, que les préteurs et les édiles curules avaient parfaitement le droit de faire de pareils édits. Aussi, est-ce sans aucun fondement qu'HEINECCIUS, *Hist. jur.*, I, § 67-70, et *Antiq. rom.*, I, 2, § 24, leur reproche d'avoir usurpé le pouvoir législatif, et de s'être efforcé par tous les moyens (*artes*) de renverser le droit civil.

[La défense des préteurs, ou, pour mieux dire, du droit prétorien, a été chaudement embrassée par RITTER dans ses *Annotations sur Heineccius*, l. c.; mais surtout par RICHEY, *Vindiciæ prætoris ro-*

droit déjà existant leur présentait des lacunes, ou qu'ils ne le croyaient plus en harmonie avec les mœurs et les habitudes de leurs contemporains, ils déterminaient eux-mêmes les modifications qui leur semblait utile d'établir, et qu'ils se proposaient d'appliquer à la loi ancienne (1). D'autres fois, ils parvenaient au même but en corrigeant la sévérité de cette loi, par l'équité (*Æquitas*) (2). Ils atteignaient ce dernier résultat, soit par des restrictions apportées à l'ancienne loi, (*exceptiones, prescriptiones*) soit en créant des nullités dans des hypothèses où autrefois il n'en existait pas (*restitutiones*), ou enfin, en admettant des suppositions dans certaines circonstances, où rien de semblable n'était arrivé (*fictiones*).

---

mani. Lugd. Bat., 1748, in-8°; et Schroeder, *Oratio de prætoribus optimis juris civilis custodibus.* Gron., 1765, in-4°.

Il y a une analogie frappante entre la juridiction du préteur à Rome, et celle du lord chancelier d'Angleterre, lorsqu'il siége comme présidant la *Court of Equity*. M. Holtius, professeur à Louvain, a pris soin de la faire remarquer dans un discours *de jure prætorio tum apud Romanos, tum apud Anglos ad jus civile supplendum et emendendum aptissimo.* Gron., 1821, in-4°.

L'un des plus célèbres jurisconsultes actuels de l'Allemagne, M. E. Schrader, a proposé de rétablir chez les modernes le droit prétorien comme supplément indispensable et des codes écrits et du droit coutumier. V. *Les édits des préteurs romains appliqués à l'état actuel de la législation* (en allemand) Weimar, 1815, in-8°, Ed.]

(1) C'est pour cela que Papinien dit, fr. 7, D. *de Just. et jure*, I, 1, que les préteurs avaient établi leur droit « adjuvandi vel supplendi, vel corrigendi juris civilis causa, propter utilitatem publicam.

(2) *Æquitas* par cette raison se trouve souvent employé dans une foule de principes de droit par opposition à *jus strictum* ou *jus civile*. Par ex. : dans le fr. 2, § 5, D. *de Aqua et aq. pluv. arc. act.* 39, 3. » Nam hæc *æquitas* suggerit et si *jure* deficiamur. »

§ XXXVIII. Des différentes espèces d'édits.

L'édit que le préteur publiait lors de son entrée en fonctions, et qui était destiné à lui servir de base et de règle pour tout le temps de leur durée, s'appelait *Edictum*, ou bien *Edictum annuum*, ou encore *Edictus jurisdictionis perpetua causa propositum*, ou tout simplement, *Edictum perpetuum* (1). L'édit de deux préteurs de Rome était appelé *Prœtoris edictum*, et celui des proconsuls et des préteurs dans les provinces *Edictum provinciale* (2). Il ne faut pas croire cependant, que chaque préteur publiait toujours ainsi un nouveau réglement (*Edictum novum*). Ordinairement le préteur qui entrait en fonctions, conservait l'édit de son prédécesseur, soit en entier, soit au moins en partie (*Edictum tralatitium*), suivant que l'expérience avait sanctionnées en tout ou en partie les doctrines nouvelles qui y étaient contenues. Il se contentait d'y faire les additions ou les changements que des besoins nouveaux, ou sa propre connaissance des affaires lui avaient conseillés.

---

(1) Il ne faut pas croire, comme on l'a fait jusqu'à présent, que ce fût sous Adrien seulement que l'édit du préteur fut appelé *perpétuel*. *Edictum perpetuum* est synonime d'*edictum annuum*. Asconius Pædianus, *ad Cicer. orat pro Corn.*, *maj. reo.*

(2) Il y a encore une espèce d'édits appelés *edicta repentina*, ou pris *pro ut res incidit*, qu'on place ordinairement en opposition avec l'idée d'*edictum perpetuum*, et qu'on soutient que le préteur, à la différence de celui-ci, avait droit de changer pendant l'année de sa jurisdiction. C'est une erreur: ils n'avaient aucun rapport avec l'édit perpétuel, c'étaient simplement des ordonnances rendues sur procès par le préteur dans certaines affaires particulières, tels sont, par exemple, les *edicta peremptoria* cités en fr. 68-70, D. *de Judiciis*, 5, 1, et const. 8. C., *quom. et quando judex*, 7, 43.

§ XXXIX. Ediles.

De même que l'on confia aux préteurs l'administration de la justice, celle de la police fut remise aux *Ediles* (1). Il n'y en avait d'abord qu'une seule espèce, les *Ediles du peuple* (*Ædiles plebis*) (§ 28); plus tard, et l'an de Rome 387, on créa une autre classe d'Ediles (*Ædiles curules*), que l'on choisit parmi les patriciens. Ces derniers avaient, comme les préteurs, le droit de publier un édit en entrant en fonctions (2) ces édits ne renfermaient pour la plupart que des dispositions relatives à des nations du ressort de la police, mais qui n'étaient pas sans influence sur celles du droit privé (3). Le droit introduit par les édits des préteurs et des édiles, s'appelait *Jus honorarium* (4).

---

(1) LIV., lib. VI, cap. 42; lib. VII, cap. 1; POMPONIUS, in fr. 2, § 32, D. *de Orig. jur.*, 1, 2; HEINECCIUS, l. c.; § 25-27. F. A. SCHUBERT, *de Romanorum ædilibus.* Regim., 1828, in-8°.

(2) § 7. I. *de Jure nat.*, *gent. et civ.* « Proponebant et ædiles curules edictum de quibusdam causis, quod edictum juris honorarii portio est. » Cf. THEOPHIL. ad § 8, cod.

(3) C'est de l'édit des édiles, *de venditionibus rerum*, que nous vient l'*actio redhibitoria* et *quanti minoris* encore usitée de nos jours. Cf. D. TIT. *de Ædilit. edicto*, 21, 1.

(4) D'où vient cette qualification? S'il faut en croire POMPONIUS, fr. 2, § 10, D. *de Orig. jur.*, I, 2, elle dérive de la nature des fonctions du préteur « Honorarium dicitur quod *ab honore prætoris* venerat. » *Voyez* aussi § 7, I. *de Jure nat.*, etc., I, 2. Mais selon PAPINIEN, fr. 7, D. *de Inst. et jure*, 1, 1, c'est une marque d'honneur attribuée à ce droit « quod et honorarium dicitur *ad honorem prætorum* sic nominatum. »

§ XL. *Responsa prudentum.*

Les jurisconsultes ne tardèrent pas à exercer sur le développement du droit privé, une influence non moins grande que celle des préteurs et des édiles (1). En effet, les principaux principes du droit avaient été fixé avec une concision souvent obscure dans les XII tables et dans l'édit ; ils avaient souvent besoin d'explication. Les jurisconsultes entreprirent en conséquence de les développer au moyen de l'interprétation, et de les rendre d'une plus facile application pour la pratique, en déterminant les formes à l'aide desquelles chaque principe pourrait être mis à exécution.

Il résulta de là, que tout citoyen qui avait une demande à intenter ou à repousser, était forcé, s'il n'était pas jurisconsulte, d'avoir recours à l'un de ceux qui exerçaient cette profession, et de réclamer ses conseils et son appui. Celui-ci lui donnait son avis sur la cause (*Responsa prudentum*), ou la défendait comme avocat (*Patronus*) devant le juge (*disputatio fori*), ou bien enfin lui expliquait le mode convenable d'intenter ou de défendre à l'action, ou bien de contracter une obligation (2).

------

(1) HEINECCIUS, l. c., § 29-57.

(2) Fr. 2, § 5, D. *de Orig. jur.*, I, 2. L'on n'est pas bien certain de ce qu'il faut entendre par *disputatio fori*, dont POMPONIUS parle en ce fragment, et dont nous ne possédons aucun autre renseignement. Ordinairement on entend par là les discussions qui s'élevaient entre les anciens jurisconsultes, dans les conférences qu'ils tenaient au temple d'Apollon. HEINECCIUS, l. c., § 35. Mais il est plus probable que la *disputatio fori* était ce que nous appelons *la plaidoirie*, c'est-à-dire la discussion publique des avocats des parties adverses. Cf. BACH., *Hist. jur.*, lib. II, c. 2, sect. 5, § 1; GUNTHER, *Hist. jur.*, § 119; HAUBOLD, M. c., § 197.

De cette manière, il s'introduisit peu à peu une foule de principes et de doctrines jusqu'alors inconnus en droit; d'autres durent leur naissance également aux travaux scientifiques dont le droit fut l'objet. L'ensemble de ces doctrines nouvelles, introduites par les jurisconsultes, fut nommé *Auctoritas juris peritorum, Jus receptum, Sententiæ receptæ*, ou bien aussi *Jus civile* (1).

§ XLI. Écrits sur le droit.

On ne trouve dans cette période que très peu de traces de travaux scientifiques, dont le droit aurait été l'objet. Dans le principe, les patriciens et les prêtres (*pontifices*) furent les seuls qui s'occupèrent de l'étude du droit. Ils se bornèrent à introduire quel-

---

(1) Chez les Romains, *Jus civile* a, comme on le voit, une signification qui diffère, selon le sens de la phrase, dans laquelle ce mot est employé, ou celui du mot avec lequel il est en regard. Ainsi :

1o employé seul et dans le sens le plus large, il signifie *le droit positif* d'un état en général ; « jus civitatis proprium quod quisque populu ipse sibi constituit. » C'est ainsi qu'il faut l'entendre en fr. 9, D. *de Just. et jure.* I, 1 et § 1, I. *De Jure nat., gent. et civ.* 1. 2.

2° Ordinairement on entend par là le *Droit positif* ou *écrit des Romains*, comme en fr. 1, § 2, D. *de Just. et jure* I. 1, § 4; 1. *de Jure nat., etc.* I, 2, et Cicero, *Top.*, c. 5.

3° Dans un sens moins étendu, il embrasse toute la portion du droit romain qui n'est pas le *Jus honorarium*, c'est-à-dire les *leges plebiscita, senatus-consulta, auctoritas prudentum*, et plus tard aussi les *constitutiones principum*. Voy. fr. 7, D. *de Just. et jure*, I, 1.

4o Enfin, dans le sens le plus restreint, il veut dire simplement *auctoritas prudentum* ou *disputatio fori*, fr. 2, § 6, 12, D. *de Orig. jur.* I, 2.

ques actions et formules symboliques qui avaient rapport aux dispositions de la loi des XII tables, et qu'il était nécessaire d'observer dans les affaires qui exigeaient la présence de la justice, et lorsqu'il s'agissait d'intenter une action. On nommait ces formules *Legis actiones* ou *Legitimœ actiones* (1). Ils déterminèrent également dans le calendrier les jours dans lesquels ils serait permis de rendre la justice (*dies fasti*), ceux dans lesquels il était interdit de juger (*dies nefasti*) (2), et enfin ceux dont une partie seulement pouvait être consacré aux affaires judiciaires (*dies intercisi*). Pendant long-temps les patriciens et les prêtres conservèrent exclusivement parmi eux toute cette science, et il paraît qu'ils avaient grand soin d'envelopper sa connaissance d'un profond mystère (3). Cependant, elle échappa de leur ordre par l'indiscrétion d'un certain CN. FLAVIUS. Celui-ci, scribe ou secrétaire d'Appius Claudius, jurisconsulte célèbre, avait réuni sous la dictée de son maître un recueil de toutes ces formules, et un exposé de ces jours *fasti* et *nefasti*. Il s'occupa de mettre en ordre ces divers ma-

-----

(1) Fr. 2, § 6, D. *de Orig. jur.* I, 2, fr. 77, fr. 123 ; D. *de Reg. jur.*, 50. 17 ; GAIUS, IV, 11-60. Voy. HAUBOLD. *Inst. juris rom.*, *hist. dogm.*, § 185.

(2) C'est là ce qui explique ces vers d'OVIDE, *Fast.* I, 47.
>   Ille nefastus erit per quem tria verba silentur ;
>   Fastus erit per quem *lege* licebit *agi.*

(3) Fr. 2, § 6. D. *de Orig. jur.* I, 2. « Omnium autem harum et interpretandi scientia et actiones apud collegium pontificum erant, ex quibus constituebatur quis quoquo anno præesset privatis. » Cf. le § 35 du même fr. CICERO, *de Leg.*, II, 19 ; *pro Murena*, 11 ; il en était de même chez les druides de la Germanie, au témoignage de CÉSAR, *de Bello gallico*, VI, 14.

tériaux, et d'en composer une espèce de système ou de corps de doctrine (*ad formam redegit*), qu'il publia, l'an de Rome 449 (1). Ce recueil fut appelé *Jus Flavianum*, du nom de son compilateur (2).

A partir de cette époque, les plébéiens se livrèrent aussi à l'étude du droit, et TIBERIUS CORUNCANIUS, le premier de leur ordre qui, vers l'an 500, parvint au pontificat, est désigné aussi comme étant le premier qui enseigna le droit publiquement à tous ceux qui se présentaient à ses cours (3). Lorsque, par la suite, le droit atteignit de nouveaux développements, de nouvelles actions, et des doctrines encore inconnues s'introduisirent et firent sentir la nécessité de rédiger de nouveaux formulaires. Les jurisconsultes se bornèrent d'abord à faire quelques notes et des suppléments aux anciens (*notas composuerunt*) (4). Et un siècle après Flavius, un certain SEXTUS ÆLIUS CATUS (an 552) composa un nouveau recueil de formules (*alias actiones composuit*), qu'on nomma par la suite *Jus Ælianum* (5).

---

(1) Il n'est pas certain si cette publication se fit d'après la volonté d'Appius Claudius, ou contre sa volonté. POMPONIUS, fr. 2, § 27, D. *de Orig. jur.*, I, 2, paraît pencher pour ce dernier avis. « *Subreptum* librum, dit-il, populo tradidit »; PLINE, *Historia nat.*, XXXIII, 1, semble dire le contraire, « *cujus hortatu* exceperat eos dies.» TITE-LIVE, *Hist.*, IX, 46, parle simplement de la publication de ce recueil; mais CICÉRON, *pro Murœna* 2, nous apprend que les jurisconsultes de ce temps-là en furent très irrités.

(2) « Et adeo gratum fuit id munus populo, ut tribunus plebis fieret et senator, et ædilis curulis » nous dit POMPONIUS, dans la continuation du § 27, du fr. *précité.*

(3) Fr. 2, § 35, D. *de Orig. jur.* 1. 2.

(4) CICERO, *pro Murœna*, 2.

(5) Fr. 2, § 7, in fin. D. *de reg. jur.* 2, 2. Le même ÆLIUS

D'autres ouvrages furent également publiés vers la même époque. CATON L'ANCIEN écrivit des *Commentarii juris civilis* et des *Responsa* (1). Enfin, parmi les jurisconsultes de cette période, il faut encore citer MARCUS POTIUS CATON LE FILS (2), et les trois jurisconsultes cités par Pomponius comme ayant jeté les premières bases de travaux scientifiques sur le droit civil (*qui fundaverunt jus civile*), et ayant laissé un grand nombre d'écrits sur cette matière, ce sont PUBLIUS et MUCIUS SCŒVOLA, MARCUS JUNIUS BRUTUS et MANILIUS (3); c'est à ce dernier que l'on attribue les formules usitées en matière de vente (*Actiones Maniliance*) (4). A côté de ces noms, nous placerons ceux de MUTIUS SCŒVOLA, surnommé l'*Augure*, frère consanguin des Scœvola que nous venons de citer à l'instant (5), et d'HOSTILIUS, auquel l'on est redevable des *Actiones Hostilianæ*, qui étaient probablement un recueil de formules en matière de testaments (6).

CATUS avait composé un court abrégé du droit civil, sous le titre de *Tripertita*, fr. 2, § 38, eod.

(1) Fr. 2, § 38. D. *de Orig. jur.* I, 2; LIVIUS, XXXIX, 40. CICERO, *de Orat.*, 1, 37, II, 33.

(2) C'est à lui que nous devons la fameuse *Regula catoniana*, à laquelle un titre est consacré au Digeste (34, 7). BACH. *Histor. juris*, lib. II, cap. 2, sect. 4, § 28.

(3) Fr. 2, § 39. D. *de Orig. jur.*; HAUBOLD, loc. cit., § 193.

(4) VARRO, *de Re rustica*, II, 5.

(5) Cicéron, dont il fut le maître, quoique déjà parvenu à un âge avancé, l'appelle *jurisconsultorum dissertissimus*. Cf. fr. 2, § 40. D. *de orig. jur.* 1, 2. CICERO, *Lælius, seu de amicitia*; 1. CICERO *pro Balbo*, 20; VALERIUS-MAXIMUS, VIII, 12.

(6) CICERO, *de Orat.* I, 57, 58.

TROISIÈME PÉRIODE.

Depuis Cicéron jusqu'à Alexandre Sévère.

(An de Rome 65o jusqu'à 1000, ou depuis 100 avant
J.-C. jusqu'à 200 depuis sa mort).

§ XXXVI. Changement dans la constitution de Rome.

Au commencement de cette période, Rome, quoique république encore de nom et en apparence, était
déjà livrée à la merci des chefs du pouvoir. Au-dehors
des guerres, au-dedans des dissentions intestines,
déchiraient et épuisaient l'état de toutes parts, jusqu'à
ce qu'enfin le résultat de la bataille d'Actium (32 ans
avant J.-C.) fut d'anéantir pour toujours la liberté
romaine. *César Octave*, depuis surnommé *Auguste*,
vainqueur d'Antoine à Actium, prit les rènes du gouvernement, sous le titre de *Princeps reipublicæ*, et
en réunissant dans sa personne toutes les prérogatives
attachées aux magistratures les plus importantes de
Rome république (1). Auguste eut soin de conserver
en apparence une partie des anciennes formes répu-
blicaines, mais ses successeurs, moins scrupuleux
que lui, les firent insensiblement disparaître, et
bientôt Rome, en perdant sa constitution, se trouva
livrée au despotisme le plus affreux (2). Le pouvoir

______

(1) Il avait par exemple : *tribunitia potestas; proconsulare imperium.* Il était *Imperator, Præfectus morum, Pontifex maximus,*
et se fesait fréquemment élever à la dignité de *Consul.*

(2) TACITUS, *Annal.*, I , 1, seqq.

législatif passa peu à peu des mains du peuple dans celles des empereurs, dont les constitutions ouvrirent bientôt au droit public comme au droit privé une source nouvelle et abondante.

§ XLIII. Sources du droit pendant cette période.

I. *Lois et plebiscites*

Les changements que subit le droit privé, s'opérèrent encore au commencement de cette période, 1° par les décisions du peuple, c'est-à-dire les Leges ou les Plebiscita (§ 30 et 31). A aucune autre époque le nombre de celles-ci ne fut aussi prodigieux que pendant les guerres civiles (1). Mais parmi ces décisions, il y en est à peine quelques-unes qui aient de l'importance pour le droit civil, et si l'on s'attache particulièrement sous ce rapport à celles qui datent du siècle d'Auguste, c'est qu'elles furent commentées avec un soin tout particulier par les jurisconsultes du siècle classique de la science du droit, parce qu'elles étaient, quant à eux, les dernières qui eussent été rendues (2). On n'en retrouve plus aucune trace vers la fin de cette période.

------

(1) En veut-on connaître la cause? écoutons Tacite : « Corruptissima republica, dit-il, plurimæ leges, » *Annal.* III, 25. D'après Suétone (*in Cæs.*, 44). Jules César paraît avoir eu le projet de faire rédiger un recueil des lois les plus utiles : « Jus civile ad certum modum redigere, atque ex immensa diffusaque legum copia optima quæque et necessaria hi paucissimos conferre libros; » mais il périt sous les coups des assassins avant d'avoir réalisé ce projet.

(2) Les plébiscites les plus remarquables de cette époque, sont : *Lex Falcidia, Ælia-Sentia, Fusia Caninia, Junia Norbana*, et surtout la *Lex Julia et Poppæa*. Voy., sur cette dernière, J. Gotho-

§ XLIV. II. *Senatus-Consulta.*

2° LES SÉNATUS CONSULTES (§. 34) : ils devinrent sous cette période pour le droit civil, une source bien plus importante, qu'ils n'étaient auparavant, et surtout à partir du moment où les plébiscites devinrent plus rares ; ils conservèrent cette importance jusqu'à la fin de cette période. Ils prirent pendant sa durée, leurs noms soit de celui du consul qui les avait proposés au sénat (1), soit de celui de l'empereur lui-même, lorsque c'était lui qui en avait fait la proposition par écrit (*per epistolam*), ou de vive voix, (*ad orationem principis*) (2). Enfin quelquefois ces noms étaient tirés de celui de l'individu qui avait été cause que cette disposition avait été rendue (3).

FREDI, *Quatuor fontes juris civilis*, Genev., 1659, in-8°. HEINECCII, *Comment. ad leg. Jul. et Pap. Pop.* Amstel., 1726, in-4°. BACH, *Hist. jur.*, lib. III, c. 1, sect. 2, § 8. Cf. HAUBOLD, *Inst. litt.*, t. I, p. 317, ejusd., *Inst. hist. dog.*, § 213.

(1) Par exemple : le *Sctum Silanianum* sous Auguste, le *Sctum Velleianum* sous Claude, le *Sctum Trebellianum* sous Néron, le *Sctum Pegasianum* sous Vespasien.

(2) Par exemple : plusieurs *Scta Claudiana*, le *Sctum Neronianum*, et quelques autres qu'on peut voir dans les fr. 8, D. *de Transact.* 2, 15, fr. 3. D. *de Donat. inter vir et ux.*, 24, 1, fr. 52, § 10, D. *pro socio*, 17, 2, comparé avec le fr. 1, D. *in queb. caus. plg.* 20, 2.

(3) Par exemple : le *Sctum Macedonianum*, qui prit son nom d'un certain *Macedo*, homme infâme, soit que l'on admette qu'il fût parricide, ainsi que le rapporte THÉOPHILE au § 7, *Inst. quod cum eo*, etc. 4, 7 ; soit que l'on consente à ne voir en lui qu'un *improbus fœnerator*, ainsi que l'appelle le fr. 1, D. *de Senatu-Consulto Macedon.* 14, 6.

§ XLV. III. *Constitutiones principum.*

3° LES CONSTITUTIONS IMPÉRIALES : elles apparaissent dans cette période comme une nouvelle source du droit. Du moment où Rome cessa d'être en république, sinon par sa forme extérieure, au moins par le fait, et que plusieurs magistratures annales furent réunies et la remises à vie à la personne de l'empereur, celui-ci se trouva investi, comme l'étaient les magistrats qu'il remplaçait, du droit de prendre des mesures d'ordre public, et de rendre des ordonnances et des décrets. Il usa de ce droit conformément aux divers pouvoirs dont il était revêtu. Ses ordonnances s'appellaient *placita* ou *constitutiones principum* (1), et leur nombre s'accrut à mesure que la puissance impériale s'affermit et s'accrut elle même. Cependant leur importance pour le droit privé ne fut remarquable que dans la période suivante.

§ XLVI. IV. *Edicta prætorum.*

4° LES ÉDITS DES MAGISTRATS : pendant cette période,

---

(1) Fr. 1, pr. D. *de Const. princ.* I, 4. « Quod *principi placuit*, legis habet vigorem utpote cum *lege regia*, quæ de imperio ejus lata est populus, ei et in eum omne suum imperium et potestatem conferrat. » GAIUS, I, 5. « Constitutio principis est quod imperator DECRETO, vel EDICTO, vel EPISTOLA constituit, nec unquam dubitatum est, quin id legis vicem obtineat, cum ipse imperator per legem imperium accipiat. » § 6, *de Jur. nat. etc.* I, 2. Voir sur cette loi *Regia* dont il est fait mention dans les passages précités. HEINECCIUS, *Antiq.* I, 2, § 62, qui en donne un fragment prétendu. BACH, *Hist. jur.*, III, c. 1, sect. 1, § 3 ; HAUBOLD, *Inst. hist.*, *dogm.* § 57, note 6.

les préteurs et les édiles à Rome, les proconsuls et
les pro-préteurs dans les provinces, continuèrent
chacun à publier un édit en entrant en fonctions.
Comme quelques-uns de ces magistrats s'étoient permis, dans le cours de leur administration, des'écarter
de l'édit qu'ils avaient indiqué avant de la commen-
cer, comme leur règle invariable le tribun *Cornelius*,
fit rendre une loi (an de Rome 687) qui leur interdit
pour toujours d'oser rien de semblable : *Ut prætores
ex edictis suis perpetuis jus dicerent* (1). L'édit, c'est-
à-dire le droit prétorien, subit pendant le cours de
cette période, quelques améliorations et modifications, mais pas autant à beaucoup près que vers les
premiers temps où il s'établit.

§ XLVII. Travaux sur l'édit : OFILIUS.

L'édit étant une des sources principales du droit
privé, il était tout naturel qu'il devînt l'objet de travaux scientifiques et l'une des matières principales de
l'enseignement. Mais comme il ne s'était point formé
d'un seul jet et qu'au contraire, sa formation avait
été insensible, qu'elle avait eu lieu au moyen d'additions et de changements fait successivement, et à
des époques différentes, ce droit présentait un amas
de dispositions et de principes incohérents. Il résultait
de cet état qu'il était indispensable, avant tout, de
disposer cette législation dans un ordre certain, de la
dégager de tous les principes devenus surannés, de
classer cet ensemble de doctrine par matières, et de

---

(1) DIO. CASSIUS, lib. XXXVI, cap 23; ASCON. PÆD. *in Cicer.*,
pro Corn. maj. reo; HEINECCIUS, l. c. § 33.

le diviser par titres ou chapitres, afin d'en faciliter l'usage. Le premier dont le travail sur cet objet fut couronné de quelques succès, est un Ofilius, ami de Jules-César (1). Avant lui, son maître Servius Sulpicius, l'intime ami de Cicéron, n'avait donné qu'un simple abrégé du droit prétoirien (2).

§ XLVIII. Nouvelle rédaction de l'édit par Salvius Julianus.

Quelque fût le mérite et l'utilité du travail d'Ofilius pour ses contemporains, ce n'était néanmoins qu'un travail particulier, dépourvu de toute autorité et de tout caractère officiel et obligatoire. En outre, après Ofilius, l'édit reçut encore des additions et des modifications importantes, en sorte qu'une révision de son travail, faite sous les yeux de l'autorité, devenait chaque jour plus urgente. Pendant les guerres civiles, ce projet était impossible à réaliser, et il fut abandonné jusqu'au moment où Salvius Julianus parvint à la préture, sous le règne d'Adrien. Tout concourait en lui à le rendre plus qu'un autre propre au travail que demandait une nouvelle rédaction de l'édit (3). D'abord, il passait

---

(1) Pomponius, dans le fr. 2, § 44, D. *de Orig. jur.* I, 2, dit de lui : « Edictum prætoris primus diligenter *composuit*; » ce qui ne veut pas dire qu'il écrivit un ouvrage sur cet édit, et bien moins encore qu'il eût composé lui-même un édit; car, pour cela, il aurait fallu qu'il fût préteur, ce qui n'a jamais été.

(2) « Ante eum (Scil. Ofilium), Servius duos libros perquam brevissimos ad edictum subscriptos reliquit.» Pomponius, loc. cit., Cf. fr. 5, § 1, D. *de In rem verso.* 15. 3.

(3) On a dit aussi de lui *edictum* composuit; Eutrope, VIII, 9. Aurelius-Victor, *de Cæsar.*, 9, par erreur attribue ce travail à

pour l'un des plus habiles jurisconsultes de son temps, qualité qui seule pouvait suffire dans celui qui entreprenait une pareille tâche (1), mais en outre il était revêtu déjà de la préture, ou près de l'être (2), lorsqu'il s'y livra, et cette dernière qualité lui donnait naturellement une liberté bien plus grande dans la rédaction de son édit que celle qu'eût osé prendre un homme privé ; car, comme préteur, il avait le droit de réformer, ajouter ou retrancher à l'édit tout ce que bon lui semblait ; enfin, c'était Adrien lui-même qui l'avait appelé à ce travail, et ce fut sous ses auspices qu'il le publia (3). Salvius Julianus conserva toutes celles des dispositions des édits prétoriens qui étaient encore susceptibles d'être appliquées de son temps, en s'attachant cependant à leur donner plus

---

l'empereur Didius Julianus ; « Qui primus edictum, quod varie, inconditeque a prætoribus promebatur in ordinem COMPOSUERAT. » Justinien se sert aussi de la locution COMPOSITIO *edicti*, en comparant la *compositio* de Salv. Julianus à ses propres compilations, Voy. Constit., *de Confirm. Digest.*, § 18, c'est celle qui commence par le mot *tanta*. Cf. BIENER (F. A.), *Comment. de Salvii Juliani meritis, in edictum prætorium recte æstimandis*. Lips., 1809, in-4°.

(1) On peut juger de son amour pour la science par cette déclaration qu'il aimait à répéter : « Etsi alterum pedem in tumulo haberem, non pigere aliquid addiscere; » fr. 20, D. *de Fideic. libert.* 30. 5.

(2) Le fr. 5, D. *de Manum vindicta*, 40. 2. prouve qu'il était préteur au moment où il rédigea l'édit; cependant BIENER, p. 21, l. c., croit qu'il ne fit ce travail qu'après sa préture.

(3) Voyez la Constit., *de Confirm. Dig.*, § 18, où il est dit *sed et D. Hadrianus piæ memoriæ, quando ea, quæ a prætoribus quotannis edicta fuerant brevi complexus est libello*, ADSUMPTO AD ID OPTIMO JULIANO.

de concision (1), et à éliminer toutes celles qui se trouvaient contradictoires entre elles. Il élagua tous les principes devenus surannés, et fit à ceux qu'il laissait subsister les additions et les modifications voulues par les besoins de son siècle (2); enfin, il eut soin de distribuer le tout par ordre de matières (3). Il est probable que, dans cette rédaction, les dispositions de l'édit du préteur Urbain furent réunies et confondues avec celles de l'édit du préteur des étrangers, attendu que ces deux édits se rapportaient également au droit privé (4). Quant l'édit des édiles, comme il avait plus directement rapport à la police, il ne fut conservé et réuni au travail de Salvius Julianus que sous le titre d'*Appendice* (5). Cette rédaction terminée, Adrien la fit confimer par un sénatus-consulte (an 131 après J.-C.). A partir de cette époque, l'édit demeurant, quant à sa substance, à peu près stationnaire, devint l'objet principal de l'enseignement du droit. Salvius Julianus écrivit lui-même un commentaire sur les dispositions de cet édit (6), et après lui quelques jurisconsultes, parmi lesquels on doit distinguer Ul-

(1) C'est bien là le sens dans lequel il faut entendre le *brevi complexus est libello* de la constitution précitée.

(2) Dans le *fr.* 3, *D. de Conjung. emanc. cum liber ejus*, il est parlé d'une *nova clausula* de cette espèce, inventée par Salv. Julianus.

(3) Justinien l'appelle lui-même ORDINATOREM EDICTI *prætorii perpetui*. Voir *Const.* 10, *C. de Condict. indeb.* 4, 5.

(4) BIENER, l. c., est d'un autre avis; il ne croit pas que la composition de Salv. Justianus renfermât rien qui eût rapport à l'édit du *prætor peregrinus*; cependant THÉOPHILE, ad §, I. *de Jure nat.*, *gent. et civ.* 1, 2 soutient le contraire.

(5) Voy. la Const. *ad antecessores* de Justinien, § 4.

(6) Sous le titre de *Digestorum, libri* XC.

pien (1), composèrent des ouvrages du même genre (2).

§ XLIX. V. *A. Responsa prudentum.*

5° LES RÉPONSES DES JURISCONSULTES. (*Responsa prudentum*) Nous avons vu (§ 4o) que d'après un usage consacré par le temps, dans tous les cas douteux, les simples citoyens, aussi-bien que les magistrats de Rome, avaient coutume de s'adresser aux jurisconsultes pour obtenir une solution. Avant Auguste tout jurisconsulte avait le droit de donner de semblables solutions (*De jure respondere*), et chacune d'elles (*Responsum*) avait, non pas force de loi, mais cette autorité, qui s'attache à tout avis d'un homme éclairé sur une science. Auguste fut le premier qui imagina d'accorder seulement à un petit nombre de jurisconsultes les plus renommés un privilége particulier, celui de donner des réponses sur le droit, en ajoutant qu'elles seraient censées données au nom

---

(1) Les ouvrages d'Ulpien étaient intitulés : *Libri* LXXXIII *ad edictum prætoris et libri* II *ad edictum œdilium curulium.*

(2) Il ne nous est parvenu que des fragments de l'édit. Celui qui les a réunis et présentés dans l'ordre le meilleur, est WICLING, *Fragm. edicti perpetui.* Francq., 1733, in-4o. HEINECCIUS a écrit une histoire de l'édit et tenté de reproduire un *edictum perpetuum* dans son entier, *Hist. edict. et edicti perpetui,* in *oper. posth.* Halæ, 1774, in-4o. L'essai le plus récent et le meilleur en ce genre est celui donné par HAUBOLD, à la fin de ses *Inst. hist. dogm.* 2. II p. 11-3o. C'est celui que nous reproduisons, Appendice II de cette traduction. Cf. sur l'édit en général C. G. DE WEYHE, *Libri tres edicti, seu libri de Origine fatisque jurisprudentia romanæ, præsertim edictorum prætoris ac de forma edicti perpetui.* Cellæ, 1821, in-4o, et J. REDDIE, de *Edictis prætorum, spec.* I. Gott., 1825, in-4o.

de l'empereur, ce qui devait naturellement attribuer aux réponses données par ces jurisconsultes
une autorité supérieure à celle des réponses des autres. Adrien précisa et régularisa encore mieux cette
institution, en établissant que lorsque les avis de
ces jurisconsultes, spécialement autorisés, seraient
unanimes sur une question de droit, la solution
par eux donnée aurait force de loi (*Legis vicem*),
et que les juges ne pourraient s'en écarter; que si, au
contraire, ces avis étaient différents entre eux le juge
en ce cas aurait le droit de choisir parmi eux, celui
qu'il croirait le plus juste (1). Il en résulta que la
liberté accordée en général à tous les jurisconsultes de
répondre sur le droit, continua sous Adrien de subsister, ainsi qu'elle avait fait par le passé, et que c'est
une erreur d'attribuer à Adrien le rétablissement de
cette liberté, qui ne fut jamais enlevée (2). Seulement

-----

(1) GAIUS, I, 7. «Responsa prudentum sunt sententiæ et opiniones
eorum *quibus permissum est jura condere*; quorum omnium si in
unum sententiæ concurrant, id quod ita sentiunt *legis vicem obtinet*;
si vero dissentiunt judici licet quam velit sententiam sequi : idque
rescripto Divi Hadriani significatur. Cf., § 8. 1. *de Jure nat.*, etc. I,
2, et THEOPH. ad § 9, ib.

(2) Ceux qui adoptent cette opinion la fondent sur le passage suivant de POMPONIUS, fr. 2, § 47, D. *de Orig. jur.*, I, 2. « Et ut obiter sciamus, ante tempora Augusti publice respondendi jus non a
principibus dabatur : sed qui fiduciam studiorem suorum habebant
consulentibus respondebant. Neque responsa utique signata dabant ;
sed plerumque judicibus ipsi scribebant, aut testabantur, qui illos
consulebant. Primus divus Augustus, ut major juris auctoritas haberetur, constituit ut ex auctoritate ejus responderent et ex illo tempore
peti hoc pro beneficio cœpit : et ideò optimus princeps Hadrianus,
cum ab eo viri prætorii peterent, ut sibi liceret respondere, rescrip-

les réponses émanées de ceux des jurisconsultes qui
n'étaient pas spécialement autorisés par l'empereur',
n'avaient jamais force de loi, et n'obtenaient que
l'autorité qui s'attache à un avis émané d'un homme
privé qui est versé dans la science du droit (1).

§ L. *B*. VI. Jurisprudence ou science du droit.

6° LES TRAVAUX SCIENTIFIQUES SUR LE DROIT OU LA
JURISPRUDENCE. Durant cette période la science du
droit s'éleva à sa plus grande hauteur, par les talents
de ceux qui la cultivaient, et l'alliance heureuse qu'ils
faisaient de cette étude avec celle de la philosophie et
de la littérature de la Grèce. A cette époque vivaient
les plus grands jurisconsultes que Rome ait produits.
La clarté et la pénétration de leur esprit porta cette
science au plus haut degré de perfection qu'elle pût
atteindre, et leur mérita par là le nom de *jurisconsultes
classiques* (2). Leurs nombreux écrits fournirent les

---

sit eis : hoc non peti sed præstari solere; et ideo si quis fiduciam sui
haberet, delectari se, populo ad respondendum se præpararet. Cf. V.
GRAVINA, *de Ortu et progressu juris civilis*, § 42.

(1) [Cette ingénieuse interprétation de GAIUS est due à un jurisconsulte français, M. DU CAURROY, professeur à la faculté de Paris,
qui l'a proposée pour la première fois dans un article inséré en la
Thémis II, 17, qui l'a reproduite depuis dans ses *Institutes expliquées* I, n° 39, et qui l'a défendue contre les attaques de M. Savigny
dans un second article de la *Thémis*. Aujourd'hui elle est généralement adoptée dans les universités de l'Allemagne et de la Hollande.
Cf. FRETZ, *Mémoire sur l'autorité des jurisconsultes romains, Thémis* VII, 62-84 ED].

(2) Voici ce que pensait de ces hommes et de leurs écrits l'illustre
LEIBNITZ. « Dixi sæpius post scripta geometrarum nihil extare quod

explications et les commentaires les plus parfaits des
diverses sources du droit, et devinrent bientôt une
autorité décisive dans les tribunaux. Ils furent redevables de cette autorité, non-seulement au rang émi-
nent que leurs auteurs occupaient parmi les premiers
dignitaires de l'empire ; mais en outre au besoin que
les XII tables et l'édit avaient d'être interprétés pour
être susceptibles d'application dans la pratique. Quoi
qu'il en soit, ce fut dans ces écrits qu'on puisa plus
tard , par ordre de l'empereur Justinien , les extraits
ou fragments dont se composent les Pandectes.

§ LI. Jurisconsultes célèbres (1).

Les jurisconsultes les plus célèbres avant Auguste
furent : *C. Mucius Scævola , frère de Publius Scævola cité plus haut (2) et maître de Cicéron (3). * Ser-

---

vi ac subtilitate eum romanorum jurisconsultorum scriptis comparari
possit ; tantum nervi inest ; tantum profunditatis ; *Opera, vol.* IV ,
p. 3, p. 267 ; et ailleurs : « Ego digestorum opus vel potius auctorum,
unde excerpta sunt , labores admiror , nec quicquam vidi sive ratio-
num acumen, sive dicendi nervos spectes, quod magis accedat ad ma-
thematicorum laudem. *Epist.*, t. I, ep. 110.

(1) Voyez Pomponius, in fr. 2 , § 41-47, D. *de orig. jur.*, I , 2 ;
V. Gravina, *de Ortu et progr. jur. civ* , § 46 seq.; Hoffmann, *Hist.
jur.*, p. I , p. 312 et seq.

(2) Pomponius , l. c. , § 41, dit de lui : « Jus civile primus constituit generatim in libros decem et octo redigendo ; et Cicéron , *de
orat.* , I , 39, le nomme ; « Hominum omnium et disciplina juris
eruditissimum et ingenio prudentiaque auctissimum. » Enfin il dit
encore de lui en un autre endroit, *Brut.* , c. 39-40 : « Jurisperito-
rum, eloquentissimum eloquentium juris peritissimum. »

(3) Aulu Gelle, liv. I , c. 22 , parle d'un traité de Cicéron *de
jure civili in artem redigendo* , que nous ne possédons plus.

vius Sulpicius Rufus (1), * Alfenus Varus, Ofilius, Trebatius Cascellius, Tubero, * Ælius Gallus, et Granius Flaccus (2).

§ LII. Différentes sectes de jurisconsultes.

Il paraît que, sous le règne d'Auguste, les jurisconsultes se séparèrent en diverses sectes ou écoles, et établirent entre les opinions de chacune, des différences très marquées. Ce qui est au moins certain, c'est que Pomponius qui énumère dans son *histoire du droit*, les noms des jurisconsultes les plus célèbres, a soin, en nommant ceux qui fleurirent depuis le règne d'Auguste jusqu'à celui d'Adrien, époque à laquelle il termine son histoire (3), de présenter constamment, en regard l'un de l'autre, les jurisconsultes dont les opinions ou les principes étaient souvent opposés entre eux (4). Les deux sectes principales, autour desquelles se groupaient beaucoup de juriscon-

---

(1) Cicero, *Brutus*, c. 41.

(2) Les noms accompagnés d'un * sont ceux qu'on lit dans les Pandectes. Voyez l'*Index jurisconsultorum Florentinus*. Il se trouve dans l'édition du *Corpus juris* de Gebauer et Spangenberg, Gott., 1776-1799, 2 vol. gr. in-4°. Cf. Haubold, *Inst. hist. dogm.* §. 194.

(3) Fr. 2, § 47, D., *de Orig jur.*, I, 2.

(4) Gaius, I, 196, II, 15, 37, 217, III, 87, 98, cite une foule de doctrines dans lesquelles ces oppositions se font remarquer; et dans beaucoup d'autres passages, il se déclare lui-même partisan de l'école de Sabinus et de Cassius, qu'il appelle *nostri præceptores*. Proculus et ses disciples sont désignés par lui sous le nom de *diversæ scholæ auctores*. Voyez aussi fr. 32, D. *de Damno infecto*, 39, 2, fr. 138, D. *Verb. oblig.* 45. 1, § 2, I. *de Empt. et vend.*, 3, 23, § 8, I. *de mandato*, 3, 26.

(5) Voir, sur les diverses sectes de jurisconsultes, V. Gravina, op.

sultes, qui n'adoptaient exclusivement les opinions de
l'une ni de l'autre, comptaient parmi leurs membres :

* Antistius Labeon.	Massurius Sabinus, (d'où
Nerva (aïeul de l'empe-	les sectateurs prirent
reur du même nom).	le nom de Sabiniani).
* Proculus, (les parti-	Gajus Cassius Longi-
sans de cette secte s'ap-	nus , (de là les secta-
pelèrent d'après lui	teurs prirent le nom
Proculeiani).	de Cassiani).
Pegasus.	Cælius Sabinus.
* Juventius Celsus.	* Javolenus Priscus.
* Neratius Priscus.	* Æburnus Valens.
Atejus Capiton.	* Salvius Julianus. V.
	§. 48.

§ LIII. *Miscelliones.*

A partir du règne d'Adrien , il est difficile de distinguer les diverses sectes. C'est aussi de cette époque ,
qu'on fait dater sans aucun fondement , la secte des
jurisconsultes éclectiques ; (*Herciscundi et Miscel-
liones* (1). Les principaux sont : * Taruntenus Pa-
ternus , * Mauricianus , * Papyrius Justus , Terentnus

____

c.t. , § 45 ; Hoffman, *Hist. jur.*, p. I, p. 321 ; Mascovius, *de Sectis
Sabinianorum et Proculeianorum in jure*, Lips. , 1728 , in-8° ;
Eckhard, *Hermeneutica juris cum notis* Walchii, Lips., 1801 ,
pag. 225.

(1) Festus, *sub voce* Miscellio, Brunquell, *de jurisconsultis
herciscundis* in ejus *Opusc.* Halæ, 1774 , p 419. [La dénomination
de *herciscundi* donnée à ces jurisconsultes par Cujas , est le résultat
d'une erreur , suite d'une faute de copiste dans un manuscrit de Servius sur Virgile , où Cujas avait cru lire le mot *herciscundi* employé
dans cette acception. Ed.]

CLEMENS , * VOLUSIUS MACIANUS , * EMILIUS MACER ,
* CALLISTRATUS , * TRYPHONINUS , * ULPIUS MARCELLUS
* CÆCILIUS AFRICANUS, * AELIUS MARTIANUS, * POMPO-
NIUS , * CERVIDIUS SCÆVOLA.

Indépendamment de ces jurisconsultes , voici les
noms de quelques autres qui méritent une attention
plus particulière , ce sont : * GAJUS (1) * AEMILIUS

---

(1) GAJUS avait fait plusieurs ouvrages dont les titres ont été recueillis par BACH, *Hist. jur.*, III, 2 , sect. 5, § 14 et 15. [Le plus
important de tous pour nous à connaître , c'était ses Institutes , parce
qu'elles avaient servi de matériaux aux compilateurs des Institutes de
Justinien. Pendant des siècles , on n'a possédé de ce premier ouvrage
que les fragments conservés dans le *Breviarium Alaricianum* (§ 65
infr.) , que l'on retrouve dans la *Jurisprudentia ante Justinianea* de
SCHULTING, pag. 1 et seq. , et dans le *Jus civile ante Justinianeum.*
Berl. , 1815, p. 185.

Enfin en 1816. M. NIEBUHR, en fouillant les manuscrits de la bibliothèque du chapitre de Vérone , découvrit un *codex* ou manuscrit
palimpseste ou *rescrit*, c'est-à-dire un de ces manuscrits anciens dont les
moines du moyen âge faisaient disparaître l'écriture, afin de s'en servir
ensuite pour écrire d'autres ouvrages. Il retrouva sous les Epîtres
de saint Jérôme , que contenait ce manuscrit , le texte original des
célèbres Institutes de Gajus. L'académie des sciences de Berlin ,
avertie de cette précieuse découverte , envoya à Vérone trois savants
pour déchiffrer ce manuscrit , dont l'antiquité ne paraît pas remonter
à une époque moins reculée que le cinquième siècle. Le résultat de leurs
travaux fut enfin publié en 1820, sous le titre de GAJI *institutionum
Commentarii IV , et codice rescripto bibliothecæ capitularii Vero-
nensis, auspiciis regiæ scientiarum academiæ Borussicæ nunc primum
editi.* Berol. , 1820, in-8°. Les éditeurs, MM. GOTSCHEN, BEKKER
et BETHMANN HOLWEG, y joignirent un fragment d'un jurisconsulte
inconnu *de jure fisci* , qu'ils avaient découvert dans la même bibliothèque. La seconde édition , enrichie d'additions et de changements
considérables , résultat surtout d'un nouvel examen du manuscrit par
M. BLUHME, a paru en 1824.

Papinianus (1), * Domitius Ulpianus (2), * Julius Paulus (3), * Modestinus (4).

La France n'a pas été la dernière à reconnaître et à signaler l'importance de cette découverte. Dès 1822 on y reproduisit la première édition de Gajus dans l'*Ecloga juris civilis*, Paris, 1822, in-12, et son texte devint, avec celui de Justinien, l'objet des leçons des professeurs de droit romain de la faculté de Paris, MM. Blondeau et Ducaurroy. La deuxième édition de Gajus a été également réimprimée dans la nouvelle édition de l'*Ecloga* donnée en 1827. Eo.]

(1) Il avait composé une foule d'écrits dont il ne nous reste que les fragments insérés dans les Pandectes, ceux renfermés dans la *Collatio legum mosaïcarum et romanarum* (voy. § 63 infrà), et un passage de peu d'étendue placé à la fin du *Breviarium Alaricianum*, Cf., Bach, l. c., § 19; Schulting, op. cit., p. 810, *Jus civile ante Just.*, t. I, 245; Haubold, *Inst. litt.*, t. I, p. 285.

(2) Bach, l. c., § 25 - 28. On peut dire que la plus grande partie des fragments qui forment les Pandectes a été puisée dans ces écrits. Nous possédons en outre de lui le texte original d'un petit ouvrage, *Liber singularis regularum*, que les modernes ont appelé *Ulpiani fragmenta*, parce que malheureusement il n'existe pas tout-à-fait en son entier. Le manuscrit qui nous l'a conservé se trouve encore à Rome dans la bibliothèque du Vatican. Il fut publié pour la première fois par Dutillet (*Tilius*), qui, avec le secours de Cujas, le fit paraître sous le titre de *Tituli XXIX ex corpore Ulpiani*, Paris, 1549, in-8°. Une foule d'éditions ont suivi celle-là parmi lesquelles il faut distinguer celles dues aux soins de M. Hugo, Berlin, 1788, 1811, 1815 et 1822, in-8°. Leur texte a été reproduit dans les diverses éditions de l'*Ecloga*.

(3) Bach, l. c., § 30 - 35, Haubold, l. c., pag. 276. L'ouvrage le plus important de Paul était ses *Sententiæ receptæ*, dans lequel on a beaucoup puisé pour les Pandectes, et qui nous a été conservé, mais non en toute sa pureté dans le *Breviarium Alaricianum*. On le trouve dans Schulting, p. 185. M. Hugo en a publié une édition séparée, Berlin, 1795, qui a été reproduite dans le *Jus civile ante Just.*, t. I p. 102 et dans l'*Ecloga*.

(4) Bach, l. c., § 41. Un fragment des *Regularum libri III*, de

Enfin, nous citerons encore les jurisconsultes suivants, moins célèbres que les précédents, mais dont on trouve des extraits dans le Digeste : *TERTULIANUS, *RUTILIUS MAXIMUS, *LICINIUS RUFINUS*, deux ou trois jurisconsultes du nom de SATURNINUS, *ARRIUS MENANDER, *FURIUS ANTHIANUS, *FLORENTINUS.

§ LIV. Ouvrages sur le droit.

Il est facile de juger, d'après la seule nomenclature que nous venons de donner de cette foule de jurisconsultes plus ou moins célèbres, de l'énorme quantité d'ouvrages sur le droit que cette période vit éclore (1). On peut les classer de la manière suivante :

I. COMMENTAIRES spéciaux sur diverses sources particulières du droit, par exemple sur les XII tables, sur

---

Modestin, se trouve dans SCHULTING, p. 801, et dans le *Jus civile ante Just.*, t. 1, p. 245; Cf. HAUBOLD, l. c., p. 285.

(1) Indépendamment des textes originaux des deux ouvrages de Gajus et d'Ulpien (§ 53, *suprà*), des *Sententiæ receptæ* de Paul, telles que nous les a conservées le *Breviarium* des Visigoths, et des autres fragments des jurisconsultes romains, renfermés dans cette même compilation ou dans les Pandectes, et dans la *Collatio legum mosaïcarum* (§ 63 infra). Nous avons encore divers autres fragments de jurisconsultes de la même période, mais dont les noms ne sont pas très certains. L'un d'eux porte le nom de *Fragmentum regularum ex veteri jurisconsulto* : il traite *de juris speciebus et manumissionibus*. Il nous a été conservé dans un ouvrage du grammairien Dositheus; on le trouve dans SCHULTING, p. 803, dans le *Jus civile ante Just.*, t. I, p. 251 et dans l'*Ecloga*, p. 123. Il ne faut pas confondre avec ce fragment celui du même Dositheus, intitulé *Libri III*, continent. *Adriani imperatoris sententias et epistolas*. On le trouve aussi dans SCHULTING, p. 855; mais il est de peu de valeur, Cf. HAUBOLD, l. c. p. 272.

l'édit prétorien, sur quelques plébiscites et quelques constitutions impériales.

2. Systèmes de droit; les uns abrégés sous le titre de : *Institutiones*, *Enchiridia*, *Regulæ*, *Definitiones*; les autres plus volumineux et plus étendus sous le titre de *Libri juris civilis*, et plus tard sous celui de *Digesta*.

3. Commentaires sur des systèmes et d'autres écrits des jurisconsultes anciens, comme par exemple : *Notæ ad Sabinum*, *ad Cassium*, *ad Papinianum*.

4. Monographies, ou Dissertations et Traités particuliers sur des branches spéciales du droit (*libri singulares*), comme par exemple : *de fideicommissis*.

5. Écrits ou Recueils d'espèces particulières ou de cas spéciaux, comme par exemple : *Responsa*, *Epistolæ*, *Casus enucleati*.

6. Controverses, ou Discussions entre les jurisconsultes sur des cas douteux : *Quæstiones*, *Disputationes*.

7. Mélanges, ou écrits divers, tels que : *Libri variarum lectionum*, *membranarum*, *differentiarum*, *rerum quotidianarum*.

Un autre fragment est celui *de jure fisci* trouvé à Vérone, et publié à la suite de Gajus : nous venons d'en parler, p. 52, note 1.

Enfin, l'infatigable et savant abbé Maï, en poursuivant ses recherches dans la bibliothèque du Vatican, a découvert dans un manuscrit palimpseste de nouveaux fragments de droit anté-Justinien sur diverses matières, et les a publiés sous le titre de *Juris romani ante Justinianei fragmenta vaticana*, *è codice palimpsesto eruit Aug. Maius.* Romæ, 1824, in-4°.

M. Bucholtz, élève de M. de Savigny, vient de publier ces mêmes fragments avec un commentaire excellent, Kœnigsb., 1828, in-8°.

D'autres éditions ont paru à Paris et à Berlin.

QUATRIÈME PÉRIODE.

Depuis Alexandre Sévère jusqu'à Justinien.

(De l'an 250 jusqu'à l'an 550 depuis J.-C.)

§ LV. Mutations survenues dans la forme de
l'empire romain.

Après la mort d'Alexandre Sévère (an 235), l'empire romain, jadis si florissant, mais maintenant ébranlé par des secousses réitérées, marchait à grands pas vers sa décadence totale. C'étaient les cohortes prétoriennes qui élevaient au trône les empereurs ou qui les en précipitaient, et l'histoire nous présente l'exemple unique de seize empereurs qui, dans le court espace de cinquante années, se succédèrent rarapidement sur un trône dont presque tous furent arrachés par une mort violente. Au milieu de ce changement continuel de souverains, le despotisme militaire le plus complet remplaça peu à peu toute autre forme de gouvernement.

Ce fut alors que se consolidèrent de plus en plus ces maximes étranges qu'on avait tenté vainement de faire prévaloir jusqu'alors, que l'empire était le patrimoine personnel du souverain ; que les biens et la vie même de chacun de ses sujets étaient soumis à son bon plaisir, et que, quant à lui, il se trouvait placé au-dessus de toutes les lois (1) !

---

(1) Théophile, ad § 7, 1, *de jure nat.*, *gent. et civ.*, I, 2, parle

La confusion parvint à son comble lorsque, sous Valérien (entre 250-260), les Allemanni, les Francs, les Goths et les Hérules sortirent des forêts de la Germanie, et envahirent quelques provinces de l'empire romain.

A la vérité, Dioclétien releva l'honneur du nom romain, et lui donna quelque splendeur nouvelle (284), mais il faut reconnaître aussi que c'est de lui que date le démembrement de l'empire.

Constantin (*nat*. 306, *ob*. 337) bâtit sur les bords de la mer Noire, une cité nouvelle dans laquelle il transféra sa résidence et le chef-lieu du gouvernement. Sous lui la religion chrétienne fut proclamée religion de l'état, et dans l'Orient la langue grecque prit de plus en plus une prédominance marquée sur celle des Romains ; deux circonstances qui exercèrent une influence énorme et forcée sur le droit romain (1).

A la mort de Constantin, l'empire se divisa entre ses deux fils, comme plus tard il le fut de nouveau entre ceux de Théodose (395).

---

de la doctrine du pouvoir absolu comme d'une chose tellement simple, qu'il ne suppose même pas qu'aucun doute ait jamais pu s'élever sur sa légalité. « Princeps non tantùm fortunarum nostrarum, sed etiam corporum ipsorum dominus est. »

(1) [Voy. sur l'influence du christianisme sur le droit romain, C. G. DE RHOER, *de effectu religionis Christianæ in jurisprudentiam romanam*, Groning., 1776, in-8° ; PILATI DE TASSULO, *Histoire des révolutions arrivées dans le gouvernement, les lois et l'esprit humain, après la conversion de Constantin, jusqu'à la chute de l'empire d'Occident*, La Haye, 1783, in-8° ; et M. BRIDGES, *The roman empire under Constantine the great*, Lond., 1828, in-8°. ED.]

Lors de ce dernier partage, Arcadius eut l'Orient, et Honorius l'Occident.

Quoique ce partage fût définitif, cependant l'empire romain ne tarda pas, sous les invasions successives et toujours plus violentes des Barbares, à perdre l'une après l'autre chacune de ses provinces, démembrement forcé et auquel les faibles empereurs d'Occident ne purent opposer qu'une résistance purement passive.

Alaric, roi des Visigoths au commencement du V° siècle, entra en Italie et livra Rome au pillage. Les Alains, les Vandales et les Suèves traversèrent la Gaule et se dirigèrent vers la péninsule Ibérique, et de là en Afrique.

Les Francs, les Bourguignons, les Ostrogoths, se répandirent dans les Gaules, l'Helvétie et sur les bords du Rhin. La Grande-Bretagne fut occupée par les Saxons, et Attila, à la tête des Huns, porta, vers l'an 450, la destruction dans les Gaules, et menaça l'empire d'Occident d'une ruine prochaine.

Au milieu des tempêtes qui fondaient sur l'Occident, la cour de Constantinople était forcée de garder une attitude impassible. Sa propre faiblesse, ou plutôt sa lâche politique, ne lui permettait d'essayer aucune tentative assez puissante pour délivrer l'Occident. Enfin, Odoacre (476) mit à jamais fin à cet empire ; par là, l'antique domination des Romains, qui jadis s'étendait sur le monde entier, fut restreinte au seul empire d'Orient, qui lui-même, en 1453, disparut sous la conquête des Turcs.

§ LVI. Changements éprouvés par le droit romain

Pendant le cours de cette période, les changements

qui s'opérèrent sur le droit, le furent presque exclusivement par les constitutions impériales et par la coutume.

A mesure que le despotisme des empereurs s'accrut et s'affermit, à mesure aussi on vit se multiplier le nombre des constitutions. Quoiqu'émanant toutes de la même source, celles-ci différaient cependant beaucoup entre elles, et quant à leurs formes et quant à leur but (1).

On ne vit de lois proprement dites rendues que sous les premiers empereurs, et encore furent-elles en fort petit nombre.

La plupart de ces constitutions n'avaient même aucun trait au droit privé, et ne se rapportaient qu'à l'administration soit intérieure, soit extérieure de l'empire ; par exemple, aux finances, à la guerre, au gouvernement des provinces, etc. Il était rare que ces constitutions vinssent introduire des principes nouveaux en droit, presque toutes n'avaient pour but que d'indiquer comment on devait appliquer à des espèces particulières le droit déjà établi.

On peut les ranger en deux classes principales, savoir :

1° Les *constitutiones générales*, c'est-à-dire les ordonnances générales, ou rendues pour tous et auxquelles tout sujet de l'empire était tenu de se conformer. A cette classe appartiennent surtout les *Edits* (*edicta* ou *leges edictales*), qui sont les seules qu'on puisse considérer comme des lois véritables (2).

2° Les *constitutiones personales*, qui n'établissaient

---

(1) Voy. Haubold, *Inst. hist. dogm.*, § 161.
(2) Cf. tit., C., *de Legibus et const.* 114.

de dispositions applicables qu'à certaines personnes (1). Là se rangent : 1° les *Mandats* (*mandata*), c'est-à-dire les instructions adressées par l'empereur aux diverses espèces de fonctionnaires publics (2) ; 2° les *décrets* (*Decreta*), décisions sur procès rendues par l'empereur, sur appel de la décision d'un magistrat inférieur, appel porté devant le conseil privé de l'empereur (*consilium*, et plus tard *consistorium* ou *auditorium principis*) (3).

3° Les *Rescrits* (*rescripta*), c'est-à-dire les réponses ou les solutions de cas douteux, réponses données par l'empereur sur la demande d'une partie, et pour lesquelles il appliquait soit le droit existant, soit le secours du raisonnement, soit souvent aussi son pur caprice (4).

---

(1) Fr. I, § 2, D. *de const. prin.*, 1, 4. Planè ex his (constitutionibus) quædam sunt personales, nec ad exemplum trahuntur....., nec personam egrediuntur. Les empereurs Théodose et Valentinien, en parlant de ces sortes de constitutions, disent eux-mêmes que dans leur origine ce n'étaient pas des lois proprement dites : const., 2, C., *de leg. et const.*, I, 14. « Nec generalia jura sint, sed leges faciant his duntaxat negotiis atque personis pro quibus fuerunt promulgata. » Mais il était tout naturel de s'appuyer, dans un cas semblable, de la décision rendue par l'empereur lui-même, ainsi qu'on invoquait devant les juges les décisions du tribunal suprême (*præjudicia*) ou les réponses des prudents. Toutefois, ce ne fut que Justinien qui les revêtit de la force de lois générales. Const., 12, C. *de leg.*, I, 14.

(2) Cf., Tit., C. *de mandatis principum*, I, 15.

(3) Fr. 18, § 1 et 2, D. *de minoribus*, 4, 4 ; HAUBOLD, *de consistorio principum romanorum* ; in ejusd. *Opuscula academica*, Lips., 1825, t. I, p. 187-314.

(4) Il arrivait assez souvent que les jurisconsultes étaient fort mécon-

Jusques à Constantin, on ne voit guère d'autres
constitutions impériales, que des décrets et de simples rescrits ; mais sous son règne, les édits se mul-
tiplient , et souvent détruisent ou attaquent de front
des principes jusques alors respectés. Il n'est pas difficile de se rendre raison de ce nouvel état de choses ;
d'abord le Christianisme avait à lutter contre de vieilles croyances qu'il fallait déraciner et anéantir , et
ensuite, les mœurs, et la langue de l'Orient , où se
trouvait alors transportée la capitale de l'empire, n'a-
vaient que peu ou même point de rapport avec les
mœurs et la langue de l'Occident.

§ LVII. Décadence de la science du droit.

La science du droit qui , sous Adrien et les deux
Antonins était parvenue à son apogée, arrêtée bientôt
après dans ses progrès, commença à tomber en décadence, et les bouleversements intérieurs qu'éprouva
l'empire après la mort d'Alexandre Sévère , ne lui
permirent plus de se relever de sa chute.

Toutes les diverses branches des connaissances humaines subirent la même déchéance , et l'on vit le
génie des Romains succomber sous le joug du despotisme et de la dépravation des mœurs (1).

---

tents des décisions impériales, et témoignaient hautement leur désap-
probation, par exemple : Fr. 38 , D. *de minoribus*, 4, 4 ; fr. 28,
D. *de inoff. test.* , 5 , 2. Constantin régularisa cet état de choses en
posant en principe que : « Contra jus rescripta non valeant, quocun-
que modo fuerint impetrata. Quod enim publica jura præscribunt
magis sequi judices debent. « Const. , 1 , Cod. Theod. , *de div.
rescrip.* , 1 , 2.

(1) L'on peut se faire une idée de l'état de décadence dans lequel

C'est à peine si dans cette période l'on trouve le nom
d'un seul jurisconsulte distingué, et de tous ceux qui
vécurent avant Justinien, les seuls qui puissent préten-
dre à cet honneur d'être cités sont GREGORIUS, HER-
MOGÈNES (1), AURÉLIUS ARCADIUS CHARISIUS et JULIUS
AQUILA, les trois derniers, parce que le Digeste a recueilli quelques fragments de leurs écrits (2), et les autres à cause des collections importantes de constitutions impériales par eux formées.

§ LVIII. État des diverses sources du droit au commencement du cinquième siècle.

En théorie, l'on considérait encore au commencement du V⁰ siècle, et comme sources du droit, les anciens plébiscites, les sénatus-consultes, les édits des
magistrats romains, les constitutions impériales et la
coutume, ou le droit introduit par l'usage. Les XII
tables passaient encore pour la base et le centre unique de la législation romaine, et tous les principes
introduits depuis sa promulgation n'était censés que
des modifications ou des dispositions supplémentaires
à cette grande loi.

Tel était, on le répète, ce qu'on admettait comme
constant en théorie ; mais dans *la pratique* il en était

était tombée la jurisprudence, en comparant l'édit de promulgation du
Code Théodosien avec ce que dit AMMIEN MARCELLIN, lib. 3o, c. 4.

(1) HERMOGÈNE avait également fait une autre compilation sous le
titre de *Juris epitomarum libri VI*. Elle se composait d'extraits
d'anciens jurisconsultes. Sous ce rapport, elle ressemblait aux Pandectes, et elle fit même partie des ouvrages compulsés pour leur
rédaction, BACH, *Hist. juris*, III, c. 3, sect. 4, § 8.

(2) Cf. HAUBOLD, *Inst. hist. dogm.*, § 195.

tout autrement et les seules sources que l'on appliquait étaient les *Ecrits des jurisconsultes classiques et les Constitutions impériales* (1).

Les jurisconsultes avaient rendu, il faut le reconnaître, un immense service aux juges en rendant la masse entière des anciennes sources du droit accessible même à ceux qui n'avaient fait aucune étude préliminaire ; aussi les écrits durent conserver toujours dans les tribunaux l'autorité qu'ils avaient justement acquise. Mais plusieurs causes s'opposaient à ce que l'on en pût faire un emploi judicieux. D'abord leur nombre était très considérable, et leur rareté augmenta à proportion de la décadence des lettres ; mais en outre les juges d'alors, illettrés pour la plupart, étaient incapables de peser à la balance de la science ou du raisonnement, les motifs allégués par les auteurs qu'on mettait sous leurs yeux. Dans cette position, ils préféraient à toute autre opinion, l'autorité d'un nom célèbre, ou celle qui se fondait sur des motifs déjà connus par eux.

Insensiblement la manie de citer l'autorité d'un grand jurisconsulte sans s'inquiéter de sa manière de raisonner, gagna tous les tribunaux, et comme les plus

---

(1) Gibbon, en parlant de cette époque, dit avec beaucoup de raison : « Dans l'espace de dix siècles, le nombre infini des lois et des opinions des jurisconsultes avait rempli des milliers de volumes que l'homme le plus riche ne pouvait acheter, et que la tête la plus vaste ne pouvait contenir. On ne se procurait pas aisément des livres ; et les juges, pauvres au milieu de tant de richesses, étaient réduits à prononcer d'après leur prudence mal instruite. » *Histoire de la décadence et de la chute de l'empire romain*, ch., 44.

illustres interprètes du droit romain n'étaient pas toujours d'accord entre eux sur une foule de points importants, l'on doit facilement concevoir comment, entre les mains de juges de l'espèce de ceux que nous venons de désigner, l'administration de la justice devint chancelante, incertaine et arbitraire.

§ LIX. Constitutions de Constantin et de Valentinien III sur l'emploi des écrits de jurisconsultes.

Au milieu de la confusion que de pareilles circonstances devaient faire naître, il parait que Constantin sentit la nécessité de désigner par des constitutions expresses les noms des anciens jurisconsultes qui jouiraient en justice d'une autorité particulière, et ceux dont l'autorité pourrait n'être d'aucun poids (1).

Un siècle plus tard, Valentinien III (426) rendit pour l'Occident une pareille ordonnance, mais plus développée. Insérée au Code Théodosien, cette ordonnance devint bientôt après obligatoire également en Orient.

---

(1) Nous savions déjà par la const. unic., C. Theod., *de sent. pass. et rest.*, IX, 43 (qui est de Constantin), que Constantin ne voulait pas qu'on eût égard aux notes d'Ulpien et de Paul sur Papinien ; et la *consultatio veteris jurisconsulti* (SCHULTING, l. c., p. 821) nous faisait connaître que les *Sententiæ receptæ* de Paul avaient reçu une grande autorité par diverses constitutions impériales. Aujourd'hui nous possédons deux constitutions encore inédites de Constantin, découvertes par M. CLOSSIUS dans la bibliothèque ambrosienne de Milan, et qui sont positives à cet égard. C'est par elles que nous expliquons maintenant comment dans la loi sur les citations de Valentinien, il est parlé de l'abrogation des notes d'Ulpien comme d'une chose déjà ancienne. « *Sicut dudum statum est.* » On les trouvera à la suite de ce volume, appendice III.

Par cette constitution, qu'on appelle aujourd'hui la *loi de Valentinien sur les citations* (1), on donna force de loi à l'ensemble des écrits de *Papinien*, de *Paul*, de *Gajus*, d'*Ulpien* et de *Modestin*, ainsi qu'à ceux des jurisconsultes antérieurs dont ils s'étaient rendus les commentateurs. Cependant on retrancha toute autorité aux *Notes d'Ulpien et de Paul sur Papinien*, ainsi que l'avait déjà fait Constantin. Le mode de citation fut réglé; il devait avoir lieu dans le cas où elle serait contestée au moyen de la collation et de la vérification de tous les manuscrits qu'on pourrait se procurer.

Au cas où, sur une question, les jurisconsultes auraient adopté des avis différents, l'on devait compter le nombre et se décider pour la majorité, et s'il y avait partage égal entre eux, l'opinion pour laquelle se trouvait Papinien l'emportait de plein droit. Dans le cas où la question n'avait pas été traitée par lui, c'était alors le juge qui vidait le partage, en adoptant celle des deux opinions qui lui paraissait mériter la préférence.

Ces ordonnances n'atteignirent pas le but désiré, parce qu'au lieu de laisser au juge la liberté d'un examen critique de diverses opinions, on lui imposait en quelque sorte le devoir d'adopter toujours machinalement l'opinion de la majorité (2); par là, en effet, l'on

---

(1) Elle se trouve au Code Théodosien, const. unic., *de responsis prudentum*, I, 4, et dans l'appendice III de ce volume.

(2) Ce fut là ce qui la fit abroger plus tard par JUSTINIEN, dans la const. *de concept. digest. ad Tribonianum*, § 6. On y lit : « Sed neque ex multitudine auctorum quod melius et æquius est, judicatote, cum possit unius forsitan et deterioris sententia et multas et majores in aliqua parte superare. »

avilit insensiblement la dignité du juge, et l'on dut
étouffer jusqu'au germe de toute étude approfondie
du droit.

§ LX. *Codex Gregorianus et Hermogennianus.*

L'emploi des constitutions donna naissance à une
difficulté pareille, quoique d'une beaucoup moindre importance. Leur nombre qui était énorme, leur
origine qui était différente, leurs dates souvent très
éloignées l'une de l'autre, tout contribuait à rendre
fort difficile leur connaissance entière et parfaite.

La nécessité de les réunir en collection se faisait donc
sentir à chaque instant. Deux jurisconsultes, *Grego-*
rius et *Hermogènes*, se dévouèrent à ce travail vers le
milieu du IVe siècle et publièrent deux recueils (*codices*)
de constitutions impériales (1) qui ne contenaient
toutefois presque uniquement que des rescrits et un fort
petit nombre d'édits (2).

Le *Code Grégorien*, ne comprenait que les constitutions des empereurs, depuis Adrien jusques à Constantin ; et le *Code Hermogénien*, probablement destiné à
former le complément du premier renfermait unique-

----

(1) Au surplus, ce n'était pas le premier travail de cette nature
que l'on eût déjà fait : Papirius Justus avait rassemblé les rescrits
d'Antonin et Verus (*Divi fratres*) (Cf. Wieling, *Jurisprud. rest.*,
p. 157); Dositheus, les *Rescrits d'Adrien* (Schulting, p. 860) ;
Ulpien, dans son livre *de officio proconsuli*, avait réuni toutes les
constitutions rendues contre les chrétiens (Lactant., *Div. inst.*, V.
15); et Paul avait fait un recueil de décrets impériaux, sous le titre
de *imperalium sententiarum in cognitionibus prolatarum*, libri VI.
l'inscr. Fr. 113, D. *de condit. et demonstr.*, 35, 1.

(2) Cf. C. F. Pohl, *comment. de cod. Gregoriano et Hermoge-*
niano, Lips., 1777, in-4".

ment les constitutions de Dioclétien et de Maximien.
Au surplus, il ne nous reste de ces deux codes qu'un
très petit nombre de fragments. (1).

§ LXI. *Codex Theodosianus.*

Le Code Théodosien fut d'une bien plus haute importance que les deux précédents. Huit jurisconsultes,
à la tête desquels était placé Antiochus, ex-consul et
ancien préfet du prétoire, furent chargés, en 428, par
l'empereur Théodose le Jeune, de rédiger pour l'empire d'Orient, un recueil des édits des empereurs,
dans lequel on inséra aussi quelques rescrits. Ce recueil, qui reçut le nom de *Codex*, fut promulgué en
Orient (2), et Valentinien III, gendre de Théodose,
lui donna également force de loi en Occident (3).

Ce Code renferme les constitutions imperiales, à
partir de Constantin : elles y sont rangées par ordre
de matières et sous différents titres ; mais cet arrangement même est cause que souvent une même constitution se trouve tronquée et morcelée en plusieurs
parties.

Il se compose de seize livres subdivisés en un nombre inégal de titres. Nous possédons entiers les livres

---

(1) Ils se trouvent dans Schulting, l. c., p. 683, et dans le *Jus
civile ante Justin*, t. 1, p. 273, Cf. Haubold, *Inst. hist. dogm.*,
§ 217 ; *ejusd. Inst. litt.*, p. 259.

(2) Bach, *Hist. jur.*, III, c. 4, sect. 2, § 4 seq.; L.G. de Crassier,
de confectione Codicis theodosiani. Liége, 1825, in-4°.

(3) Voyez l'étonnant protocole du sénat de Rome sur la réception
du Code Théodosien en Occident, dans l'an 438. Il se trouve dans
Clossius, *Codicis Theodosiani fragmenta*. Tub., 1824, in-8°.

de 7 à 16, ainsi que le dernier titre du 6ᵉ livre (1).
Tout ce qui composait les cinq premiers livres, et
le commencement du 6ᵉ, ne nous est parvenu que
par les extraits insérés dans le *Breviarium Alaricianum* (2).

Nous devons à J. Godefroy une très bonne édition
du Code Théodosien, accompagnée d'un commentaire
excellent, qui n'a été publiée qu'après sa mort par
Antoine Marville, Lyon, 1665, 6 vol. in-fol. Ritter
en a donné une nouvelle édition enrichie de variantes et de divers suppléments, Leipzig, 1736-1745,

---

(1) Tilius (*Du Tillet*) est le premier qui ait publié à Paris, en
1550, les huit derniers livres complets et les huit premiers d'après
les extraits conservés dans le *Breviarium Alaricianum*. Cujas, en
1566, donna à Lyon la seconde moitié du sixième livre et les septième
et huitième livres en leur entier. Cf. Haubold, *Inst. hist. dogm.*,
§ 218-221 ; ejusd., *Inst. litter.*, p. 261.

(2) Il paraît qu'au seizième siècle les cinq premiers livres existaient
encore entiers en France. M. Clossius a découvert dans la bibliothèque Ambrosienne de Milan huit constitutions non altérées, qui
faisaient partie de ces cinq premiers livres, et les a publiées sous le
titre que nous avons donné dans une note précédente. M. l'abbé Peyron
a trouvé également dans les manuscrits palimpsestes de la bibliothèque
royale de Turin, beaucoup de fragments ayant appartenu à ces mêmes
livres du Code Théodosien. Ils ont été publiés par lui à Turin, 1825,
in-4°, et ensuite à Bonn par les soins de M. Peugée, 1825, in-8°. Le
savant M. Wenck a réuni et coordonné avec ce que nous possédions des
cinq premiers livres, les divers fragments découverts par MM. Clossius et
Peyron, et les a publiés accompagnés de notes excellentes, sous le titre
de *Codicis Theodosiani libri V priores recognovit, additamentis insi-
gnibus a Clossio et Am. Peyron repertis aliisque auxit, notis subi-
tquneis tum criticis, tum exegiticis instruxit.* C. F. Ch. Wenck, Lips,
1825, in-8°.

6 vol. in-fol. (Le dernier est divisé en deux parties).
L'édition la plus récente du Code Théodosien, est
celle qu'on trouve dans le *Jus civile ante Justin.*,
Berlin, 1815, in-8°.

§ LXII. Constitutions postérieures au code Théodosien.

La promulgation du Code théodosien, fut suivie
de celle de constitutions additionnelles, qui émanè-
rent des empereurs Théodose II, Valentinien III, et
de leurs successeurs. On les appelle *Novellæ constitutiones*, comme étant nouvelles par rapport au Code
Théodosien. Ce n'est que beaucoup plus tard qu'on
les a réunies, et fait entrer, sous forme d'appendice,
à la suite de ce Code. Elles sont intitulées dans les
éditions *Novellæ constitutiones imperatorum Justiniano anteriorum Theodosii, Valentini*, etc. (1).

§ LXIII. Écrits des jurisconsultes de cette période,
antérieurs à Justinien.

On ne rencontre entre la période qui s'écoule depuis Alexandre Sévère jusques à Justinien, le nom
de presque aucun jurisconsulte de quelqu'importance qui ait imprimé à un écrit un cachet particulier.

Tous les travaux des jurisconsultes de cette époque
se bornent presqu'exclusivement à des recueils de
constitutions impériales, et à des compilations d'écrits
des anciens jurisconsultes.

Au surplus, il ne nous en est même parvenu que

---

(1) On les trouve dans le *Jus civile ante Justinianeum*, t. II,
p. 1215 Cf. HAUBOLD, *Inst. litter.*, p. 265.

fort peu de chose ; car excepté le peu de fragments des Codes de Grégorius et d'Hermogènes, et des écrits d'Aurélius Archadius Charisius , de Julius Aquila (§ 57), et d'Hermogènes lui-même , insérés dans les Pandectes , nous ne possédons d'écrits entiers sur le droit , que les suivants dont les auteurs même sont inconnus.

1. *Notitia dignitatum Orientis et Occidentis* ; c'est une espèce *d'almanach impérial* , ou de catalogue des diverses dignités ou fonctions de l'empire romain , composé vers le milieu du V⁰ siècle (1).

2. *Mosaïcarum et romanarum legum collatio* ; ouvrage rédigé probablement sous le règne de Théodose II , et qu'on trouve désigné dans les auteurs du moyen âge sous les titres de *Lex dei* , de *Pariator legum mosaïcarum et romanarum* , et même de *Lex romana* (2).

Ce n'est qu'une compilation absurdement faite de droit mosaïque et de droit romain, dans le but de démontrer que ce dernier émane de l'autre. Envisagé sous ce seul rapport , il ne nous serait d'aucune utilité ; mais comme il renferme en même temps un grand nombre de passages tirés des écrits de juris-consultes romains et de constitutions impériales , passages qu'on ne retrouve que là , il est pour nous d'une haute importance. Le seul manuscrit qui se

---

(1) Publié pour la première fois par ANDRÉ ALCIAT , Lyon , 1529 , in-8°. Cet ouvrage se retrouve avec un ample commentaire de PAN-ZIROLI dans le *Thesaurum antiq. rom.* de GRÆVIUS , t. VII , p. 1309-2022.

(2) On la trouve dans SCHULTING , p. 719 et suiv., et dans le *Jus civile ante Just.*, t. II p. 1418 Cf. *Themis*, V, 119.

soit conservé intact, a été découvert par Pierre
Pithou, à Lyon, dans la *bibliotheca Mandubiorum*,
et publié en 1573, pour la première fois.

3° *Consultatio veteris jurisconsulti*; c'est un recueil de consultations d'un jurisconsulte dont le nom
nous est inconnu, mais qui probablement vivait postérieurement à la promulgation du *Breviarium Ala-
risianum*. Les citations des autorités sur lesquelles
s'appuie l'auteur de ces consultations, sont presque
toujours litéralement copiées d'écrits des anciens jurisconsultes romains, et des constitutions impériales,
soin qui nous a conservé quelques fragments précieux. Cujas est le premier qui l'ait publié en 1577 (1).

§ LXIV. État postérieur du droit romain.

A. *En Occident.*

Tous les recueils de constitutions impériales faits
depuis Constantin, n'étaient propres qu'à remédier
aux besoins du moment. Aussi, dès le commencement
du VIe siècle, la nécessité de nouvelles collections
s'était déjà fait sentir en Occident et en Orient.

A. Dans L'OCCIDENT, en effet, les Germains, après
la chute de l'empire romain, avaient fondé plusieurs
royaumes nouveaux. Dans quelques-uns d'entre eux,
les vainqueurs et les vaincus, les Romains et les
peuples allemands, vivaient confondus. Ceux-ci
apportèrent dans leurs nouvelles colonies, leurs lois

---

(1) On le trouve aussi dans SCHULTING, p. 811, qui le premier l'a divisé en neuf paragraphes, et dans le *Jus civile ante Just.*,
t. II p. 1477

et leurs coutumes nationales, et continuèrent à les observer religieusement ; mais ils ne forcèrent point à les admettre, les Romains subjugués qui vivaient au milieu d'eux. La politique de ces temps là, n'était pas d'autoriser le vainqueur à contraindre le vaincu d'abandonner ses anciennes lois , pour adopter celles importées par la conquête ; mais au contraire , à lui permettre de continuer de se régir par son droit national (1). Ce système fit sentir bientôt dans ces nouveaux états , la nécessité d'un double travail, qui, d'un côté, présenterait aux Allemands le recueil et l'ensemble de leur droit national, et de l'autre, donnerait aux Romains habitant les pays conquis , le résumé du droit alors existant , et qui leur était applicable, en un mot , une véritable *lex romana*, comme on disait alors.

§ LXV. Lois des Ostrogoths, des Visigoths et des
Bourguignons (lex romana).

Les plus importantes de ces collections sont :

1° L'*Édit de Théodoric*, roi des Ostrogoths, promulgué à Rome en 5oo. Cet édit est puisé en entier dans le droit romain , et spécialement dans le Code Théodosien, les *Novellæ* postérieures à ce Code, et les *Sententiæ receptæ* de Paul ; mais les extraits n'en sont rien moins qu'exacts, aussi les mutilations subies par ces diverses sources sont telles, que souvent le droit romain y est complétement défiguré (2).

____

(1) Montesquieu, *Esprit des lois*, liv. 28, chap. 2.

(2) On le trouve dans Georgisch, *Corpus juris germanici antiqui,*

2° *Breviarium Alaricianum* ou loi des Visigoths (1). Alaric II, roi des Visigoths, fit rédiger par quelques jurisconsultes romains, choisis et placés par lui sous la direction de Gojarich, *comes palatii*, un extrait des Codes Grégorien, Hermogénien et Théodosien, des novelles postérieures (§ 62), et des écrits de Gajus, Paul et Papinien. Cette compilation, destinée à servir de loi aux Romains placés sous sa domination, fut publiée, en 506, à Aire en Gascogne.

Presque tous les passages copiés dans ces diverses sources, sont accompagnés d'une paraphrase (*interpretatio*) en latin très mauvais, mais par cela même plus facile à comprendre dans ce temps-là (2).

Cette compilation des Visigoths reçut plus tard le nom de *Breviarium Alaricianum*, ou *Breviarium Aniani*, du nom d'Anian, référendaire ou conseiller privé d'Alaric, qui, en cette qualité, était obligé d'apposer sa signature à tous les exemplaires de ce bréviaire adressés aux *comites*, afin de leur conférer par là l'authenticité (3).

Halæ, 1734, in-4°, p. 2199; dans la collection du père Canciani, *Barbarorum leges antiquæ cum notis et glossariis*, Venise, 1781 à 199, 5 vol. fol. Et enfin dans Walter, *Corpus juris germanici antiqui*, Berl., 1824, in-8°, t. I, p. 396; Cf. Haubold, *Inst. litt.*, p. 286, et Rhon, *Comment. ad edictum Theodorici regis Ostrogothorum*, Halæ, 1816, in-4°. On y trouve la meilleure édition de cet édit.

(1) Haubold, *Inst. hist. dogm.*, § 263.

(2) Voir là-dessus J. Godefroy, dans ses *Prolegomena Cod. Theod.*, cap. 6.

(3) On dit généralement qu'Anian se borna à revêtir de sa signature seulement la lettre patente de publication du *Breviarium* : mais que l'on consulte le *commonitorium* qui le précède, et l'on verra si

4

Cette compilation est souvent citée dans le moyen âge, sous le titre de *Corpus Theodosianum*, *Lex Theodosiana*, *Liber legum*, *Lex romana*. Nous lui devons de nous avoir conservé beaucoup de choses, qui, sans elle, auraient été perdues, entre autres les fragments des Codes de Grégorius et d'Hermogènes, ceux des cinq premiers livres du Code Théodosien, et des extraits d'écrits de Gajus, de Paul et de Papinien (1).

3° Chez les Bourguignons, entre 517 et 534, on rédigea également à l'usage des sujets romains une *lex romana*, connue sous le titre de *Papiani liber responsorum* ou *Papiani responsum* (2). Cette compilation

---

cette opinion a le moindre fondement. L'on y lit, en effet : « Anianus, vir spectabilis, ex praeceptione D. N. gloriosus, Alarici regis hunc codicem de Theodosianis legibus atque sententiis juris vel diversis libri edidi atque *subscripsi*, recognovimus. » Cf. J. Gothofred, l. c., cap. 5, § 7 et 8.

(1) De tous les manuscrits du *Breviarium* qui sont parvenus jusqu'à nous, celui de Wurtzbourg, maintenant à la bibliothèque de Munich, est le plus ancien; il date du sixième siècle. La seule édition complète du *Breviarium* qui ait été publiée séparément, est encore celle de J. Sichard, Bâle, 1528, in-fol. Quelques passages du *Breviarium*, inconnus jusqu'ici, ont été découverts par M. Hænel dans des manuscrits des bibliothèques de Paris et d'Orléans, et publiés par Hænel, *Praetermissorum imprimis ad Breviarium Alaricianum pertinentium promulus.*, 4, Lips., 1822, in-4°.

(2) On la trouve dans Schulting, p. 827, et dans le *Jus civile ante Just.*, t. II, p. 1501; Cf. Hænel, *Inst. litt.*, p. 287; et ejusd., *Inst. hist. dogm.*, § 262. L'abbé Maï a retrouvé au Vatican un nouveau fragment de cette loi, qui a été publié à la suite de ses *Fragmenta vaticana*. Une très bonne édition de cette loi, enrichie d'un excellent commentaire, est la suivante : *Lex romana Burgundio-*

est puisée en grande partie dans les meilleures sources du droit romain, et les extraits qu'elle renferme méritent une grande confiance. Le titre de *Papiani responsum*, qui lui a été donné par Cujas, est le résultat d'une erreur que ce grand jurisconsulte a lui-même reconnue par la suite.

§ LXVI. État du droit romain.
B. *En Orient.* JUSTINIEN.

II. EN ORIENT, à partir de Théodose II, aucune tentative n'avait été faite pour aplanir les difficultés nombreuses que présentaient l'étude et l'application du droit, lorsque JUSTINIEN parvint au trône en 527 (1).

Pendant un règne de trente-huit ans, cet empereur dirigea entièrement et ses soins et son attention sur la science du droit, dont il voulait faciliter la connaissance à tous ses sujets. Il eut le bonheur de rencontrer, et la sagesse de s'entourer des hommes d'un mérite reconnu et tout-à-fait propres à seconder l'exécution de ses projets (2). Ce fut sous ses auspices que l'on ré-

---

num ex jure romano et germanico, illustravit A. F. BARKOW. 1826, in-8°.

(1) [Sur la vie et le caractère de Justinien, voy. J. P. DE LUDEWIG, *Vita Justiniani magni atque Theodoræ augustorum, nechon et Triboniani*, Halæ, 1731, in-4°. PH. INVERNIZZI, *de rebus gestis Justiniani*, Romæ, 1783, in-8°, et les auteurs cités par HAUBOLD, *Inst. hist. dogm.*, § 222. ED.]

(2) Les plus célèbres d'entre eux sont : TRIBONIEN, THÉOPHILE, DOROTHÉE, THALELÆUS, ETIENNE, ANATOLIUS, CRATINUS, etc. Cf. const., *Tanta, de confirm. digest.*, § 9, et BACH, *Hist. jur.*, IV, cap. 1, sect. 3, § 4-11.

digea ces grands recueils de droit (1), qui conservent encore aujourd'hui, chez presque tous les peuples civilisés une sorte de force légale. Leur importance exige que nous nous occupions d'un examen plus approfondi de chacun de ces recueils.

§ LXVII. Compilations de Justinien.

A. Code ancien.

Le premier soin de Justinien fut de s'occuper d'une nouvelle collection de constitutions impériales, à partir d'Adrien. Il voulait que, de tous les recueils semblables déjà publiés, comme aussi de toutes les constitutions promulguées postérieurement, on eût soin d'extraire et de ranger en un corps de doctrine, en abrégeant autant que possible, tout ce qui paraîtrait encore utile ou applicable. Il prescrivit de retrancher tous les principes tombés en désuétude, de ne pas craindre de faire à ceux même que l'on conserverait, les changements exigés par les circonstances, et enfin il voulut qu'on classât le tout par ordre de matières, sous divers titres et avec la division en livres.

A cet effet, il composa, à la fin de l'an 528, une commission de dix jurisconsultes auxquels il confia les pouvoirs les plus étendus. A leur tête était placé JOHANNES *ex quæstor sacri palatii*, et parmi eux se trouvait Tri-

---

(1) Justinien lui-même a pris soin de tracer l'histoire de ses propres compilations dans les constitutions destinées à les promulguer. Ces constitutions se citent toujours par les mots qui les commencent, comme par exemple, ainsi qu'on l'a vu dans la note précédente, *const. Tanta*, etc.

TRIBONIEN, destiné plus tard à une si haute célébrité (1).
Quatorze mois suffirent à cette commission pour accomplir la tâche dont elle était chargée. Le nouveau Code, qui était divisé en douze livres, fut revêtu de la sanction de Justinien par une constitution spéciale qui proscrivait en même temps de faire usage d'aucune des anciennes compilations semblables (2).

Ce premier Code de Justinien, appelé maintenant CODEX VETUS, n'est pas parvenu jusqu'à nous. (3).

§ LXVIII. B. PANDECTES. Commission chargée
de leur rédaction.

La compilation des constitutions étant ainsi achevée, Justinien, en 530, chargea Tribonien alors *quæstor sacri palatii*, et auquel il adjoignit seize autres jurisconsultes (4), d'extraire tout ce qu'il y aurait de bon et d'utile dans les écrits des anciens jurisconsultes romains les plus estimés, et classer des extraits par ordre de matières sous différents titres.

Il ne négligea pas non plus d'investir cette commission des pouvoirs les plus étendus (5). Ainsi il lui était permis de négliger dans le choix à faire des auteurs destinés à fournir des extraits, l'application de la loi de

---

(1) Const. *Hæc quæ necessario*, *de novo Codice faciendo*. Data idibus februariis, 528.

(2) Const. *Summa reipublicæ*, *de Justin. Codice confirmando*. Data idibus aprilis, 529.

(3) Justinien lui-même l'appelle *Codex Justinianeus* dans la const. *Cordi nobis*, § 5.

(4) Leurs noms sont donnés par Justinien lui-même, dans la const. *Tanta*, § 9, et dans la const. *Dedit*. § 9.

(5) Const. *Deo auctore*, *de conceptione digestorum ad Tribonia-*

Valentinien (§ 59). Elle pouvait à son gré falsifier les textes qu'elle emploierait lorsqu'elle voudrait les rendre applicables au temps présent. Ainsi, à son pouvoir discrétionnaire était abandonné le soin d'abréger, de retrancher, de mutiler les textes ainsi qu'elle le jugerait convenable. Tout ce qu'on lui recommandait c'était d'éviter avec soin qu'aucune de ces contradictions (*antinomiæ*) entre les anciens jurisconsultes ne vînt à se glisser dans ce recueil, qu'on devait purger également de toutes répétitions des mêmes principes, ainsi que de tons ceux qui étaient surannés (1).

Il résulta de là ce qui devait nécessairement arriver, c'est-à-dire que les extraits employés ne sont pas toujours fidèles, et que souvent on a fait fléchir ou l'on a modifié les textes afin de les rendre applicables au temps de Justinien. Ces modifications, ou pour mieux dire ces falsifications, sont appelées de nos jours *Emblemata Triboniani* (2).

§ LXIX. Mode suivi dans la compilation des Pandectes.

Ce vaste travail ne coûta que trois années à la com-

---

num. Data 18 cal. januar. 53o. On trouve également cette constitution au Code, tit. *de veteri jure enucleando*, lib. 1, tit. 17; elle forme la const. 1.

(1) Const. *Deo auctore*, § 4-9; HAUBOLD, *Inst. hist. dogm.*, § 224.

(2) J.-J. WISSENBACH, *Emblemata Triboniani aut præfatione* HEINECCII, Halæ, 1736, in-8°; C.-F.-G. MEISTER, *de principio cognoscendi emblemata Triboniani*, Gott., 1745, in-4°; et in ejusd. OPUSC. Gott. 1762, 8°, n° IV; ECKHARD, *Hermeneutica juris* ex ed. WALCH, lib. I, cap. 6.

mission de Justinien (1); elle annonça que dans ce
court espace de temps elle avait pu lire et compulser
tous les écrits de trente-neuf jurisconsultes (2). Une si
grande diligence ne peut s'expliquer que par le soin
qu'ils eurent, afin d'éviter des recherches trop labo-
rieuses, de puiser une foule de textes non dans les
écrits originaux, mais dans ceux où ils étaient repro-
produits comme citations, ce qui laisse des doutes
fondés sur la fidélité de ces opinions. Ajoutez à cela
qu'une grande quantité de principes et que beaucoup
de passages furent déplacés du raisonnement dans
lequel ils étaient enchâssés, pour les appliquer soit
à une espèce, soit en corrélation d'un principe avec
lequel ils n'avaient eu jusqu'alors aucune connexion
(*leges erraticæ seu fugitivæ*) (3). Toutes ces causes

----

(1) Justinien appelle lui-même ce travail, *opus desperatum*, *Proem.
Inst.*, § 2, et déclare qu'on eût à peine osé espérer qu'il pût être terminé en dix années, const. *Tanta*, *de conf. dig.*, § 12. Il parle souvent des *immensa veteris prudentiæ monumenta*, qu'on fut obligé de
compulser; et il a soin de faire remarquer que la substance de deux
mille traités vint se fondre dans les cinquante livres de cette compilation, et que trois millions de lignes y ont été réduites au nombre
de cent cinquante mille: const. *Tanta*, § 1.

(2) Justinien lui-même demandait qu'une table des auteurs et des
ouvrages dont on avait fait des fragments, fût rédigée et placée en
tête des Pandectes, const. *Tanta*, § 20, const. *Dedit*, § 20. Il est douteux que sa volonté ait été remplie. A la vérité, dans le manuscrit des
Pandectes de Florence (§ 105 infr.), on trouve une liste semblable,
rédigée en grec; mais elle n'est ni complète ni exacte. Cet *index*,
dit *Florentinus*, a été inséré dans l'édition du *Corpus juris* de Gé-
ner et Spagenberg. Cf. ECKHARD, l. c., p. 269; GUADAGNI, *Diss.
ad græca pandectarum*, flor. 1786, diss. V, p. 85.

(3) [Ainsi par ex. : le fr. 6, D. *de transact.*, 2, 15, doit être

réunies doivent faire comprendre assez comment cette compilation ne dut pas être exempte d'erreurs et d'incohérences nombreuses. Chaque extrait était précédé d'une inscription qui énonçait le nom et l'écrit du jurisconsulte d'où on l'avait puisé, et l'extrait lui-même, lorsqu'il était d'une certaine étendue, était fractionné en plusieurs sections ou paragraphes dont le premier porte le nom de *princi-pium* (1).

Cette compilation, divisée en cinquante livres, reçut le titre de DIGESTA (2), *sive* PANDECTÆ (3), *juris enu-cleati ex omni vetere juri collecti.*

Comme elle était particulièrement destinée à l'application pratique dans les tribunaux, l'on eut soin de suivre autant que possible, pour la classification des

---

évidemment rapproché du fr. 1 , D. *quemadmodum test. aper.* 29 , car ce sont deux morceaux tirés du même ouvrage de Gajus , inconsidérément séparés l'un de l'autre , et qui ont besoin d'être réunis pour pouvoir être entendus. ED.]

(1) Justinien lui-même, dans la const. *Dedit*. § 1 , a donné à ces fragments le nom de *leges* , quoiqu'évidemment ce ne soient que des extraits ou de courts morceaux tirés des écrits des jurisconsultes. Peut-être est-ce à cause que par leur insertion dans les Pandectes il leur avait donné force de loi , qu'il lui a paru que cette qualification devait leur être imposée. Il serait beaucoup plus exact de les appeler *fragmenta ;* mais cependant la dénomination de *leges* est loin d'être tombée hors d'usage.

(2) *Digesta* vient de *digerere in partes*, parce que Justinien divisa toute la compilation en sept parties (§ 71 infr.).

(3) Des deux mots grecs πᾶν et δέχεσθαι parce qu'elles renfermaient tout ce qui était utile. Cette compilation était destinée à former le répertoire complet du *jus civile* , comme le Code celui des constitutions impériales.

divers fragments dans chaque titre, l'ordre de l'édit
perpétuel ; aussi quiconque était familiarisé avec l'ordre de celui-ci, n'avait aucune peine à s'orienter et à se
retrouver au milieu du Digeste. Le docteur BLUHME
est le premier qui ait découvert de nos jours, et qui ait
prouvé que ce ne fut pas d'après un pur caprice, mais
au contraire suivant un plan fixe, que l'on disposa
sous les divers titres du digeste les fragments qui les
composent (1).

§ LXX. Promulgation des Pandectes.

Les Pandectes furent publiées par Justinien le 16
décembre 533; mais pour n'avoir force légale qu'à partir du 30 du même mois (2). Ainsi qu'il avait fait pour
les Codes, il défendit en même temps de faire usage
d'aucun des écrits des jurisconsultes anciens. Comme
il redoutait aussi que la science du droit ne retombât
dans l'état d'incertitude et d'incohérence d'où il pré-
tendait l'avoir tirée, il ordonna qu'on s'interdirait à
l'avenir de composer aucun commentaire sur ces nouvelles compilations; il n'autorisa à publier que les
traductions en grec, pourvu qu'elles fussent littérales

---

(1) Voyez, sur la nature et l'importance de cette découverte, un
article de M. HUGO, *Thémis*, III, 278.

(2) Justinien rendit à cet effet deux constitutions particulières,
l'une en grec, l'autre en latin ; mais dont le but et la substance étaient
les mêmes : la première est la const. λέδωϰεν qu'on a intitulé aussi
const. *Dedit*, 3, C. *de veter. jure enucl.*, 1, 17; l'autre est la const.
Tanta, 2, C. *cod. tit.* Il fixa en outre par la const. *Omnem reipublicæ*
— *ad antecessores*, le mode d'enseignement qu'on devait suivre pour
les Pandectes.

(*versiones*) et des concordances des divers passages analogues, avec un court sommaire de leur contenu (1).

§ LXXI. Division des Pandectes et manière de les citer.

Justinien partagea lui-même les cinquante livres et ses Pandectes en sept parties, pour correspondre aux sept parties de l'édit perpétuel. La première commence au livre 1er, la seconde au livre 5me, la troisième au livre 12me, la quatrième au livre 20me, la cinquième au livre 28me, la sixième au livre 37me et la septième partie au livre 47me (2).

Les glossateurs au moyen âge (§ 86), adoptèrent une autre division; ils partagèrent les Pandectes en trois parties, ou pour mieux dire en trois volumes, dont ils nommèrent le premier *Digestum vetus*, le second *Infortiatum*, et le troisième *Digestum novum*. Ces deux divisions ne sont plus suivies aujourd'hui, et l'on s'attache uniquement à l'indication numérique des livres et des titres.

Mais quant à la manière de citer les passages ou fragments des Pandectes, elle n'a jamais été uniforme dans aucun temps, et elle ne l'est pas encore aujourd'hui.

Anciennement on citait ainsi, par exemple : *D. de jure dotium*, *L. profectitia*, § *Si pater*, ou en renversant cet ordre (3) :

---

(1) Const. *Tanta*, § 21; const. *Dedit*, 3. C. 1, 17. 71.

(2) Const. *Tanta*, § 2 et seq.

(3) C'est ainsi que citaient les glossateurs. La lettre *D* ou le signe *ff*, qui est la conséquence d'une erreur des copistes anciens, signifient *digeste*. On se sert aussi du mot *p* ou de la lettre grecque ∂

L. profectitia, § *si pater*, *D. de jure dotium.*

Plus tard on cita de cette manière :

L. profectitia 5, § *si pater* 6, *D. de jure dotium.*

Et enfin plus récemment encore :

L. 5, § 6 *D. de jure dotium.*

Cette dernière forme de citation est la plus généralement suivie ; cependant quelques jurisconsultes, au lieu de L. (*loi*), préfèrent employer FR. (fragment), en ajoutant entre parenthèses le numéro du livre et du titre à la fin de la citation, exemple :

Fr. 5, § 6, *D. de jure dotium* (23. 3).

Lorsque c'est le *principium* du fragment que l'on veut citer, au lieu d'employer le signe de paragraphe (§), et son numéro, on se sert simplement de Pr.

Fr. 5, pr., *D. de jure dotium* (23. 3).

Quelquefois la citation ne se fait que par des chiffres, comme (1) :

Fr. 5, § 6, *D.* (23. 3), ou en renversant l'ordre *D.* 23, 3 *Fr.* 5, § 6, ou plus brièvement encore, *D.* 23. 3. 5. 6.

Il faut remarquer, qu'il y a trois livres des Pandectes qui, quoiqu'également composés de fragments, ne sont pas divisés par titres : ce sont les livres 30me, 31me et 32me, ils contiennent un traité continu *De le-*

---

qui tous deux signifient *Pandectes.* Cette lettre *δ* est la cause de cette erreur des copistes qui, dans leur ignorance de la langue grecque, la prenaient pour un double *f* traversé par une barre. Cf. *Thémis*, V, 47 et 115.

(1) Brodeau, dans son *Repertorium sententiarum* Francf., 1664, employait déjà le mode de citer par les seuls numéros.

gatis et fideicommissis séparé en trois parties , de manière que

Le livre 3o du Dig. correspond au lib, 1 *De legatis.*
Le livre 31, lib. 2 *De legatis.*
Le livre 32, lib. 3 *De legatis.*
Pour les distinguer en les citant, on écrit, par ex. :

Fr. 108, § 3, Dig. *de leg. I*, ou D. 3o.
Fr. 76, § 1, D. *de leg. II*, ou D. 31.
Fr. 36, D. *de leg. III*, ou D. 32.

§ LXXII. *C.* Les cinquante décisions.

Les rédacteurs des Pandectes, en poursuivant leur travail, rencontrèrent naturellement, en plus d'une occasion, des opinions opposées dans les écrits des jurisconsultes qu'ils compilaient.

Comme la loi de Valentinien sur les citations avait été abrogée, il était impossible, pour résoudre ces points controversés, soit d'adopter l'opinion suivie par la majorité, soit d'accorder la prépondérance à celle d'un jurisconsulte sur les autres, aussi toutes les fois que les compilateurs n'osèrent prendre sur eux de trancher la difficulté, il fallut bien avoir recours à Justinien pour la décider. C'est ce qu'il fit dans une foule de cas, par des constitutions spéciales, dont le nombre finit par s'élever à cinquante, et qu'on inséra plus tard dans la nouvelle édition du code. (§ 75) (1).

Il n'est pas très certain cependant que toutes y aient été employées, ni qu'il soit possible de les reconnaître et de les distinguer d'une manière précise :

Les signes auxquels on prétend ordinairement qu'il

____

(1) Const. *Cordi nobis , de emend. cod. Inst.,* § 1.

faut s'attacher pour les découvrir , sont : 1° qu'elles doivent porter pour inscription. *Justinianus Juliano* ou *Joanni P.P.*; 2° qu'elles se terminent par la souscription *Lampadio et Oreste conss.* ou *anno primo vel secundo post consul. Lampadij et Oreste.*; 3° que leur contenu doit renfermer la décision d'un point controversé entre les anciens jurisconsultes (1).

§ LXXIII. *D.* LES INSTITUTES.

Au milieu des travaux qu'exigeait la confection des Pandectes , on ne tarda pas à s'apercevoir de la grande difficulté que présenterait pour les étudiants en droit l'usage d'une compilation de cette nature , tant à raison de sa vaste étendue qu'à cause de son défaut presque absolu de méthode et d'ordre scientifique.

Pour remplir ce besoin d'un livre élémentaire à la portée des commençants, Justinien chargea Tribonien, aidé par Théophile et Dorothée , de rédiger, sous le titre d'Institutes, un précis du droit.

Il fallait y renfermer l'exposition des principaux éléments de cette science (2) , et tout en y faisant con-

______

(1) Ex : const. 10 , *C. de impub. et al. subst.* , 6 , 26 ; const. 3 , *C. de posth. hered.*, 6, 29; const. 31, *C. de fideic.*, 6, 42; const. 19, *C. ad leg. falc.*, 6, 50. Cf. WIELING, *Jurisprud. rest.* Amstel., 1731, t. II, p. 144.

(2) *Proem, just.*, § 4 : « Ut sint totius legitimæ scientiæ prima elementa. » Const. *de concept. Digest.* , § 2 : « Ut rudis animus studiosi simplicibus enutritus facilius ad altioris prudentiæ redigatur scientiam. » Voir aussi le § 2, I. *de just. et jure*, 1 , 1. Sur l'ordre des matières suivi dans les Institutes. Cf. G. T. L. MAREZOLL, *Comm. de*

naître les principes du droit ancien, on devait néanmoins s'attacher, surtout comme base, à celui applicable dans la pratique (1).

On suivit pour cette compilation, et l'on employa surtout comme matériaux, les célèbres Instituts de Gajus (§ 53), et les nouvelles constitutions de Justinien. Elle fut promulguée sous le titre d'*Institutiones, seu prima juris elementa*, le 21 novembre de l'an 533, pour avoir force de loi conjointement avec les Pandectes, à partir du 30 décembre de la même année (2).

Peu de temps après sa publication, Théophile, l'un de ses rédacteurs, ouvrit un cours dans lequel il en expliqua les principes en langue grecque. Ce cours fut recueilli et donna naissance au commentaire connu sous le titre latin de *Theophili antecessoris paraphrasis græca Institutionum Cæsarearum*. C'est évidemment le plus ancien, et nous pouvons ajouter le meilleur commentaire qui existe sur les Instituts (3).

---

ordine institutionum, Gott., 1815, in-4º; HAUBOLD, *Inst. hist. dogm.*, § 233.

(1) *Præm. inst.*, § 3 in fine.

(2) Const., *Tanta*, const. *Dedit*, § 11, et *Præmium institutionum*. Cette dernière constitution a pour but d'exposer le but et le plan des Instituts, et elle sert en même temps à les promulguer.

(3) VIGLIUS DE ZUICHEM fut le premier qui traduisit la paraphrase de Théophile, Bâle, 1534, in-fol. JACQUES CURTIUS la traduisit en latin, et ANNIBAL FABROT corrigea cette traduction, qu'il reproduisit avec le texte original revu ainsi par lui; Paris, 1638 et 1657. La meilleure et la plus complète est celle publiée par G. O. REITZ, La Haye, 1751, in-4º. Elle est enrichie de notes, de variantes et d'une traduction latine excellente.

§ LXXIV. Division des Institutes.

Les Institutes sont divisées en quatre livres, dont chacun est subdivisé en plusieurs titres (1). La plupart commencent par un *principium* suivi d'un plus ou moins grand nombre de paragraphes.

Autrefois on citait les Institutes en indiquant d'abord les mots initiatifs du paragraphe, puis la rubrique du titre d'où il était puisé, par exemple :

§ *Fratris vero*, I. *de nuptiis.*

Aujourd'hui on commence par le chiffre du paragraphe, suivi de la rubrique du titre, comme :

§ 3. I. *de nuptiis*, ou simplement par chiffres

§ 3, I. 1, 10.

Ou enfin de manière que les deux dernières formes se trouvent réunies, par exemple :

§ 3, I. *de nuptiis* (I, 10) (2).

§ LXXV. *E.* Code nouveau.

Justinien, après avoir fait terminer les Pandectes et les Institutes, reporta ses regards sur le Code pro-

---

(1) Le nombre des titres des Institutes s'élève à quatre-vingt-dix-huit. Les éditions ordinaires en renferment cependant quatre-vingt-dix-neuf, parce qu'au titre 6ᵉ du livre 3ᵉ, après le § 9, où l'on devrait trouver un arbre généalogique qui manque totalement, l'on a imaginé de faire du § 10 un titre spécial *de servili cognatione*, que l'on a numéroté titre 7, quoiqu'il doive faire partie du titre 6ᵉ, d'après Théophile et les meilleurs manuscrits. Cf. *Ecloga juris civilis*, ed., secunda, p. 149.

(2) Quand on veut marquer le *principium* d'un titre, on se sert de ce signe *Pr.*

mulgué en 529, le premier de ses travaux législatifs ;
bientôt il y reconnut des défauts et des imperfections
considérables.

Il devenait surtout nécessaire d'y insérer les cin-
quantes décisions (§ 72), ainsi qu'une foule d'autres
constitutions publiées par Justinien, pendant qu'on
travaillait aux Pandectes, et qui avaient pour but de
compléter, de réformer ou de fixer d'une manière
positive le droit établi dans cette compilation.

Justinien, en conséquence, ordonna en 534 (1) une
révision complète de ce premier Code : ce fut encore
Tribonien qu'il en chargea, avec l'assistance de quatre
autres jurisconsultes, Dorothée, Menna, Constantin
et Jean. On devait s'attacher à y faire entrer tous les
matériaux que l'on vient d'indiquer, et surtout à le
mettre en parfaite harmonie avec le Digeste et les Institutes.

Cette révision fut terminée dans l'année même où
elle avait été commencée, et la nouvelle édition du
Code (*repetita prœlectio*), fut promulguée en même
temps que l'abrogation de l'ancien, par Justinien, le
16 novembre 534.

§ LXXVI Contenu et division du nouveau Code.

Ce *Codex repetitæ prœlectionis* renferme uniquement des constitutions impériales. Celles-ci, pour
toute la période d'Adrien à Constantin, ne sont pour
la plupart que de simples rescrits, mais depuis Con-

---

(1) Const. *Cordi nobis, de emend. Cod. Just.*, § 2, 3 : HAUBOLD,
Inst. hist. dogm., § 242.

stantin jusqu'à Justinien ce sont des édits, c'est-à-dire de véritables lois, des lois proprement dites.

Le Code nouveau se compose, comme l'ancien, de douze livres divisés en titres, sous chacun desquels se trouve rassemblé un certain nombre de constitutions ayant trait à la même matière, et disposées entre elles suivant l'ordre chronologique, quoique fort souvent elles soient morcelées et réparties sous différents titres.

Chacune de ces constitutions porte en tête le nom de l'empereur dont elle émane, et celui de l'individu auquel elle est adressée : la date est placée à la fin de la constitution.

L'ordre des matières est à peu de chose près le même que celui des Pandectes, mais cependant le premier et surtout les trois derniers livres renferment une foule de matières qui manquent complétement dans les Pandectes.

Quelque soin que les rédacteurs du Code nouveau aient apporté à sa révision, il n'est pas moins vrai que quelques constitutions qui faisaient partie de l'ancien ont échappé à leur attention, et ne se retrouvent plus dans la nouvelle édition. La preuve en résulte de ce que les Institutes renvoient à plusieurs de ces constitutions qu'on y cherche en vain ; aussi toutes les fois qu'un renvoi au Code se trouve dans les Institutes, c'est à la première édition et non à la seconde qu'on doit l'appliquer. (1).

En outre, plusieurs des constitutions recueillies originairement dans le *Codex repetita prælectionis* ont

---

(1) Par exemple : § 27, I, *de legatis*, 2, 20 ; § 24, I, *de actionibus*, 4, 6.

4.

été perdues, soit par la suite des temps, soit par la négligence des copistes. Ce n'est que dans les siècles modernes qu'on les a rétablies en partie à la place qu'elles devaient occuper. CHARONDAS (*Le Caron*) J. CUJAS et CONTIUS (*Le Conte*), les découvrirent dans des versions grecques postérieures au Code, c'est ce qui leur a fait donner le nom de *Leges seu constitutiones restitutæ*.

On les distingue des autres constitutions, en ce que ordinairement elles ne portent point de titre ni de date comme les autres (1); ce n'est pas là cependant un indice tellement certain qu'on doive le considérer comme sans exception.

On cite le Code de la même manière que les Pandectes, en donnant le nom de *lex* à chaque fragment séparé; par exemple :

L. 22. C. mandati vel contra.

Il est plus exact d'appeler chacun de ces fragments de son véritable nom, *constitutio* (2) et de citer ainsi tout simplement,

Const. 22. C. 4. 35, ou en indiquant la rubrique et le chiffre,

Const. 22. C. mandati, 4, 35.

§ LXXVII. *F.* NOVELLES.

Après les Pandectes, les Institutes et le Code *repetitæ prælectionis*, il ne restait plus à entreprendre aucune compilation sur le droit; mais Justinien, pen-

---

(1) Par exemple : Const. 24, C. *mandati vel contra*, 4, 35.

(2) Justinien lui-même leur donne ce nom, const. *Hæc quæ necessario*; const. *Summa reipublicæ*; const. *Cordi nobis*.

dant un règne d'aussi longue durée, n'était pas susceptible de rester en repos ; aussi, depuis 535, jusques en 559, on le vit publier une quantité de constitutions nouvelles, qui détruisaient souvent des doctrines entières de ses précédents recueils.

Ces nouvelles constitutions, écrites les unes en grec, les autres en latin, et généralement d'un style obscur et diffus, sont connues sous le titre de *Novellæ constitutiones*. Il n'est pas certain si Justinien les fit ranger dans un ordre quelconque ; mais ce qui est positif, c'est qu'il n'en fit jamais publier aucun recueil (1).

Conservées chacune séparément, la seule collection qui nous soit parvenue est celle formée par les glossateurs ; elle est composée de neuf collations, chacune en plusieurs titres, dont chacun forme ordinairement une novelle, excepté toutefois la novelle huitième, qui est subdivisée en deux parties, formant les titres deux et trois de la deuxième collation.

Les glossateurs n'avaient admis dans leur collection que quatre-vingt-dix-sept novelles, subdivisées, ainsi que nous venons de le dire, en quatre-vingt-dix-huit titres. Ce n'est pas qu'ils n'eussent connaissance d'un nombre bien plus considérable, mais comme ils n'accordaient point de force légale à celles-là, ils ne les jugeaient dignes d'aucune attention, et en conséquence on leur donnait le nom

____

(1) Const. *de emend.* Cod., § 4, nov. 25, epil. nov. 26, C. 5, § 1 ; Æm. Lud. Homberck zu Vach, *de collectione novellorum a Justiniano facta*, Marb., 1741, in-4°, et dans la collection de Zepernick, *Delectus scriptorum novellas Justin. imp. earumque historiam illustrantium* Halæ, 1783, in-8°, p. 295.

d'*extravagantes* ou *Novellæ extraordinariæ*. On se contentait de les réunir, pour les ajouter par forme d'appendice à la neuvième collation, jusqu'à ce que Contius les inséra comme partie intégrante du corps du droit, dans l'édition sans gloses qu'il donna en 1571 (1). C'est depuis lors que nous comptons cent soixante-huit novelles, dont cent soixante seulement sont de Justinien (2).

§ LXXVIII. *Epitome Juliani et versio vulgata*
Novellarum.

Peu après la mort de Justinien, Julien, professeur à Constantinople, composa, vers 570, un abrégé ou sommaire assez étendu, en latin, de cent vingt-cinq novelles ; ce travail, connu sous le nom de *Epitome novellarum*, ou *Liber novellarum*, obtint par la suite, surtout en Occident, la plus grande autorité (3). A la même époque, c'est-à-dire, vers celle de la mort

----

(1) Dans son édition glossée (probablement celle de 1559) il les ajouta à la fin et en forma une dixième collation.

(2) Les novelles 140 et 144 (selon la computation ordinaire) sont de Justin le Jeune ; les novelles 161, 163, 164, de Tibère ; les novelles 166, 167, 168, sont des édits des *Éparques*, c'est-à-dire des préfets du prétoire. Indépendamment de ces cent soixante-huit novelles, il y a encore *treize édits* de Justinien qui, au fond, sont de véritables novelles, mais qui, ne traitant que de questions d'un intérêt purement local pour certaines villes ou certaines provinces, ne méritent plus aujourd'hui l'attention des jurisconsultes. Cf. H. G. Kind, *Diss. de XIII Justiniani edictis*, Lips., 1793, 1801, in-4°.

(3) Cet *Epitome* fut d'abord publié par Boerius, Lyon, 1512, in-4°, ensuite par Miræus (*Lemire*), 1561 ; Augustinus, 1567 ; et enfin par F. Pithou, (Bâle, 1576, Paris, 1689.)

de Justinien, il parut également une version littérale
en latin de toutes les novelles, version dont les auteurs sont inconnus.

C'est à cette version, et pour la distinguer de l'*Epitome Juliani*, que les glossateurs plus tard donnèrent
le nom de *Corpus authenticarum* (1), et c'est elle aussi
qu'ils divisèrent en neuf collations. Elle porte aujour-
d'hui le titre de *version vulgate* (*versio vulgata*) (2).

§ LXXIX.   Manière de citer les Novelles.

Les glossateurs citaient les novelles de la manière
suivante, que l'on observa encore long-tems après
eux : on plaçait d'abord, en tête de la citation, le mot
Auth., puis la rubrique du titre sous lequel la novelle se trouvait placée dans la collection des glossateurs, ensuite les premiers mots du paragraphe, ou,
pour mieux dire, du chapitre de la novelle, et la citation était terminée par l'indication du nombre de
la collation et souvent de celle du titre; par exemple:

Auth. *de hered. ab Intest.*, § *si quis.* coll. ix, tit. i.

Cette manière de citer est tombée hors d'usage, et
comme aujourd'hui les novelles sont placées dans
toutes les éditions, depuis celle de Contius, sous une

---

(1) De là le nom d'*authenticæ*, que les glossateurs donnèrent aux
novelles traduites en leur entier, pour les distinguer de celles abrégées
par Julien.

(2) Il est très certain que cette version est fort ancienne; mais il
n'est pas moins certain non plus qu'elle est fort mauvaise. C'est elle
qu'on trouve dans toutes les éditions ordinaires du *Corpus juris*. Il y
en a de beaucoup meilleures de GRÉGOIRE HALOANDRE, 1531, et de
de J. F. HOMBERGK ZU VACH, 1, Cf., § 108 infr.

seule série de chiffres, et sans suivre l'ordre des collations, on les cite par numéro, sans s'occuper de la
collation; ainsi le passage ci-dessus serait cité aujourd'hui de cette manière.

Nov. 118, cap. 1.

CHAPITRE III.

Sort éprouvé par le droit romain après Justinien.

PREMIÈRE SECTION.

Du droit romain dans l'Orient.

§ LXXX. Versions grecques des compilations de Justinien.

Toutes les compilations de Justinien avaient été rédigées et publiées en latin; aussi, comme cette langue n'était pas l'idiôme familier aux Byzantins, il devint indispensable de les traduire en grec. Mais aucune des versions qu'on publia des Institutes, des Pandectes et du Code n'atteignit à cette clarté et à cette fidélité tant recommandée par Justinien aux traducteurs (1); toutes étaient plus ou moins, soit diffuses, soit tronquées. Néanmoins dans la pratique on les préféra bientôt aux textes originaux eux-mêmes, quoique indépendamment de toutes leurs défectuosités, elles n'eussent en outre aucun caractère officiel, et que ce ne fût qu'un travail privé.

A ce premier inconvénient, vinrent s'en ajouter d'autres. Les successeurs de Justinien ne négligèrent pas de publier un nombre infini de constitutions; les jurisconsultes postérieurs à son règne méprisèrent la défense qu'il avait faite de composer

___

(1) Const. *Justiniani de confirm. digest.*, § 21.

aucun commentaire sur son recueil, et inondèrent la pratique de leurs écrits et de leurs controverses. Tout cela rendit de nouveau la science du droit tellement difficile à raison de l'extension nouvelle qu'on lui donnait, et l'usage des compilations de Justinien tellement incertain que, trois cents ans après sa mort, la nécessité de rédiger une seconde fois un corps du droit existant, se fit impérieusement sentir.

§ LXXXI. Les Basiliques (1)

L'empereur Basile le Macédonien jeta les premiers fondements de ce travail en 876, il fit rédiger un précis (ou Institutes) du droit romain et du nouveau droit grec, sous le titre de πρόχειρον τῶν νόμων, ce recueil, composé de quarante livres était destiné à servir de manuel ou d'éléments de droit pour les étudiants.

Basile composa ensuite une commission de jurisconsultes, qu'il chargea d'une nouvelle compilation en langue grecque. Elle devait avoir pour base les divers recueils de Justinien, d'après leur traduction en grec et les commentaires dont ils avaient été accompagnés. On devait fondre en outre dans ce travail; et les constitutions de Justinien postérieures à ses re-

---

(1) Sur l'histoire des Basiliques, voy. J. M. SUAREZ, *Notitia Basilicorum; recensuit et observationibus auxit* C. F. POHL. Lips., 1804, in-8°. HOEFFNER, *Pr. de Basilicon libris.* Gien, 1774. in-4°; C. G. E. HEIMBACH, *de Basilicorum origine fontibus, scholiis, atque nova editione adornanda.* Lips., 1825, in-8°; et les auteurs cités par HAUBOLD, *Inst. hist. dogm.*, § 263-265.

cueils (*Novellæ*) , et toutes celles de ses successeurs , et rédiger un Code unique avec tous ces matériaux.

Basile le macédonien mourut en 886 , avant d'avoir vu terminer cet ouvrage. Son fils, Léon le philosophe, y fit donner la dernière main et le promulgua. Ce corps de droit grec et romain reçut le nom de *Basilica* (1).

L'ensemble de ce travail formait 60 livres subdivisés en titres partagés par ordre de matières. Plus tard , probablement en 945 , et non pas seulement vingt ans après sa promulgation (ce qui reporterait à 910 ou 911) (2), l'empereur Constantin Porphyrogénètes en fit publier une nouvelle édition , revue et augmentée. (*Basilica repetitæ prælectionis.*)

Ce Code grec est d'une haute utilité pour l'explication et l'éclaircissement des recueils de Justinien, mais par malheur nous n'en possédons de complets que trente-six livres ; sept autres sont incomplets et les dix-sept qui nous manquent ne nous sont connus que par les extraits donnés par *Charles Annibal* FABROT , auquel nous devons la meilleure et en même temps la plus complète édition. Elle a paru en 1647 , accompagnée d'une version latine et de scholies très précieuses ; elle forme 7 vol. in-fol. REITZ , en 1752 , lui a donné un supplément (3).

---

(1) Soit que par cette dénomination Léon ait voulu honorer la mémoire de Basile son père, soit que ce titre dérive de Βασιλικαι σιαταξεις; c'est-à-dire constitutions émanées de l'empereur, on doit convenir qu'il était fort bien choisi.

(2) C'est ce que POHL, dans son édition de SUAREZ, *Notitia Basilicorum*, § 12, note 6, a rendu fort probable.

(3) Dans le *Thesaurus* de MEERMAN , V , p. 1. Ce supplément a été réimprimé à part, Lugd., Bat., 1765, in-fol.

Nous possédons, en outre, une *Synopsis* ou *Ecloga* des Basiliques, qui n'est autre chose qu'une espèce de table des matières qui était primitivement disposée suivant l'ordre alphabétique; mais que, dans l'édition de LEUNCLAVIUS (*Lœwenklau*) 1575, et dans les suppléments de LABBÉ, 1617, l'on a rangée suivant la série des livres.

L'usage des Basiliques a été rendu beaucoup plus facile par l'excellent *Manuale Basilicorum* du savant HAUBOLD. Leipsig, 1819, in-4°, dont on se sert généralement aujourd'hui.

§ LXXXII. NOVELLÆ LEONIS.

Indépendamment des basiliques, l'empereur Léon rendit depuis 887 jusqu'en 893, un assez grand nombre de constitutions par lesquelles il modifia, sous plusieurs points, le droit de Justinien. La collection de ces constitutions, faite sous les auspices de Léon lui-même, comprend cent treize novelles. Toutes furent primitivement rédigées en grec (1), ce n'est qu'en 1560 qu'AGYLÆUS les traduisit et les publia en latin. Réimprimées l'année suivante, elles ont depuis, et fort mal à propos, constamment été ajoutées à toutes les éditious du *Corpus juris civilis* (2).

---

(1) La première édition du texte grec seulement est celle de SCRIMGER, Paris, 1558, in-fol. Cf. C. A. BECK, *de Novellis Leonis liber singularis, edidit* C.-J. ZEPERNICK, Halæ, 1779, in-8°.

(2) Dans l'édition de CONTIUS, Lyon, 1571, on les trouve pour la première fois dans les deux langues. Elles ont été aussi recueillies dans E. BONEFIDIUS (De Bonne-Foy), *Jus orientale,* Paris, 1573, in-fol.; et dans LEUNCLAVII, *Jus græco-romanorum,* Francf., 1596, in-fol.

§ LXXXIII. Constantin Harménopule.

De tous les jurisconsultes postérieurs à Justinien, et qui ont écrit sur le droit romano-grec et sur les Basiliques (1), le seul qui mérite une mention particulière est Constantin Harmenopule de Constantinople, mort en cette ville en 1382.

Il composa un manuel de droit romano-grec, en six livres, sous le titre de Πρόχειρον τῶν νόμων, qui fut publié pour la première fois, par Th. Amadæus, à Paris, en 1540. La meilleure édition, enrichie d'une excellente version latine, est celle de Reitz. 1780, in-fol (2).

---

(1) On en trouve l'indication dans Haubold, *Inst. hist. dogm.*, § 272.

(2) Cette édition fait partie du supplément au *Thesaurus* de Meerman, dont elle forme presque seule le 8e vol., p. 1-436.

SECTION DEUXIÈME.

Du droit romain dans l'Occident.

§ LXXXIV. *A.* ITALIE. I. Période antérieure aux glossateurs.

A l'époque où Justinien fit rédiger ses Codes, il est évident qu'il ne les destinait qu'à l'usage de l'empire d'Orient. Mais, en 535, ayant vaincu les Ostrogoths qui s'étaient emparé de l'Italie, et réduit de nouveau ce pays à la puissance impériale, il s'empressa d'introduire ses compilations et dans les tribunaux et dans les écoles de droit (1).

Ce fut là ce qui consolida et maintint en Italie l'usage du droit romain dans les siècles suivants, au milieu de tous les bouleversements politiques auxquels cette contrée fut livrée, et même sous la domination des Lombards et des Francs (2).

Il paraît néanmoins que l'autorité du Code et des Novelles, pour lesquelles on suivait l'*Epitome Juliani* (§ 78), l'emportait de beaucoup sur celle que l'on accordait aux Pandectes, et il paraît également qu'à l'époque où les Francs s'emparèrent de l'Italie,

---

(1) Par la *sanctio pragmatica*, *pro petitione vigilii*, § 11, que l'on trouve dans le supplément du *Corpus juris* de l'édition de GEBAUER et SPANGENBERG, III, 669.

(2) On peut consulter avec beaucoup de fruit, sur cette période, l'excellent ouvrage de J. D. MEYER, *Esprit, origine et progrès des institutions judiciaires des principaux pays de l'Europe*, La Haye, 1818, ou Paris, 1825, 6 vol. in-8°.

ils y apportèrent le *Breviarium Alaricianum*, qui, plus d'une fois, fut modifié et retouché pour l'approprier aux besoins des Romains-Lombards (1).

§ LXXXV. *Brachylogus.*

Il semble qu'au milieu de la décadence où étaient tombés les sciences et les arts, au sein de l'anarchie et de la barbarie qui dominaient au moyen âge, l'on ne devrait s'attendre à trouver la trace d'aucun travail scientifique sur le droit romain ; cependant cette époque nous présente un ouvrage de cette nature, connu depuis plusieurs siècles sous le titre de *Brachylogus seu Corpus legum*.

Il contient un abrégé ou système de droit romain extrêmement concis, dont les Institutes forment la base, mais pour lequel néanmoins l'on n'a pas négligé non plus de mettre à contribution les Pandectes, le Code et les Novelles. L'auteur en est tout-à-fait inconnu ; mais il paraît avoir été composé en Lombardie, vers l'an 1100. Quant au titre de *Brachylogus*, c'est à ses éditeurs modernes qu'il le doit (2).

§ LXXXVI. II. Période des glossateurs.

Ce ne fut qu'au XIIe siècle qu'on vit renaître en Italie l'ardeur pour l'étude du droit romain, et l'é-

---

(1) C'est ce que prouve un manuscrit du *Breviarium* conservé à Udine

(2) Cf. WEIS, *de ætate Brachylogi*, Marb., 1818, in-4° ; *Thémis*, V, 266. La meilleure édition du *Brachylogus* est celle annotée par SENKENBERG, Lips., 1743, in-4°. Sur les autres, consultez HAUBOLD, *Inst. hist. dogm.*, § 896.

cole de Bologne en fut le principal foyer. Le premier qui enseigna dans cette école célèbre, fut, à ce que l'on croit, un certain Pepo. Il fut remplacé par un jurisconsulte bien autrement célèbre, Irnerius ou Wernher (1). Il expliquait le texte des compilations de Justinien par de courtes remarques, soit exégétiques, soit grammaticales, qu'on nomma *gloses*.

Ces gloses furent d'abord intercalées dans les manuscrits, et écrits à la suite même des mots auxquels elles se rapportaient (*Glossæ interlineares*). Plus tard on les plaçait, soit en marge, soit au bas du texte.

Les disciples et les successeurs d'Irnerius (mort en 1140), suivirent et propagèrent cette méthode d'enseignement, d'où ils prirent le nom de Glossateurs (2).

Les plus célèbres sont : Bulgarus (mort en 1166), Martinus Gosia (mort en 1167), Hugo de Porta Ravennate (mort en 1168), Jacobus (mort en 1172), tous quatre élèves d'Irnerius; Placentinus (mort en 1192), et Pillius, tous deux élèves de Martinus Gosia; Johannes Bassianus et Albericus de Porta Ravennate (mort en 1195), tous deux disciples de Bulgarus; Azo (mort en 1220), disciple de Bassianus;

---

(1) Dans tous les documents qui nous restent sur cette époque, on le voit nommé *magister Guarnerius* ou *Warnerius de Bononia*. Odofredus l'appelle *primus illuminator scientiæ nostræ*, ou bien *lucerna juris*. Cf. glose sur le fr., 6, *D. de just. et jure*, 1, 1.

(2) Sur le mode d'enseignement des glossateurs, *voyez* Rogerii Beneventani, *de dissentionibus Dominorum seu de controversis veterum juris romani interpretum qui* glossatores *vocantur opusc.*, ed. Haubold, Lips., 1821, in-8°; et un excellent chapitre de l'*Histoire du droit romain*, par M. Berriat-Saint-Prix, p. 287 et suiv.

Hugolinus Presbyteri et Jacobus Balduinus (mort en 1235), Accursius (mort en 1260), disciple de Azo, et Odofredus (mort en 1265), disciple d'Hugolinus et de Balduinus, antagoniste d'Accursius (1).

Accursius surtout a bien mérité de la science par le soin qu'il apporta à recueillir les glosses éparses de ses prédécesseurs, et en composant avec leur recueil une *Glossa ordinaria* qu'il enrichit de ses propres remarques, et qui le fut en outre par la suite à l'aide des travaux des jurisconsultes plus récents.

§ LXXXVII. Authentiques du Code.

Les glossateurs s'appliquèrent aussi à faciliter l'étude du *Codex repetitæ prælectionis* par un autre travail; ils insérèrent à la suite de chacune des constitutions qui avaient été ou abrogées ou modifiées par des constitutions postérieures, et spécialement par les Novelles, un court extrait de la constitution qui renfermait l'abrogation ou la modification, en la citant avec grand soin. Ces extraits reçurent dans la suite le nom de *Authenticæ*, mais cette dénomination ne doit pas porter à les confondre avec le texte même des

---

(1) Sur tous ces jurisconsultes, *voyez* G. Panciroli, *de claris legum interpretibus*, lib. II, Lips., 1737. in-4°; Mauri Sartii, *de claris archigymnasii Bononiensis professoribus*, ed. Maurus Fattorini. Bonn., 1769-72; G. Tiraboschi, *Storia della literatura italiana*, ed. nov., Firense, 1805, 20 vol. in-8°; G. Fantuzzi, *Notizie degli scrittori bolognesi*, Bologna, 1781-94, 9 vol. in-fol. T. Diplovatacci, *de Claris jurisconsultis*, et les extraits qu'en donne Fattorini, t. I, II, p. 252. Haubold, *Inst. juris rom. litt.*, § 20 et seq.

Novelles , texte auquel les glossateurs donnaient également le nom d'*Authenticæ* (§ 72) (1).

Incorporées, à l'instar des gloses, dans le texte même du Code, elles y ont conservé cette place, et aujourd'hui on les y retrouve , même dans les éditions les plus récentes. On les reconnaît par l'attention qu'ont tous les éditeurs de les faire imprimer en caractère italique.

On les cite de la manière suivante : d'abord on met le mot *Auth.* , puis les premiers mots de l'authentique et la rubrique du titre où elle se trouve, ou, d'après la méthode moderne, le numéro du livre et du titre , par exemple :

AUTH. *Et non observato.* C. *de Testamentis*, ou bien :
AUTH. *Et non observato.* C. 6 , 23.

§ LXXXVIII. Diverses espèces d'authentiques du Code.

Les authentiques recueillies dans le Code sont de deux espèces.

Les unes, et c'est le plus grand nombre, car on en compte deux cent dix , sont des extraits des Novelles faits de la manière que nous venons de dire. Celles-là n'ont force de loi qu'autant qu'elles ne sont point en opposition avec leur source alléguée (1).

---

(1) On croit ordinairement que ce nom d'*authenticæ* dérive de *glossæ authenticæ* par abréviation ; mais il est plus exact de dire que très probablement *authentica* est une contraction de la phrase *in authentica*, qu'on lisait comme inscription à chacun de ces passages. Cf. BIENER, *Historia authenticarum Codici et institutionibus Justiniani insertarum*, Lips. , 1807 , in-4° ; HAUBOLD , *Inst. hist. dogm.*, § 889.

(2) C'est cependant ce qui n'a pas toujours lieu, comme par

Les autres, au nombre de treize, sont des extraits de constitutions beaucoup plus modernes, puisqu'elles émanent des empereurs Frédéric Ier et Frédéric II, et qu'elles datent du milieu et de la fin du XIIe siècle. Ce fut en partie par leur ordre que les jurisconsultes de l'école de Bologne les insérèrent dans le Code, et c'est de là qu'elles tirent le nom de *Authenticæ Fredericianæ*. Elles l'emportent comme plus récentes sur toutes les autres constitutions, et on les reconnaît à l'inscription de *Nova Constitutio Frederici* (1). La manière de les citer est la même que celle des authentiques tirées des Novelles.

§ LXXXIX. Authentiques des institutes.

Les Glossateurs firent aussi des extraits des Novelles qui dérogeaient aux Institutes, et les insérèrent sous la forme d'authentiques dans cette compilation. On les trouve dans quelques manuscrits des Institutes, accompagnées de la glose, mais elles manquent dans la plupart des éditions imprimées. Malgré les différences importantes que ces authentiques présentent entre elles et la glose ordinaire, l'on y avait à peine fait quelque attention, et elles étaient même presque totalement oubliées, lorsque, de nos jours,

---

exemple en comparant la *nov.* 117, c. 7, avec l'authentique *si pater*, C. *testam. facto*, etc., 5, 24.

(1) Voyez par exemple : Auth. *habita*, C. *ne pro patre filius*; auth. *sacramentum puberum*, C. *si ven·litionem*, 228. Il n'y a que les auth. *gazaros*, C. *de hæret. et manich.*, 1, 5, et celle *omnes peregrini*, C. *comm. de success.*, 6, 59, qui ne portent pas cette inscription.

M. de Savigny d'abord, puis ensuite M. Hugo, ont fait remarquer toute leur importance (1).

§ XC. *B*. France. I. Période antérieure aux Glossateurs. *Petrus*.

Sous l'empire des Francs, qui, au temps de Justinien, étaient maîtres de la Gaule, le *Breviarium Alaricianum* et le Code Théodosien servaient de lois aux Romains ; en conséquence l'usage du droit romain se maintint en France, comme il s'était maintenu en Italie pendant tout le moyen âge.

L'on prétend que St. Lanfranc, mort archevêque de Cantorbéry, enseigna le droit romain en France, au milieu du XI⁰ siècle, à l'époque où il était encore abbé de l'abbaye du Bec en Normandie (2). Ce qui est au moins prouvé, c'est que déjà bien avant les glossateurs, et lorsque le droit romain se développa de nouveau en France, l'on eut recours aux compilations de Justinien ; et cette preuve, nous la puisons dans un livre composé dans ce temps là, et intitulé : *Petri exceptiones* (pour *excerptiones*) *legum Romanornm*. M. de Savigny a parfaitement démontré que cet ouvrage appartient à la France (3),

---

(1) Cf. Biener, *Op. cit.*, diss. II, § 22-25.

(2) Haubold, *Inst. litt.*, § 20.

(3) [La première édition de cet ouvrage est de Strasbourg, 1500. in-4° ; elle est fort rare. M. de Savigny en a donné une beaucoup meilleure avec des variantes et une comparaison avec le droit romain, à la suite du tome II de son *Histoire du droit romain dans le moyen âge*, p. 293-392. La bibliothèque du roi, à Paris, en possède plusieurs manuscrits. Ed.]

que c'est probablement à Valence qu'habitait son auteur (1), et que cet auteur, dont le nom au surplus
nous est inconnu, vivait dans la seconde moitié du
XIe siècle. Quant au livre en lui-même, c'est un abrégé
systématique du droit, et spécialement du droit romain, divisé en quatre livres. Les sources dans lesquelles son auteur a puisé sont les Instituts, les Pandectes, le Code et les Novelles, pour lesquelles il a
suivi l'*Epitome Juliani* (2).

§ XCI. II. Période postérieure aux glossateurs.

Le zèle que les glossateurs avaient déployé en Italie
pour relever l'étude du droit romain de l'abaissement
dans lequel il était tombé, imprima son mouvement
à la France entière. Les écoles, les tribunaux s'em-
pressèrent et d'étudier et d'appliquer cette législation, qui renaissait pour ainsi dire de ses cendres.

Il est probable que c'est de cette époque que date
un écrit, dont l'auteur au surplus est complétement
inconnu, et qui a pour titre : *Ulpianus de edendo*,
espèce d'abrégé de la procédure, tiré des compilations
de Justinien (3).

---

(1) Cet ouvrage subit également quelques modifications pour en
faciliter l'application à l'Italie. C'est là ce qui explique comment il y
a, quant à la patrie de son auteur, divergence d'opinion.

(2) On y renvoie même d'une manière expresse, lib. 1, c. 66.

(3) Le titre de cet ouvrage est venu de celui que porte le morceau
qui le commence, lequel est annoncé comme puisé dans *Ulpianus de
edendo*. On n'en connaît jusqu'à présent que deux manuscrits : l'un
se trouve à la bibliothèque Harléienne à Londres, et c'est d'après une
copie faite sur ce manuscrit qu'il a été publié pour la première fois,

PLACENTINUS, que nous avons cité plus haut (§ 86) parmi les glossateurs, professa le droit à Montpellier. Saint Louis (1226-1270), fit faire une traduction française des compilations de Justinien (1), et PIERRE DE FONTAINES développa, vers l'an 1253, le droit coutumier français, en le comparant au droit romain (2).

Il est vrai que l'enseignement public de cette science dans l'université de Paris, fut proscrit en 1220 par le pape Honorius III, parce que le zèle qu'on manifestait pour son étude, tournait au préjudice de l'étude du droit canonique (3), mais cette défense, quoique renouvelée en 1579 par l'ordonnance de Blois, art. 69, demeura sans effet (4).

Ce fut ainsi que se forma cette illustre école des jurisconsultes français, qui, surtout au XVI⁰ siècle, a jeté un si vif éclat et fourni tant de noms en honneur dans la science.

---

mais seulement en partie par MEYENWERTH et E. SPANGENBERG, Leips., 1809, in-8⁰; l'autre manuscrit, intitulé *Ulpiani varii tituli juris*, existait dans la bibliothèque de Meermann, et fait maintenant partie de celle de l'université de Louvain. Cf. *Thémis*, VII, 96.

(1) [Il existe à la bibliothèque du roi, à Paris, une traduction française du Digeste, qui est peut-être celle-là. Son titre est le *vieux Digeste* en 24 livres : l'écriture est du XIII⁰ siècle; elle est cotée n⁰ 340 *du fonds de Sorbonne.* ED.]

(2) Le titre de l'ouvrage est *le Conseil que Pierre de Fontaines donna à son ami* : il a été imprimé par DU CANGE à la suite de son édition de Joinville, Paris, 1668, in-fol.

(3) Voir au *Corpus juris canonici* cette défense, *décrétale* 28⁰, *de privilegiis*, liv. V, tit. 33 ; Cf. la *décrétale* 10⁰ du liv. III, tit. 50, et la *décrétale* 5⁰ du liv. V, tit. 5.

(4) Elle fut définitivement abolie par Louis XIV, par l'*édit qui règle les études de droit*, de l'année 1679.

§ XCII. *C.* Angleterre, Espagne et Hollande.

L'Angleterre nous présente aussi, même à une époque très reculée, les traces d'un développement scientifique du droit romain. Vacarius, jurisconsulte de la Lombardie, qui sortait de l'école de Bologne, passa vers le milieu du XII⁰ siècle en Angleterre, dans le dessein d'y enseigner, principalement aux ecclésiastiques, le droit romain. Il ouvrit ses cours à Oxford en 1149, et ce fut là qu'il écrivit sur le droit romain un ouvrage divisé en neuf livres, qu'il intitula : (1) *Libri ex universo enucleato juri excepti et pauperibus præsertim destinati* IX. Après lui des Anglais s'occupèrent également de cette étude, mais jamais cependant le droit romain n'a pu s'élever en Angleterre à la force de droit écrit (2).

Il en fut autrement en Espagne et dans les Pays-Bas, où l'on se livra à son développement avec un véritable zèle et les soins les plus assidus, surtout à partir du XVI⁰ siècle. Dans la dernière de ces contrées, il se forma, sous les jurisconsultes belges, une école excellente, qu'on peut sans hésiter placer à côté de l'école française des XVI⁰ et XVII⁰ siècles (3).

---

(1) C. F. C. Wenck, *Magister Vacarius primus juris romani in Anglia professor*, Lips., 1820, in-8°.

(2) Diemer, *Comm. de usu et auctoritate juris romani in Anglia*, Lips., 1817, in-4°.

(3) *Voyez*, sur l'introduction du droit romain dans les Pays-Bas, *Mémoires sur les questions proposées en 1780 par l'académie de Bruxelles*, Bruxelles, 1780, in-4°.

§ XCIII. *D.* ALLEMAGNE. Sources anciennes du droit
allemand.

Chez les Allemands, de même que chez les Romains,
dans les temps reculés, la source unique du droit reposait sur le droit coutumier (1).

Consacré par l'opinion et sanctionné par l'usage,
il se passa bien des siècles avant qu'on songeât à con-
signer par écrit les bases de ce droit, dont chaque individu conservait à l'aide des chants et de la poésie,
le texte dans sa mémoire.

Nous savons peu de choses sur cet ancien droit, et
ce peu nous le devons uniquement aux écrivains grecs
et romains, parmi lesquels César et Tacite sont les
sources les plus abondantes (2).

§ XCIV. Anciens Codes allemands.

Lors des nombreuses migrations des peuples de la
Germanie, les Goths, les Bourguignons, les Francs
et les Lombards fondèrent sur les débris de l'empire
d'Occident des royaumes nouveaux.

A la fin du V.e siècle, on s'occupa, comme nous
l'avons vu, de recueillir et de rédiger dans ces divers
états, le droit national des vainqueurs. C'est ainsi
que prirent successivement naissance, depuis le V.e jus-

---

(1) TACITUS, *de Germania*, cap. 2.

(2) César, dans son *Comment. de bello gallico*; les annales et les
histoires de Tacite, et surtout sa Germanie, fournissent les principaux
matériaux. Ils ont été employés avec beaucoup d'intelligence et de soin
par GEBAUER dans une série de dissertations sur l'ancien droit des
Romains, *Vestigia juris germanici antiquissimi*, Gott., 1766, in-8°.

ques au VIII° siècle , les Codes ou *Loi des Visigoths ,* des *Bourguignons* , les lois *Salique* et *Ripuaire* , celle des *Allemani* , des *Bavarois* , des *Frisons* , *des Saxons* , et la loi de *Thuringe* (1).

Tous ces Codes, dont l'ensemble forme aujourd'hui ce que l'on appelle *Leges Barbarorum* , étaient écrits en latin du moyen âge , parce que la langue allemande n'était pas encore assez formée pour pouvoir être écrite.

Au surplus, rien de plus imparfait et de moins complet que leur contenu. Écrits uniquement pour les besoins que certaines circonstances avaient fait naître dans ces temps barbares , ils se bornaient la plupart à donner une liste et un tarif des diverses amendes , à régler l'ordre des successions *ab intestat* , et à déterminer la marche de la procédure (2).

§ XCV. Révision des Codes allemands sous Charlemagne.

Parmi les diverses nations de la Germanie , il en fut une qui bientôt domina toutes les autres, celle des Francs. Charlemagne , placé à leur tête, étendit sa puissance sur une grande partie de l'Allemagne , et tout en laissant aux vaincus leurs lois et leurs usages, il soumit leurs Codes à une révision nouvelle , et se

---

(1) LEX , dans le latin du moyen âge , ne signifie pas *loi* ou *Code de lois* , mais plutôt *droit* ou *livre de droit :* ainsi *lex Salica* veut dire *droit salique,* comme *lex romana, droit romain.*

(2) Tous ces Codes ont été recueillis dans les collections de LINDE-BROG , *Codex legum antiquarum* , Francf. , 1613 , in-fol. , et dans celles de GEORGISCH , du P. CANCIANI et de WALTER , citées plus haut , § 65.

chargea de les compléter et de les corriger par des
capitulaires (1). C'est là ce qui est cause que nous ne
les possédons pas dans leur forme primitive, mais au
contraire avec toutes les modifications que Charlemagne leur a fait éprouver (2).

§ XCVI. Capitulaires des rois francs.

Sous la domination des Francs une source nouvelle
de droit se manifeste, ce sont les CAPITULAIRES des
rois francs.

Les Capitulaires étaient des lois proprement dites,
de véritables lois que les rois, avec le concours du
clergé et des nobles, donnaient dans une assemblée appelée d'abord *Champ-de-Mars*, puis ensuite
Champ-de-Mai.

Elles n'embrassaient pas exclusivement les matières
du droit public et du droit privé, et elles s'étendaient
également au droit canonique et à la matière des
bénéfices ecclésiastiques.

La première compilation de ces capitulaires, composée de quatre livres et de trois suppléments, fut
faite en 827, par un abbé ANSEGISUS : plus tard, BE-
NEDICTUS LEVITA en donna un nouveau supplément,
et un auteur inconnu publia *quatuor additiones* (3).

---

(1) EGINHART, *In vita Caroli M.*, cap. 29.

(2) Voir les collections citées dans la note 2 du § précédent.

(3) Le recueil le plus complet est celui d'ETIENNE BALUZE, *Capi-
tularia regum Francorum*, Paris, 1677, 2 tom. in-fol. P. DE CHINIAC
en a donné une édition nouvelle fort augmentée, Paris, 1780, 2 tom.
in-fol. Les capitulaires les plus importants sont donnés par GEORGISCH,
p. 465-895, et par WALTER, *Corpus juris germanici*, t. II et III.

§ XCVII. Formulaires.

Cette période ne nous offre pas la moindre trace d'aucun travail scientifique sur le droit germain, ce qui n'est pas très étonnant, puisqu'il n'existait alors aucune école de droit, et que le peu de notions qu'on possédait s'acquérait et se transmettait uniquement par la pratique, aussi la science ne faisait-elle aucun progrès.

Des praticiens exercés, et surtout des ecclésiastiques, s'appliquèrent de très bonne heure à composer et à rédiger des formules destinées et à la pratique des tribunaux et aux affaires extra-judiciaires. De là prirent naissance les recueils dits *formulaires*. La plus importante de ces collections est celle faite vers le milieu du VIIe siècle, par un moine nommé Marculfe (1).

§ XCVIII. Codes allemands du moyen âge.

Après que l'Allemagne eut été séparée de la France et de l'Italie, par le traité de Verdun (en 843), l'autorité des lois données par les Carlovingiens dut peu à peu s'affaiblir, et elle cessa même tout-à-fait par l'extinction de leur race. D'un autre côté, les anciens codes des Germains n'étaient plus en harmonie avec des mœurs et une civilisation différentes, ils cessèrent donc aussi d'être appliqués.

---

(1) Marculfi *monachi aliorumque auctorum formulæ veteres editæ* ab H. Bignon ; *opera* Th. Bignon, Paris, 1613, in-8°, et 1665, in-4°. Elles se trouvent aussi dans Baluze, Canciani et Walter. Cf. Seidensticke, *de Mraculfinis aliorumque formulis*, Iena, 1816, in-4°.

Sous le régime de la féodalité qui n'était autre que la consécration du droit du plus fort, l'anarchie et la turbulence qu'il avait entraînées à sa suite, étaient peu propres à faciliter l'établissement d'un système régulier de droit et d'administration de la justice en Allemagne. Dans cette absence absolue de droit écrit, puisque les anciennes lois nationales, ainsi que celles données par les Francs avaient également disparu, la législation tout entière, grâce à l'impuissance du pouvoir suprême, reposait uniquement sur des coutumes non écrites, sur l'autonomie des diverses corporations, sur les réglements et les sentences des juges et des échevins, et enfin sur les conventions des vassaux avec leurs seigneurs (*droits de corvées, droits régaux et droits féodaux*).

A partir seulement des XIIe et XIIIe siècles, l'on songea pour la première fois à recueillir et à rédiger les coutumes en vigueur dans le ressort de tel tribunal, de telle province, ou de telle ville. C'est ainsi que prirent naissance les recueils connus sous le nom de 1° SCHOEFFENRECHTE (*Droit des Echevins*); 2° Le SACHSENSPIEGEL (le *Miroir de Saxe*); 3° le SCHWABENSPIEGEL (le *Miroir de Souabe* de GOLDAST); 4° le SPECULUM FRANCONICO-BELGIUM, etc.

Ces codes, et d'autres encore rédigés d'après les mêmes bases, furent d'une grande utilité pour les juges et les échevins dans la pratique, et leur autorité se consolida par cela même; mais à ces travaux se bornèrent les seuls efforts que l'on tenta à cette époque, pour constater et faire connaître le droit allemand.

L'Allemagne ne possédait alors aucune école de droit, et l'on songeait aussi peu à considérer le droit comme une science, qu'à s'occuper d'en tracer un système régulier.

§ XCIX. Causes de l'introduction du droit romain en Allemagne (1).

Pendant que l'Allemagne présentait ce tableau déplorable pour la science, l'étude du droit faisait chaque jour en France et en Italie des progrès nouveaux.

Bientôt la renommée de l'école de Bologne et de ses professeurs pénétra jusqu'en Allemagne. La jeunesse allemande courut aux universités d'Italie, et y puisa la connaissance d'un système de droit qui surpassait par sa richesse, la solidité de son ensemble, la sagacité de ses discussions et la sagesse de ses doctrines, tout ce qu'on avait connu jusqu'alors.

Il était tout naturel que, de retour dans leur patrie, les étudiants allemands s'empressassent de naturaliser dans les tribunaux comme avocats, ou d'appliquer comme magistrats une législation avec laquelle leurs études les avaient familiarisés, et qui, par cela même, leur était devenue chère.

Les ecclésiastiques secondèrent puissamment ces efforts, à cause de l'étroite liaison que présentait le droit romain avec le droit canonique, déjà en vigueur dans toute l'Allemagne.

____

(1) *Voyez*, sur cette matière, l'excellent ouvrage d'Arthur Duck, *de Usu et auctoritate juris civilis Romanorum in dominis principum christianorum*, Lond., 1649, in-12, trad. en français, Paris, 1673 in-12 ; Senkenberg, *Methodus jurisprudentiæ*, 1743, app. III, *de Receptione juris romani*, et les auteurs cités par Haubold, *Inst. hist. dogm.*, § 900.

Les empereurs et les autres princes souverains de l'Allemagne, ne tardèrent pas non plus à s'apercevoir que leurs propres intérêts devaient les engager à favoriser l'introduction du droit romain, qui consacrait en principe la doctrine du pouvoir absolu (1), aussi s'empressèrent-ils de s'attacher tous les jurisconsultes qui s'étaient formés en Italie, ceux surtout qui avaient obtenu le titre si précieux de *Doctor utriusque juris* (c'est-à-dire de droit romain et canonique), pour les élever aux plus hautes dignités de l'Etat.

Les simples citoyens eux-mêmes se soumirent avec plaisir à une législation, étrangère à la vérité, mais qui suppléait à toutes les lacunes de celle de leur pays. En effet, c'est à peine si les coutumes et le droit écrit avaient suffi aux besoins de l'époque qui les avait vu naître, à plus forte raison étaient-ils insuffisants pour les besoins nouveaux introduits par une civilisation plus avancée, un commerce plus étendu et plus florissant, et surtout par la prospérité et l'élévation toujours croissante des grandes cités.

Une autre cause encore vint favoriser l'introduction du droit romain, ce fut la persuasion où étaient les empereurs, ou bien qu'ils s'efforçaient d'inculquer, que l'empire romano-germanique n'était que la continuation de l'ancien empire romain (2).

-----

(1) « Quod principi placuit legis habet vigorem. » Fr. 1, pr. D. *de Const. princ.*, 1, 4. « Princeps legibus solutus est. » Fr. 31, D. *de Legibus*, 1, 3.

(2) L'empereur *Maximilien*, dans le rescrit de l'empire de l'an 1495, appelle les empereurs Constantin le Grand et Justinien, *ses prédécesseurs*.

Enfin, lorsqu'au XIVe siècle l'on commença à créer en Allemagne des universités à l'instar de celles d'Italie, lorsque dans toutes l'on établit des professeurs de droit canonique et de droit romain, il devint tout naturel que celui-ci s'emparât des tribunaux, comme il s'était emparé des écoles.

§ C. *Cause de l'autorité du droit romain en Allemagne.*

Il résulte de ce que l'on vient de dire, que ce serait se former une fausse idée de la cause qui consolida le droit romain, que de l'attribuer à la volonté formelle du pouvoir législatif, qui se serait prononcé en sa faveur. Il faut la voir au contraire dans le développement insensible qu'il prit comme droit coutumier (1), à partir du XIIIe siècle ; aussi, long-temps avant qu'on songeât à en ratifier l'usage par une sanction formelle, les coutumes et la pratique l'avaient déjà complétement naturalisé.

Il n'existe, il est vrai, aucune loi qui ait consacré solennellement la réception du droit romain, mais il est certain qu'en 1495, lors de l'établissement de la chambre de justice de l'empire (*Reicht Kammer Gericht*), l'on détermina que ses membres seraient tenus d'appliquer le droit commun de l'empire ; or, sous cette dénomination étaient compris le droit romain et le droit canonique (2).

---

(1) Il ne s'agit ici que du droit romain de Justinien et non du droit *ante* et de celui *post Justinien*, lesquels n'ont jamais été en vigueur dans l'Allemagne.

(2) D'après cette ordonnance, les membres qui faisaient partie de cette chambre, juraient « de juger d'après le *droit commun* et celui

Lorsque , plus tard , dans les différents états qui constituaient l'empire germanique , le principe de la souveraineté particulière se fut établi , les suzerains de ces états créèrent dans chacun d'eux des juridictions spéciales, qu'ils formèrent cependant à l'imitation des cours suprêmes de l'empire ; en conséquence , de même qu'on avait fait pour celles-ci , ils prescrivirent aux magistrats qu'ils plaçaient à leur tête , de faire l'application du droit romain , ou au moins, par leur silence, ils en permirent tacitement l'application.

§ CI. De l'application actuelle du droit romain
en Allemagne.

Le droit romain de Justinien n'a de force en Allemagne qu'autant qu'il est *usu receptum* , c'est-à-dire qu'autant qu'il est droit reçu. Tel est le principe général duquel découlent les règles suivantes :

1° Le droit romain est considéré comme droit principal (*Haupt Recht*), en certaines matières, et comme droit auxiliaire (*Hufs Recht*) en d'autres : dans ce dernier cas, il n'est que le supplément ou complément du droit allemand.

2° Il n'y a dans les compilations de Justinien , que les passages accompagnés de la glose qui aient force de loi, d'où cette maxime *Quidquid glossa non agnoscit illud nec agnoscit curia.* Ce n'est pas à cause de la haute autorité des glossateurs que ce principe s'est

---

de l'empire , et d'après les ordonnances, statuts et coutumes conformes à la justice et à l'égalité des principautés , des seigneuries et des tribunaux. »

établi (1), mais parce qu'il n'y avait que ses parties qui fussent connues et qui eussent force légale, à l'époque où le droit romain fut introduit en Allemagne.

A la vérité, la presque totalité des Institutes, des Pandectes et du Code est accompagnée de sa glose, mais cependant quelques fragments des Pandectes et un assez bon nombre de ceux du Code, n'ont été découverts et intercalés que depuis les glossateurs (*Leges restitutæ* , § 70), et n'étant pas dès lors accompagnés de la glose, ils n'ont aucune force en Allemagne. Des Novelles il n'y en a que quatre-vingt-dix-sept qui soient glosées : ce sont celles comprises dans les neuf collections des glossateurs (2).

3° Dans les passages glosés des compilations de Justinien, il n'y a que ceux qui renferment réellement un principe de droit qui aient force légale. De là il résulte que cette force est refusée à tout ce qui n'est

---

(1) L'opinion privée d'un glossateur n'a pas plus force de loi que celle de tout autre jurisconsulte, soit ancien, soit moderne. Cf. HAUBOLD, *Inst. hist. dogm.*, § 899.

(2) Les novelles accompagnées de la glose sont dans l'ordre adopté pour leur classification actuelle, celles qui portent les numéros 1, 2, 3, 4, 5, 6, 7, 8, 9, 10, 12 14, 15, 16, 17, 18, 19, 20, 22, 23, 33, 34, 38, 39, 44, 46, 47, 48, 49, 51, 52, 53, 54, 55, 56, 57, 58, 60, 61, 66, 67, 69, 70, 71, 72, 73, 74, 76, 77, 78, 79, 80, 81, 82, 83, 84, 85, 86, 87, 88, 89, 90, 91, 92, 93, 94, 95, 96, 97, 98, 99, 100, 105, 106, 107, 108, 109, 111, 112, 113, 114, 115, 116, 117, 118, 119, 120, 123, 124, 125, 127, 128, 131, 132, 134, 143, 159. Il ne faut pas croire que toutes les novelles qui se trouvent dans les éditions glosées soient accompagnées de la glose ; ainsi les novelles 63 et 110 sont dans ce cas. Cf. WEIS, *de Historia novell. litteraria*, Marb., 1800, in-4°.

que définitions, distinctions ou détails historiques.

4° Il est même des principes du droit romain, revêtus de la glose, qui n'ont aucune autorité légale, ce sont tous ceux ayant trait à des usages ou des institutions politiques inconnus à l'Allemagne, comme par exemple, sauf un petit nombre d'exceptions (1), tout ce qui a trait à la constitution ou à l'administration de l'empire romain, ou bien à des principes que l'Allemagne a repoussés (2), ou des matières inconnues chez elle (3).

5° Le droit romain n'est nullement applicable par la raison inverse aux matières complétement inconnues des Romains, et dont l'origine est toute allemande, ou au moins de beaucoup postérieure à Justinien. Pour celles-là le droit allemand seul doit être appliqué (4).

6° Au moyen des modifications que l'on vient de poser, le droit romain est admis en Allemagne comme droit commun dans son entier (*in complexu*), et non pas seulement par parties détachées. La partie qui invoque une de ses dispositions n'a pas besoin d'en prouver la validité et l'application; c'est à sa partie adverse à détruire la présomption légale qui milite en faveur de l'autre partie, en prouvant ou que la disposition n'est pas applicable par l'une des

---

(1) Par exemple : ce qui concerne les droits du fisc.

(2) Par exemple : la règle qu'un pacte ne produit jamais d'action.

(3) Tout ce qui concerne les esclaves, la légitimation *per oblationem curiæ*, etc.

(4) Par exemple : la communauté entre époux, le contrat et les lettres de change, les assurances, les rapports légaux de la noblesse, de la bourgeoisie et des paysans, etc.

raisons alléguées plus haut, ou qu'en tous cas elle a été anéantie par une loi nouvelle.

§ CII. Du rapport des diverses parties du corps de droit romain entre elles, dans le cas où leurs dispositions sont contradictoires (1).

Il arrive fréquemment de trouver dans les diverses compilations de Justinien, des passages qui, en traitant la même matière, présentent des solutions qui se contredisent ou qui diffèrent entre elles sur des points importants. Ceci se rencontre non-seulement entre des passages de deux compilations différentes, mais même entre des fragments faisant partie de la même compilation. Lorsqu'on découvre de pareilles oppositions (*antinomiæ*), la première chose à faire, d'abord, c'est de voir si elles ne sont pas seulement apparentes, c'est-à-dire s'il ne serait pas possible de les résoudre simplement à l'aide de l'interprétation du texte même sainement entendu, ou bien au moyen de quelque correction à y apporter.

Si ce moyen est insuffisant, il faut alors prendre pour point de départ ce principe, qu'*un droit nouveau doit toujours l'emporter sur un droit plus ancien* (§ 6), en ayant soin toutefois d'avoir égard au caractère particulier de chacun des recueils de Justinien, pour déterminer la prééminence qu'il doit obtenir en cas de collision de doctrines. De là résultent les règles suivantes.

I. Lorsqu'il est constant que l'antinomie résulte de ce qu'une loi plus récente a changé la disposition d'une

---

(1) HAUBOLD, *Inst. hist. dogm.*, § 257, donne la liste des principaux auteurs qui ont traité cette matière.

loi antérieure, il faut toujours donner la préférence
à la dernière loi (1), ainsi :

1° Les *Novelles*, sans distinction de celles glosées et
non glosées, doivent toujours l'emporter sur les Institutes, les Pandectes et le Code, et parmi les Novelles entre elles, la plus moderne doit toujours être
préférée.

2° Le *Codex repetitæ prælectionis* doit toujours
avoir le pas sur les Institutes et les Pandectes, d'abord
parce qu'il est plus récent, et qu'il est le résultat
d'une refonte complète de tout le droit alors en vigueur ; mais en outre, parce que, de tout temps, les
constitutions impériales ont été considérées comme
investies d'une importance particulière. Au surplus,
il n'y a plus lieu à distinguer aujourd'hui si la constitution est un édit, un rescrit, ou un décret (2).

II. Lorsque l'antinomie est le résultat de la comparaison d'un fragment dans lequel le droit ancien est
présenté d'une manière historique, avec un autre
fragment qui offre le droit nouveau, il est tout simple
que celui-ci l'emporte sur l'autre.

III. Si la contradiction existe entre les Institutes et
les Pandectes, et qu'il ne soit possible de la faire disparaître ni au moyen de l'interprétation, ni par celui
de la critique du texte, ni enfin à l'aide d'une distinction, la difficulté est alors plus sérieuse. Cependant,

---

(1) En effet, ainsi que le dit le fr. 4, D. *de Const. princ.*, 1, 4,
« Constitutiones tempore posteriores potiores sunt his quas ipsas
præcesserunt. »

(2) D'autant plus que Justinien, par la const. 12, C. *de Legibus*,
1, 14, a donné force de constitution générale et aux décrets et aux
rescrits.

si l'on considère que Justinien, tout en destinant aussi les Pandectes à l'enseignement du droit, avait eu pour but principal de les faire servir comme Code dans la pratique, et que les Institutes, au contraire, avaient été spécialement destinées à servir de livre élémentaire, et nullement pour établir des principes opposés à ceux des Pandectes, l'on ne tardera pas à reconnaître qu'en règle générale on doit la préférence à ces dernières, source pour ainsi dire des Institutes. Il n'y a d'exception à cette règle, que lorsque les Institutes renferment une doctrine qui est évidemment plus moderne que les Pandectes (1), par exemple lorsqu'elles se rapportent à des constitutions dérogatoires à de plus anciennes.

IV. Lorsque l'antinomie existe entre plusieurs fragments, faisant partie de la même compilation, alors de deux choses : ou bien une de ces doctrines est confirmée par l'une des autres compilations de Justinien, ce qui décide en sa faveur, ou bien elle ne l'est pas, et alors l'on ne saurait établir de règle générale (2).

---

(1) [Ainsi le § 25, I, *de Rer. div.*, 2, 1, renferme, sur la spécification, des principes nouveaux qui se trouvent dérogatoires à plusieurs fragments du Digeste, tels que le fr. 7, § 7, in fin., D. *de Adq. rer. dom.* 41, 1. E_D.]

(2) Justinien ne voulait pas qu'il fût dit que ses Pandectes renfermassent de telles antinomies. Il proteste contre toute opinion de cette nature, dans sa const. *Tanta*, § 15. « Contrarium autem aliquid in hoc codice juris enucleati positum nullum sibi locum vindicabit, nec invenitur, si quis subtili animo diversitatis rationes excutiet. » [C'est en prenant cette assertion hasardée à la lettre, que quelques jurisconsultes modernes veulent absolument concilier tous les passages contradictoires, ce qui est totalement impossible en beaucoup de cas, ainsi que

En principe, il est vrai, les efforts que l'on fera pour les concilier, doivent se diriger principalement vers l'examen de la corrélation, soit historique, soit dogmatique des deux passages opposés, sur leur analogie, sur le rang que les compilateurs de Justinien leur ont assigné dans leur travail, sur le degré d'ancienneté de chaque fragment, sa nature, et enfin les raisons sur lesquelles il est appuyé; mais il n'y a qu'un interprète consommé dans la science qui puisse déterminer, selon chaque cas particulier, quelle est de toutes les voies celle qu'on doit préférer pour parvenir à la solution de la difficulté.

Cujas lui-même l'a reconnu et déclaré souvent. Ed.] Cf. Haenlein, *de officio et potestate interpretis circa antinomias in Pandectis obvias*, Erlang, 1817, in-4°.

CHAPITRE IV.

Du Corpus juris civilis, de ses diverses parties en particulier, et de ses différentes éditions.

§ CIII. *Corpus juris civilis* (1).

L'on fit dans l'origine des manuscrits séparés des diverses parties dont se compose l'ensemble de la compilation de Justinien, et lors de l'invention de l'imprimerie, elles furent aussi imprimées séparément.

Dès un temps fort reculé, on donnait à cet ensemble le nom de *Corpus juris civilis* (2), sans toutefois faire

---

(1) Cf. *Indicis codicum et editionum juris justinianei prodromus, cura* J. L. G. Beck, Lips., 1823, in-8°.

(2) C'était afin de le distinguer du *Corpus juris canonici*. L'expression de *Corpus omnis romani juris* se trouve déjà dans Tite-Live, III, 34; mais, comme on le pense bien, par application seulement aux douze Tables. Justinien, dans la const. *unic.*, § 1, C. *de Rei uxor. act.*, 5, 13, emploie aussi le mot de *Corpus juris* en parlant des diverses sources du droit romain. On trouve pour la première fois cette qualification appliquée aux compilations de Justinien dans un acte de donation de l'an 1262. Cf. Sarti, *de claris archigym. Bonon. profess.*, t. I, p. 2, p. 214; mais il est très vrai que ce fut Denys Godefroy qui, le premier, s'en servit comme titre général. Koch, *de ord. leg. in Pandect.*, § 1, not. 6. Le titre de l'édition de Petrus ab Area de Baudoza (Baudoche) avait quelque chose qui s'en rapprochait : *Universi juris civilis* in quatuor tomis distributi *Corpus.*

porter ce titre à la réunion de ces diverses parties dans un même manuscrit, ou sous une même édition. Chaque volume recevait et conserva un titre particulier (1), jusqu'à ce que DENYS GODEFROY (*Dionysius Gothofredus*) donna à leur réunion le titre commun de *Corpus juris civilis*, dans la réimpression de son édition de la Glose (1604); la première, publiée en 1589, ne portait pas encore cette dénomination, que toutes les éditions postérieures à cette époque ont adoptée sans exception.

Le classement des diverses parties du *Corpus juris* n'est pas dans les éditions anciennes, exactement le même que celui des éditions modernes, et même il n'y a pas sous ce rapport une grande uniformité dans les anciennes éditions. Toutefois dans leur examen nous allons suivre l'ordre adopté dans toutes les nouvelles éditions.

§ CIV. Parties séparées du *Corpus juris civilis*.

A. Les Institutes.

Nous possédons une foule de manuscrits des Institutes. Le plus ancien est, à ce que l'on croit, celui de la bibliothèque du Roi, à Paris ; il est du Xe siècle (2).

Quant au titre *Corpus juris civilis romani*, il est d'une origine plus moderne encore que Godefroy.

(1) Ainsi, par exemple, le premier volume portait le titre de *Digestum vetus* ; le second, *Infortiatum* ; le troisième, *Digestum vetus* ; le quatrième, *Codex repetitæ prælectionis* ; le cinquième, *Volumen parvum*. Cf. le § 106 infra.

(2) ECKHARD, *Hermeneutica juris* ex edit. WALCH., p. 143.

Parmi les éditions imprimées, nous distinguerons les suivantes :

I. L'Editio princeps, Moguntiæ per *Petr. Schoyffer de Gernsheym*, 1468, fol.

II. L'Editio Haloandrina, ou donnée par *Grégoire Haloandre*, Nuremberg, 1529, in-8°.

III. L'Editio Cujaciana, donnée par *J. Cujas*, Paris, 1585, in-12. Elle a long-temps passé pour la meilleure (1). C'est elle que *J. B. Köhler* prit pour base de son édition portative des Institutes, et qu'il enrichit de remarques critiques, Gottingue, 1772, in-8° (2).

IV. L'édition critique donnée par *Biener*, Berlin, 1812, in-8°.

V. L'édition la plus récente des Institutes est celle de M. *Bucher : textu ad codicem olim Heilsbronnensem nunc Erlangensem recognito*, Erlang., 1826, in-8°.

§ CV. *B*. Les Pandectes.

Parmi les manuscrits des Pandectes, celui de Pise ou de Florence est sans aucun doute le plus ancien (3),

---

(1) [C'est elle qui est définitivement adoptée comme texte dans la faculté de droit de Paris, et qui se trouve reproduite dans la deuxième édition de l'*Ecloga juris civilis*, Paris, 1827, in-12. Ed.]

(2) Kohler s'était chargé de préparer les Institutes pour l'édition du *Corpus juris* de Gébauer et Spangenberg ; et avant que le premier volume fût publié, il fit paraître son édition portative à part.

(3) M. Perz a trouvé à Naples quelques feuilles d'un manuscrit contemporain, probablement de celui de Florence. Elles ont été publiées par M. Gaupp, professeur à Breslau, sous ce titre : E. T. Gaupp, *Quatuor folia antiquissimi alicujus Digestorum codicis rescripta, Neapoli nuper reperta, nunc primum edita*, Bresl., 1823, in-4°.

le plus célèbre, et nous dirons même le meilleur, malgré les fautes nombreuses dont l'ignorance des copistes l'a inondé, et les lacunes qu'il présente dans le 48ᵉ livre.

Tous les autres manuscrits des Pandectes (1) ne sont pas, comme on l'a faussement pensé pendant long-temps, de simples copies du manuscrit de Florence (2), aussi, pour les distinguer de ce dernier, on les a nommés *Manuscripta vulgata* ou *Codices vulgati*. Celui-ci se trouvait anciennement à Pise (3), et ce n'est qu'en 1411 qu'on le transporta de cette ville à Florence, où il est encore aujourd'hui (4).

---

(1) On trouve une histoire et une description fort étendues de ce célèbre manuscrit dans Brenckmann, *Hist. Pandectarum florentinarum*, Traj. ad Rhen., 1722, in-4°. Haubold, *Inst. hist. dogm.*, § 231, donne la liste de ceux qui ont écrit sur les diverses querelles élevées à l'occasion de ce manuscrit.

(2) Voir sur les manuscrits des Pandectes en général, la préface de l'édition donnée par Cramer, du titre *de Verborum signific.*, Kiel, 1796, in-8°; et Clossius, *Codicum quorumdam manuscriptorum Digesti veteris accuratior descriptio*, Weimar, 1818, in-8°.

(3) C'était autrefois une opinion presque généralement accréditée, que ce manuscrit fut trouvé et sauvé par l'empereur Lothaire II dans le pillage de la ville d'Amalphi, et que ce fut lui qui en fit présent aux Pisans, ses alliés. Pancirolus, lib. II, cap. 3, 13; Sigonius, *de Regno ital.*, lib. I, t. II, Opp., p. 678-682. Mais, en 1720, l'abbé Asti réfuta solidement cette fable dans son ouvrage *Dell' uso e autorita della ragion civile nelle provincie dell' Imperio occidentale libri II*, Neap., 1720-22, in-8°; et après lui, G. Grandi, *Epistola de Pandectis*, Pis., 1726, in-4°, et depuis lors il est peu qui y ajoutent foi.

(4) Arrivé à Florence, le manuscrit apporté de Pise fut relié en velours pourpre, et doré sur le dos et les tranches, puis déposé dans

Le premier qui se soit occupé de compulser ce manuscrit est Politien (mort en 1494). Son travail fut continué par Bologni (mort en 1508), et par Augustin (mort en 1586). Les Torelli père et fils (*Lélio* et *François*), livrèrent pour la première fois ce manuscrit à l'impression (Florence, 1553, in-fol., 3 vol.), et par là en rendirent la connaissance plus générale. Leur travail n'était pas cependant une copie littérale du manuscrit ; ils corrigèrent et suppléèrent par les *manuscripta vulgata* les passages vides de sens, ou les mots qui manquaient; ils remplirent toutes les lacunes, et à l'aide de signes de leur invention, ils indiquèrent ces diverses variantes.

La dernière collation du manuscrit de Florence, est celle faite avec le soin le plus scrupuleux par H. Brenckmann; l'on en trouve le résultat dans les notes de l'édition du *Corpus juris* donnée par Spangenberg, à Gottingue.

§ CVI. Divisions des Pandectes et leurs diverses éditions.

Les glossateurs, ainsi que nous l'avons déjà dit plus haut (§ 65), divisèrent les Pandectes en 3 volumes.

Le premier, appelé Digestum vetus, comprenait les 23 premiers livres, et les deux premiers titres du 24e livre.

---

une cassette richement ornée. On le conservait avec un soin religieux dans l'ancien palais de la république. Lorsqu'il s'agissait de le faire voir à des voyageurs, l'on n'y procédait qu'avec de grandes cérémonies : deux moines, la tête découverte, et tenant des cierges à la main, étaient chargés de le retirer de son enveloppe pour le montrer aux curieux. Brenckmann, l. c., pag. 65.

Le second, intitulé Infortiatum, renfermait d'abord depuis le titre 3ᵉ du livre 24ᵉ jusques au fr. 82 du titre 2 du livre 35ᵉ, et s'arrêtait même aux mots *tres partes*, contenus dans ce fragment. Plus tard, on ajouta à ce volume tout ce qui suivait les mots *tres partes*, jusques à la fin du livre 3ᵉ, d'où lui est venu probablement le nom d'*Infortiatum*, parce que l'on *renforça* ce volume.

Le troisième, nommé Digestum novum, contenait le reste des Pandectes, à partir du livre 38ᵉ (1).

L'édition *princeps* de chacune de ces parties est :

Digestum vetus, Perusiæ, per *Henr. Clayn*, fol.

Infortiatum, Romæ, per *Vitum Pucher*, 1475, fol.

Digestum novum, Romæ, *per Vitum Pucher*, 1476, fol.

Les édition postérieures à cette époque n'ont pas suivi une leçon uniforme. Sous ce rapport, elles se divisent en celles qui ont suivi :

1° La Lectio florentina *seu* Taurelliana, c'est-à-dire la leçon, ou, si l'on aime mieux, le texte du manuscrit de Florence, dont on doit la connaissance aux Torelli (2).

---

(1) Sur cette singulière division, voir Heynii *Not. corp. jur. gloss.*, dans ses *Opuscula academica*, vol. II, pag. 315.

(2) Il est très remarquable qu'il n'existe pas une seule édition du *Corpus juris* qui nous donne le texte des *Florentines*, pur et sans aucune correction ni interpolation. Cependant il faut noter parmi les meilleures, les éditions données par Louis Russard (Lyon, 1561, in-fol.), par Julius Pacius (Arras, 1580, in-fol.), par Charondas (Anvers, 1575, in-fol.), et particulièrement celle de Contius (Lyon, 1571, 1581, in-12). L'édition de Gottingue, donnée par Gebauer et Spangenberg, mérite aussi une distinction particulière.

2° La LECTIO VULGATA *seu* BONONIENSIS , c'est-à-dire le texte formé par les glossateurs , à l'aide de la comparaison du manuscrit de Florence avec d'autres manuscrits très anciens, et qui depuis fut suivi par tous ceux plus récents (1).

3° Enfin , la LECTIO MIXTA ou VULGARIS , c'est-à-dire celle formée à l'aide d'un choix critique entre la *Lectio florentina* et la *Lectio vulgaris*, en adoptant tour à tour l'un ou l'autre de ces deux textes. La plus célèbre des éditions de cette espèce est celle dite HALOANDRINA, parce qu'elle fut donnée par GRÉGOIRE HALOANDRE , en 3 vol. in-4°, à Nuremberg , en 1529 , et c'est cette dernière circonstance qui lui a valu également le nom de EDITIO NORITA. Haloandre, pour la donner, n'eut pas, il est vrai, sous les yeux le manuscrit de Florence , mais il avait à sa disposition les collations faites par Politien et par Bolognini (2).

§ CVII. C. Le Code.

Il y a aussi un très grand nombre de manuscrits du Code (3), mais il n'en est aucun qui soit aussi ancien, aussi célèbre et aussi complet, que le manuscrit florentin des Pandectes.

---

(1) Cf. ED. SCHRADER , *Titt. Dig. de condictione ob turpens causam et de testibus*, Tub., 1819 , in-8° (p. xxvij). La *lectio vulgata* est celle qu'on rencontre dans toutes les éditions antérieures aux collations de Politien et de Bolognini. A partir de cette dernière époque, toutes les éditions présentent la *lectio mixta* ou *vulgaris*.

(2) C'est à cette classe d'éditions mixtes qu'appartiennent toutes celles pour lesquelles on a suivi le texte de Godefroy , que pendant long-temps l'on a prises par erreur pour des éditions vulgatæ.

(3) ECKHARD, *Hermeneutica juris*, ex ed. WALCHII, p. 155.

Sous la domination des Germains dans l'Italie, tous les manuscrits du Code destinés à la pratique, subirent de grandes mutilations. L'on ne se borna pas à en retrancher les trois derniers livres, qui n'étaient plus applicables à l'Italie, puisqu'ils n'étaient relatifs qu'au droit public et administratif, c'est-à-dire à un ordre de choses qui n'existait plus, l'on alla même jusqu'à omettre, dans les neuf premiers livres, plusieurs constitutions. Aussi, comme on n'expliquait dans les cours publics que ces neuf premiers livres, ce sont les seuls que l'on trouve imprimés dans les premières éditions. Plus tard, il est vrai, l'on réunit et l'on imprima les trois premiers livres, dans la collection intitulée : *Volumen parvum*, dont nous parlerons plus bas (§ 110).

Parmi les éditions du Code, l'on doit distinguer :

1° L'EDITIO PRINCEPS des neuf premiers livres, Moguntiæ per *Petr. Schoyffer de Gernsheim*, 1475, fol., et des trois derniers, *cum authenticis*, Romæ, per *Vitum Pucher*, 1476, fol.

2° L'EDITIO HALOANDRINA, ou donnée par Grégoire Haloandre, 1530, fol. Elle renferme les douze livres, ainsi que celles de *Contius*, Paris, 1562, fol., de *Russard*, Anvers, 1565, fol., et de *Charondas*, Anvers, 1575, fol. Dans l'édition du *Corpus juris*, de *Gebauer* et *Spangenberg*, l'on trouve, outre les variantes résultantes de la comparaison des quatre éditions que l'on vient de citer, toutes celles puisées dans un manuscrit de Gottingue.

§ CVIII. *D*. Les Novelles.

Ainsi que nous l'avons vu, les Novelles, dans le principe, n'avaient aucune liaison entre elles, et ne furent jamais réunies en collection. Aussi on les recueillit au fur et à mesure, et on les imprima dans les premières éditions comme on les trouvait, ce qui nous explique comment, de toutes les parties du *Corpus juris*, il n'en est pas qui présente moins d'uniformité dans les diverses éditions que les Novelles (1).

Dans l'impossibilité d'établir à leur égard un ordre de classement méthodique, nous devons nous borner à indiquer les divers travaux dont elles ont été l'objet (2).

Sous ce rapport, on peut désigner à l'attention.

1° L'EDITIO VULGATA, qui renferme le texte latin des novelles, tel qu'il fut connu des anciens glossateurs. Il fut imprimé *an. tribus postremis libris codicis*, Romæ per *Vitum Pücher*, 1476, fol.

2° La première édition GRECQUE, accompagnée d'une version latine. Elle fut donnée par *Grégoire Haloandre*, Nuremberg, 1531; puis Bâle, 1541, fol. En cer-

---

(1) Sur les manuscrits connus des Novelles, V. ECKHARD, l. e., pag. 161.

(2) Parmi les auteurs qui ont fourni les renseignements les plus précieux pour l'Histoire littéraire des Novelles, l'on doit surtout distinguer A. W. CRAMER, qui d'abord a donné en latin des *Analecta litteraria ad historiam Novellarum Justiniani*, Kilon., 1794; puis plusieurs Mémoires dans *le Magasin* de M. Hugo (tome III.); et enfin, un programme de P. F. WEIS, *Historia Novellarum litteraria*, Marburg, 1800, in-4°. Cet écrit, auquel on promettait une suite, est par malheur resté incomplet et ne comprend l'histoire des Novelles que jusques à Haloandre; aujourd'hui nous possédons un excellent ouvrage qui la renferme en entier, dans l'*Histoire des Novelles de Justinien* (en allemand), par F. A. BIENER, Berlin, 1824, in-8.°

tains endroits son texte est plus étendu que celui de la vulgate, en d'autres il l'est moins. Elle fut bientôt suivie par

3° La première édition donnée par *Henri Scrimger*, Paris, 1558; puis Bâle, 1561, fol. Elle fit connaître quelques Novelles qui avaient échappé aux recherches d'Haloandre; mais aussi en revanche, celui-ci en avait fait connaître qui manquaient dans l'édition de Scrimger. Un supplément à ces deux éditions fut donné par *Henry Agylæus*, Cologne, 1560, in-8°.

4° L'édition GRECQUE-LATINE de *Contius*, *Lyon*, 1581, in-8°. Elle est beaucoup plus complète que les précédentes, qui néanmoins lui ont servi de base, en ajoutant à leur secours celui de l'*Epitome Juliani*, et de plusieurs manuscrits. Contius a donné plusieurs éditions de son travail : elles présentent toutes des différences entre elles, soit relativement à la classification des Novelles, soit parce que elles sont ou non accompagnées de la glose.

L'édition de Contius fut reproduite avec le texte grec dans toutes les éditions du *Corpus juris* de *Denys Godefroy*. Mais ce texte manque totalement dans les éditions moins importantes, ainsi que dans celles accompagnées de la glose. Godefroy ajouta la 138ᵉ Novelle, découverte depuis Contius; et *Simon Van Leeuwen* qui, dans son édition du *Corpus juris*, Amsterdam, 1663, fol., donna la texte grec, fut aussi le premier qui fit connaître la Novelle 65. Ce texte grec fut la bsae adoptée par *Hombergk Zuvach*, dans sa traduction latine des Novelles, Marburg, 1717, in-4°. Tout ce qui était en grec fut traduit fidèlement par lui, et dans son entier; mais quant aux Novelles écrites en latin, il se borna à reproduire le texte tel qu'il était connu jusqu'alors.

5° La plus récente et la plus complète version des Novelles, est celle qui se trouve dans le *Corpus juris* de *Gebauer et Spangenberg*. Dans cette édition l'on a réuni non-seulement tout ce qui a été donné par Leeuwen, mais encore la traduction complète de Hombergk, avec ses suppléments et ses variantes les plus importantes.

6° Enfin, *M. de Savigny*, a publié, d'après un manuscrit de Vienne (1), les Novelles 62° et 104°, encore inédites.

§ CIX. Parties additionnelles du *Corpus juris*.

Les diverses compilations de Justinien que nous venons de parcourir, forment ce que l'on appelle le CORPUS JURIS CLAUSUM; mais toutes les éditions, ou au moins le plus grand nombre, renferment divers appendices qui y ont été ajoutés, soit par les glossateurs, soit par des éditeurs plus modernes. Aucun, si l'on excepte le *Libri feudorum*, n'a d'importance dans la pratique : ce sont :

1° Treize édits de JUSTINIEN, lesquels au fond sont de véritables Novelles, et mériteraient de porter ce titre et d'entrer dans leur collection à bien plus juste droit que des constitutions des successeurs de Justinien, et des ordonnances des Eparques, qu'on a coutume d'y faire figurer.

2° Cinq constitutions de JUSTIN LE JEUNE.

---

(1) Dans son *Journal pour la jurisprudence historique*, tome II, p. 1007.

3° Plusieurs constitutions de TIBÈRE II.

4° D'autres constitutions de JUSTINIEN, de JUSTIN et de TIBÈRE II.

5° Les cent treize Novelles de LÉON LE PHILOSOPHE (§).

6° Une constitution *de novis operibus* de ZÉNON.

7° Un grand nombre de constitutions de divers empereurs, réunies sous le titre général de *Imperatoriæ constitutiones*.

8° *Canones sanctorum et venerandorum apostolorum*.

9° *Libri feudorum*, compilation faite au XIIe siècle, du droit coutumier des Lombards et des constitutions impériales en matière féodale, et qui, de nos jours, est encore la source principale de tout le droit féodal de l'Allemagne.

10° Quelques constitutions de l'empereur FRÉDÉRIC II, dans lesquels l'on a principalement puisé les *Authenticæ fredericianæ* du Codex (§ 88).

11° Deux ordonnances de l'empereur HENRI VII, de l'année 1312, nommées *extravagantes* : l'une sur le crime de lèze-majesté, l'autre sur celui de rébellion.

12° Le *Liber de pace Constantiæ*, qui contient le traité de paix conclu par l'empereur FRÉDÉRIC I, avec quelques villes confédérées de la Lombardie.

Dans beaucoup d'éditions, et par exemple dans celle de Van Leeuwen, l'on a admis en outre les fragments des douze tables et de l'édit prétorien, et les ouvrages anciens de quelques jurisconsultes romains, tels que Paul, Ulpien et Gajus.

§ CX. Éditions du *Corpus juris* entier.

A. Éditions accompagnées de la Glose.

Les éditions du *Corpus juris* se distinguent en A, éditions accompagnées de la glose, et B, éditions sans la glose. A. LES ÉDITIONS GLOSÉES se composent ordinairement de cinq volumes, dont le premier, d'après la division des glossateurs (§ 106), renferme le *Digestum vetus*, le deuxième l'*Infortiatum*, et le troisième le *Digestum novum*. Le quatrième volume contient les neuf premiers livres du Code, et le cinquième, intitulé : *Volumen legum parvum*, est composé des trois derniers livres du Code, des Novelles, des *Libri feudorum* et des Instituts (1). Les meilleures éditions glosées sont :

1° Celle de Lyon, 1549 1550, *Apud fratres Sennetonios*, 5 vol. fol.

2° Celle de *Contius*, Paris, 1576, 5 vol. fol.

---

(1) L'on donnait autrefois à chacun de ces cinq volumes une couverture d'une couleur différente et qui avait de l'analogie avec les matières qui y étaient renfermées.

[On peut consulter, sur cette bizarrerie, SEB. BRANT., *Omnium titulorum juris tam civilis quam canonici expositiones*, Lugd., 1547. On y voit, par exemple, que le premier volume devait être couvert en *blanc*, parce qu'il renferme les matières les plus simples ; le deuxième en *noir*, attendu qu'il traite des hérédités, sujet constant de deuil et de tristesse ; quant au troisième, il devait être relié en *rouge*, comme renfermant les matières criminelles et les peines qui leur sont applicables ; le quatrième, contenant le Code, matière neuve et plus récente que le Digeste, devait, à raison de sa nouveauté, être revêtu de *vert* ; et le cinquième de *rouge et de vert*, parce qu'il renferme à la fois et du droit nouveau, et quelques parties de droit criminel. ED.]

6.

3° Celle de *Denys Godefroy*, publiée d'abord sous le titre de *Corpus juris*, Lyon, 1589, 6 vol. fol.; ibid., 1604, et avec le même titre et enfin revue, corrigée et augmentée, 1612, 6 vol. fol.

4° Enfin l'édition glosée la plus récente et la meilleure, est celle *Studio et opera Johannis Fehii*, Lyon, 1627, 6 vol. fol. (1).

§ CXI. *B*. Éditions sans la Glose.

B. Les éditions non glosées se distinguent encore en deux espèces : les unes, AA, sont accompagnées de notes de jurisconsultes postérieurs aux glossateurs : les autres, BB, ne présentent simplement que le texte.

AA. Parmi les *éditions pourvues de notes*, les meilleures sont : 1° Celle de *Louis Russard*, sous le titre de *Jus civile*, Lyon, 1560-1561, 2 vol., fol.; Anvers, 1567-70, 7 vol. in-8° (2).

2° Celle d'*A. Contius*, Paris, 1562, 7 vol. in-8°, et Lyon, 1571, en 15 vol. in-12. L'édition de la même ville qui porte la date de 1581, est la même que celle de 1571, avec un frontispice nouveau.

3° L'édition de *Charondas*, Anvers, 1575, fol., qui renferme un choix judicieux des notes de Russard et de Contius.

4° Celle de *Julius Pacius*, Atrebati (*Arras*), 1580, fol.; ou même date, 9 vol. in-8°.

---

(1) On considère, mais à tort, selon M. Hugo, comme une des meilleurs éditions glosées, celle de *Pierre Baudoche* (*ab Area Baudoza*), 1593, 4 vol. in-4°.

(2) Russard, dans son édition, a renfermé dans le signe suivant ‖ ‖, plusieurs passages qui ne se rencontrent pas ordinairement dans tous les manuscrits.

5° Les éditions avec les notes de *Denys Godefroy*
(1). La première est de Lyon, 1583, in-4°, et fut suivie
de nombreuses contrefaçons (2). La seconde, avec des
corrections (*Editio secundæ prælectionis*), est aussi de
Lyon, 1590, 2 vol., fol. La troisième, revue, porte également la date de Lyon, 1602, 4 vol. fol., ainsi que
la quatrième, 1607, 2 vol. fol. Enfin la cinquième
édition, la plus complète de toutes, est de Genève,
1624, fol.; elle fut publiée par *Jacques*, fils de *Denys
Godefroy*. C'est celle qui a servi de type à toutes les
éditions postérieures.

6° Parmi celles-ci, l'une des meilleures et des plus
belles, est celle donnée par *Simon Van Leeuwen*,
Amsterdam, 1663, fol. Elle renferme, outre les notes
de Godefroy, celles de divers autres jurisconsultes.
Elle a été réimprimée en 2 volumes in-4°; Leipzig,
1705, 1720, 1740 : c'est cette dernière qui est préfé-
rable (3).

7° L'édition commencée par *Gebauer*, et terminée
après sa mort, par *G. Aug. Spangenberg*, t. 1, Got-

---

(1) L'on a beaucoup trop vanté le mérite du travail de D. Godefroy : d'abord le texte par lui choisi est mauvais, ensuite les notes
fourmillent de répétitions inutiles, d'objections indiquées par le mot
Immò, et qu'il laisse sans réponse; et enfin d'erreurs palpables.
Néanmoins, à raison des nombreux rapprochements de textes qu'elles
présentent, des renvois aux sources et aux basiliques; et enfin des
extraits des meilleurs jurisconsultes, elles sont consultées avec fruit.
Il y a aussi des éditions de Godefroy sans notes ; mais alors elles n'of-
frent plus aucun avantage sur les autres.

(2) Parmi celles-ci, l'on cite surtout l'édition de *Francfort*, 1663,
in-4°; elle est très recherchée et néanmoins fort mauvaise.

(3) Sur le mérite de l'édition de 1720, on peut consulter WIELING,
Jurispr. rest., p. II, p. 210.

tingue, 1776; et t. 2; *ibid*, 1797, gr. in-4°. Elle renferme, outre de nombreuses variantes, des notes, mais purement critiques et non exégétiques.

BB. Parmi les éditions du texte seul et sans notes, l'on doit remarquer :

1° L'édition d'Amsterdam, sortie des presses des *Elzevirs*, 1664, 2 vol. in-8o, avec la célèbre faute de *Pars secundus*; elle fut suivie de réimpressions qui portent la date de 1681, 1687 et 1700; cette dernière est la plus correcte.

2° L'édition de *Freiesleben*, dite *Corpus juris academium*, publiée d'abord à Altenburg, 1721, gr. in-8°; puis, en 1734, à Bâle (*Coloniæ Munatianœ*), in-4°, et depuis réimprimée très souvent dans l'un et l'autre endroit. Les éditions d'Altenburg ne renferment que le texte seul; et celles de Bâle donnent en outre une concordance des textes analogues.

3° L'édition commencée et non terminée par J.-F. *Plitt*, La Haye et Francfort-sur-le-Mein, 1789, in-8° (1).

4° L'édition de *J.-L.-G. Beck*, dont il n'a encore paru que le 1er volume, divisé en 2 tomes, Leipzig, 1825-26. Il renferme les Institutes et les Pandectes avec des variantes et une collation des Basiliques (2).

5° L'édition la plus récente de toutes, celle des frères *Kriegel*, (*C. J. Alb* et *C. Maurice*), Leipzig, 1828-29, gr. in-8°. Il n'a encore paru que les Institutes

---

(1) L'édition de *Plitt* n'est qu'une réimpression pure et simple du premier volume de l'édition de Gebauer et Spangenberg.

(2) Une réimpression du texte seul de cette édition sans les variantes, est annoncée comme devant former un vol. grand in-4°, et paraître à Leipzig en 1829.

et une partie du Digeste. Elle renferme des variantes, la collation des Basiliques et celle de tout le droit antérieu à Justinien.

M. Schrader ne s'est pas borné à démontrer tout ce qui reste à faire pour donner une bonne édition critique du *Corpus juris*, accompagnée de notes exégétiques, et qui ne soit pas trop volumineuse (1). Il nous a promis que ce travail ne tarderait pas à sortir de ses mains et de celles de MM. Clossius et Tafel, qu'il s'est adjoints pour collaborateurs.

Éditions mises dans un nouvel ordre et chrestomathies.

Indépendamment des éditions du *Corpus juris* que l'on vient de citer, il en existe encore d'autres, qu'on appelle éditions mises dans un ordre nouveau (*Editiones reconcinnatæ*). Dans celles-là, les fragments des Pandectes et les constitutions du Code sont rapprochés les uns des autres, et présentés dans l'ordre choisi et adopté par l'éditeur lui-même, sans toutefois, dans ce rapprochement des diverses parties du *Corpus juris* entre elles, bouleverser l'ordre des matières. De ce nombre sont :

----

(1) M. Schrader a publié d'abord comme specimen d'un pareil travail, *Tituli Digestorum de condictione ob turpem causam et de testibus*. Tubing., 1819, in-8°; et plus tard un véritable prospectus, *Prodromus corporis juris civilis*, A Schradero Clossio Tafelio edendi. *Inest totius operis conspectus; subsidiorum ad institutionum criticam recensionem et interpretationem spectantium enumeratio : editionis ipsius specimen.* Berol., 1823, in-8°.

[Il ne paraît pas que M. Clossius, actuellement professeur en Russie, ait continué de prendre part aux travaux de M. Schrader ; celui-ci annonce la publication prochaine des Instituts. Ed.]

1° EUSEBII BERGERI *Corpus juris civilis reconcinna-tum in tres partes distributum cum præf.*, L.-B. de *Senkenberg*, Francfort et Leipsick, 17677-68, 3 vol. in-4°.

2° ROB. JOS. POTHIER *Pandectæ Justinianeæ in novum ordinem digestæ, cum legibus codicis et novellis quæ jus Pandectarum confirmant, explicant aut abrogant*, Paris, 1748-52, Lyon, 1782; Paris, 1819, 3 vol. in-fol.

Enfin il y a des chrestomathies qui sont un choix des passages les plus remarquables des diverses parties du corps de droit, choix destiné à servir de texte pour des leçons destinées à l'explication ou au développement des doctrines du droit romain. Les plus estimées sont celles de DOMAT, SEIDENSTICKER, HUGO, CROPP, SAVIGNY, HAUBOLD, PERNICE ET FÜRSTENTHAL (1).

---

(1) Voici les titres de ces diverses compilations.

DOMAT (J.). *Delectus legum digestorum et codicis ad usum scholæ et fori*. Paris, 1700, in-4°; Amstel., 1703, in-4°. On trouve aussi ce recueil à la suite de toutes les éditions des *Lois civiles mises dans leur ordre naturel*, par J. DOMAT, dont la meilleure est celle de 1777, in-fol.

STIDENSTICKER. *Corpus juris civilis in chrestomathiam contractum*. Gott., 1798, in-8°.

HUGO (G.). *Essai d'une chrestomathie des principaux passages du droit romain*. Berlin, 1802, in-8° (en allemand); ce volume forme le tome V du *Cours de droit civil*, et se rattache au *Cours de droit romain* donné par M. Hugo; la troisième édition porte la date de 1820.

CROPP. *Loca juris romani selecta*. Heidelbergæ, 1815, in-8°.

Cette chrestomathie est destinée au *Cours de droit civil* de M. Heise.

SAVIGNY. *Loca juris romani selecta in usum prælectionum*, Berl., in-8°; ouvrage qui n'a jamais été mis dans le commerce.

HAUBOLD (J. C.). *Doctrinæ Pandectarum lineamenta, cum*

locis classicis juris in primis Justinianei. Lips., 1820, in-8°.

PERNICE (L.). *Plan de l'Histoire, des Antiquités et des Institutes du droit romain*, deuxième édition (en allemand). Halle, 1824, in-8°. Cet ouvrage est considéré comme renfermant le plan et la chrestomathie de M. de Savigny, sur ces diverses matières.

FURSTENTHAL (J. A. L.). *Corpus juris civilis, canonici et germanici.* Berl., 1828-29, deux vol. in-8°. Recueil fait pour l'intelligence du *Système du droit des Pandectes* de M. THIBAUT. Un semblable travail de M. FURSTENTHAL, est annoncé pour servir aux *Éléments de droit civil* de M. de WENING-INGENHEIM.

CHAPITRE III.

Des différentes Méthodes d'enseignement du Droit romain.

§ CXIII. Des méthodes d'enseignement en général.

Les méthodes principales d'enseignement du droit romain, sont au nombre de trois; la méthode EXÉGÉTIQUE, la méthode DOGMATIQUE, et la méthode HISTORIQUE.

La méthode *exégétique* s'occupe de l'explication des textes, des compilations de Justinien, et des autres sources du droit romain, d'après les règles de la critique et de l'interprétation, dans toutes ses parties (*herméneutique*).

Par la méthode *dogmatique*, l'on présente et l'on explique, en les puisant dans leurs sources et en les offrant sous un ordre scientifique, les vérités et les principes fondamentaux du droit, en ayant soin de s'appuyer constamment sur les textes mêmes qui les établirent. Elle s'attache surtout à exposer les doctrines telles qu'elles existent dans le dernier état du droit romain, et telles qu'elles peuvent encore être appliquées de nos jours, sans donner une grande importance à l'histoire de leur origine et de leur développement, et de préférence s'applique à faire voir les modifications que nos mœurs et nos usages actuels doivent leur faire subir dans la pratique.

La méthode *historique* suit une marche toute opposée, elle donne une préférence, sinon exclusive, au moins très marquée à l'exposition de l'origine et du développement successif des diverses matières du droit, en les prenant dès les temps les plus reculés et les suivant jusqu'à ceux les plus modernes.

De nos jours, l'on réunit fréquemment l'histoire du droit romain au développement dogmatique de ses doctrines, et l'on forme par là une quatrième espèce de méthode, qu'on peut appeler *mixte*, ou si l'on aime mieux *Historico-dogmatique*.

Par elle l'on s'attache non pas seulement à expliquer le droit le plus moderne et susceptible d'être encore en vigueur; mais l'on fait voir en outre ses rapports historiques avec l'ancien droit, et l'on insiste surtout à faire remarquer la liaison qui réunit non-seulement les diverses doctrines entre elles, mais encore celle qui les rattache et à l'ordre de la famille et à la forme du gouvernement (1).

Chacune de ces différentes méthodes a ses avantages particuliers, pour celui qui s'y livre, soit pour son instruction privée, soit pour l'enseignement public, mais l'on peut dire qu'elles se prêtent un mutuel appui, et que l'une ne saurait se passer du secours de l'autre.

§ CXIV. Méthode des Glossateurs.

Les glossateurs prenaient pour texte dans leurs cours, les divers recueils du droit romain (§ 86). Ils suivaient les titres l'un après l'autre, et ils accompagnaient chaque fragment, soit d'un sommaire fort concis (*Summa*), soit de courtes notes explicatives

____

(1) Haubold. *Inst. jur. Rom., hist. dogm.,* § 7.

7

(*Glossæ*), soit enfin de commentaires plus étendus (*Lecturæ*).

Cette méthode exégétique fut encore suivie long-temps après eux en France et en Allemagne, lors de la réception du droit, dans les diverses universités où l'on se livrait à son enseignement.

§ CXV. Méthodes modernes.

Lorsque l'enseignement du droit eut pris une extension plus élevée, en se portant sur d'autres branches de sa doctrine, il devint impossible de consacrer à l'étude exclusive du droit romain, la même durée de temps qu'on lui avait donnée jusqu'alors : et dès lors il fut nécessaire de chercher le moyen d'en abréger les leçons.

Dans ce but, et dès les XVIe et XVIIe siècles, l'on composa des manuels ou livres élémentaires, d'abord sur les Pandectes, et plus tard sur les Institutes, ce qui était un acheminement à la méthode dogmatique.

Dans tous ces ouvrages, l'on s'attacha d'abord à l'exposition des doctrines, en suivant scrupuleusement l'ordre qu'elles occupaient par livres ou par titres, dans les Institutes et dans les Pandectes (c'est ce qu'on nomme l'ordre légal ou *secundum ordinem Institutionum et Digestorum*), et cette méthode a long-temps prévalu dans les universités d'Allemagne (1). Elle n'est plus celle adoptée aujourd'hui dans ces sor-

---

(1) La seule exception à cette méthode, est la *Jurisprudentia romano-germanica* de G. A. Struvius, publiée pour la première fois en 1670, et souvent depuis, surtout avec des remarques et des annotations de Schaumburg et de Mencken ; la dernière édition est de 1760, in-8.

tes d'ouvrages; l'on y suit un ordre systématique et par conséquent arbitraire, ce qui fait qu'ils diffèrent entre eux, autant quant à la forme que quant au fond (1).

---

(1) [Voici l'indication de ces principaux manuels, en signalant d'abord les plus anciens.

A. MANUELS ANCIENS. *AA. sur les Institutes*, le premier est celui de J. F. Boekelmann, publié à Heidelberg, où il était professeur, en 1679, et qui compte de nombreuses réimpressions, surtout en Hollande, où il est encore classique.

Bientôt après lui, J. Heineccius publia à Amsterdam ses *Elementa juris civilis secundum ordinem institutionum*, 1725, in-8°, et surpassa de beaucoup l'ouvrage de Boekelmann. Ce livre, qui longtemps a été d'un usage général, devint, après la mort de l'auteur, l'objet des travaux d'une foule de jurisconsultes : les uns, tels que Gesner, (Leipzig, 1766, in-8°) Estor, (Marburg, 1774, in-8°). Biener, (Leipzig, 1715, in-8°), se bornèrent à des annotations; les autres, tels que Woltaer, (Halle, 1785, in-8°), Hoepfner (Franc., 1796), Waldeck, (Gotting, 1806, in-8°), et Arnold, (Strasbourg, 1812, in-8°), prirent la peine de retoucher le plan et les détails.

Hoepfner écrivit même sur l'édition par lui donnée, un ample commentaire en allemand, qu'il publia à Francfort-sur-le-Mein, 1785, in-4°. Huit éditions successives ont attesté le succès de ce travail, qui, dans les deux dernières (1803, 1818), a été après la mort de l'auteur revu et enrichi de notes, par A. D. Weber.

BB. sur les Pandectes. Le plus ancien *compendium* des Pandectes sous les *Paratitla*, Matt. Wessembecii (Bâle, 1568, in-4°; la meilleure édition est d'Amsterdam, 1665, in-4°, avec les notes de Vinnius et de Bachovius); elles furent suivies du *Compendium juris Lauterbachianum*, abrégé fait par J. J. Schutz 1679, in-4°). Puis vint, l'*Introductio in jus digestorum*, de J. H. Boehmer (Halle, 1704, in-4°; la quatorzième édition a paru en 1791, in-8°); ensuite les *Elementa juris civilis secundum ordinem pandectarum* de J. G. Heinecius (Amst., 1728, in-8o une bonne édition est celle de C. G. Richter, Leipz., 1797, in-8°); enfin, les *Principia juris*,

L'histoire du droit romain se réunit maintenant, soit à l'enseignement des Institutes, soit à celui des

---

de J. O. Westenberg (Hardèvic, 1712, in-8° ; la dernière édition est de Berlin, 1814, in-8°).

Les deux derniers abrégés, selon l'*ordre légal*, sont ceux de J. A. Hellfeld, *Jurisprudentia forensis* (Jena, 1764, in-8°), publiée ensuite avec des corrections de G. E. Oeltze (Jena, 1787, in-8°); puis de G. H. G. Kochy (Ib., 1806, in-8°), et les *Principia juris romani secundum ordinem Digestorum*, de J. F. Malblanc (Tubing, 1801, 2 vol. in-8°).

Un Commentaire fort étendu sur les Pandectes, d'après l'abrégé d'Hellfeld, a été commencé en 1790, par le savant C. F. Gluck; il embrasse (en 1829), trente-un volumes in-8°, et va jusqu'au titre premier du vingt-septième livre du digeste.

B. MANUELS MODERNES. *A A. Sur les Institutes*; nous avons les ouvrages latins de Hofacker, *Elementa juris civilis romani* (Gott., 1786, in-8°).

Haubold, *Institutiones Juris romani historico-dogmaticæ*, Lips., 1814 et 1826, *curâ* Otto, in-8°).

Brinkmann, *Institutiones juris romani* (Schlesw. ed. 2ª, in-8°).

Warnkoenig, *Institutiones juris romani privati* (Leod., ed. 2ª, 1825, in-8°).

Maciciowsky, *Principia juris romani* (Varsav., 1820, in-8°).

En français nous ne saurions trop recommander l'ouvrage élémentaire publié par M. Ducaurroy, sous le titre de *Institutes de Justinien nouvellement expliquées* (Paris, deuxième édition, 1826, 3 vol. in-8°; l'ouvrage aura un quatrième volume).

En allemand nous citerons les ouvrages de G. Hugo (Berlin, 1827, septième édit.); Schmalz (Leipz,, 1804, in-8°); Konopak, Jena, deuxième éd., 1824, in-8°); Kauffmann (Vienne, 1820, 2 vol. in-8°); Zachariæ (Breslau, 1816, in-8°); Rosshirt (Heidelberg, 1824, in-8°) et les plans ou programmes, publiés par Burchardi (Bonn., 1819, in-8°); Pernice (Halle, 1825, deuxième éd., in-8°); Gans (Berlin, 1827, in-8°); et Rossberger (Berlin, 1828, in-8°)

BB. Sur les Pandectes. Nous indiquerons principalement les ou-

pandectes, ou bien elle forme l'objet d'un cours particulier.

§ CXVI. Nécessité de ne pas négliger la Méthode exégétique.

La méthode *Historico dogmatique* est celle qui, de nos jours, obtient le plus de faveur, si l'on ne peut se dissimuler qu'elle ne soit la plus propre à initier dans les mystères du droit romain, néanmoins l'on peut regretter que chaque jour l'on voie disparaître les cours consacrés à l'exégèse des sources elles-mêmes , parce que malheureusement la plupart des étudiants que l'on ne sait pour quelle raison, les trouvent inutiles et superflus.

La conséquence facile, mais inévitable de cette réprobation de la méthode fondée sur l'exégèse et l'her-

---

vrages latins de Madihn , *Principia juris romani* (Francfort-sur-l'Oder, 1791 , 2 vol. in-8°); Hofacker, *Principia juris romani , romano - germani* (Tubingue , 1800-3 , 3 vol. in-8°); Gunther, *Principia juris romani novissimi* (Jena , 1805-9 , 2 vol. in-8°); Meister, *Jus romanum privatum idque purum* (Zullichau, 1813, in-8°, ouvrage non terminé); Muhlenbruch, *Doctrina Pandectarum* (Halle, 1827 , deuxième éd. , 3 vol. in-8°) ; Warnkoenig , *Commentarii juris romani privati* (Liége, 1826-28 , 2 vol. in-8°, ouvrage non encore terminé) ; et les ouvrages allemands de Thibaut (Jena , 1828 , septième éd. , 2 vol in-8°) Wittich (Francf., 1804-6, 3 vol. in-8); Hufeland (Giessen , 1808-14 , 2 vol. in-8°); Bucher (Erlang., 1822, troisième éd. in-8°); Schweppe (Gottingue , 1828 , quatrième édition , 3 vol. in-8°); Wening-Ingenheim (Munich, 1827, troisième éd., 3 vol. in-8°); Seuffert (Wurtzb., 1820, 2 vol. in-8°); Valett (Leipzig, 1828 , 2 vol. in-8°); ainsi que les programmes de Bergmann (Gott., 1806, in-8°); Heise (Heidelb., 1818, troisième éd., in-8°); Unterbolzner (Munich, 1812, in-8°); Haubold *Doctrinæ Pandectarum lineamenta* (Leipzig, 1820, in-8°); Burchardi (Bonn. , 1822, in-8°). ED.

meneutique, est l'indifférence toujours croissante qu'on montre pour l'étude même des sources du droit en général.

L'on ne saurait trop désirer de voir renaître et suivre avec assiduité des cours exégétiques consacrés au moins à l'explication du texte des Institutes, à celle des passages choisis dans les autres parties du *Corpus juris* et à celle des fragments d'Ulpien et des Institutes de Gajus.

Il n'y a rien qui soit plus qu'un cours semblable en y réunissant l'herméneutique, et susceptible de mettre l'élève à même d'étudier seul les sources entières et de répandre le goût de cette étude. Ajoutons que l'étude des sources est dans le droit, comme en toutes les autres sciences, le seul moyen de parvenir à une instruction solide; le seul qui puisse nous prémunir contre le défaut ridicule de croire, parce que d'autres ont cru avant nous, et parce qu'il nous faut répéter ce que d'autres ont dit (*Jurare in verba magistri*). Elle est la seule, nous le répétons, qui puisse imprimer à l'esprit une allure franche et indépendante.

APPENDIX CONTINENS.

I. *Conspectus singulorum fragmentorum legis* **XII** *tabularum.*

II. *Edicti prætorii atque ædilitii sententiæ quæ supersunt.*

III. *Pomponii fragmentum de origine juris et tres constitutiones imperiales de auctoritate veterum prudentium.*

APPENDIX I.

CONSPECTUS

SINGULORUM FRAGMENTORUM
LEGIS XII TABULARUM.

TABULA I.

Fr. 1.   (I. 1. 2. *) Si. in. ivs. vocat. ni. et. an-
testator. igitvr. em. capito. (Porphyrio ad
Horatium , *Satyr.* Lib. 1. sat. 9. v. 65.)

Fr. 2.   (I. 3.) Si. calvitur. pedemve. strvit. manvm endoiacito. (Festus , v. *Struere.*)

Fr. 3.   (I. 4.) Si morbvs. ævitasve. vitivm. escit.
qvi in. ivs. vocabit. ivmentvm. dato. si. nolet.
arceram. ne. sternito. (A. Gellius, *Noct.
Attic.* Lib. 20. c. 1.)

Fr. 4.   (I. 6.) Assidvo. vindex. assidvvs. esto. pro-
letario. qvoi. qvis. volet. vindex. esto. (Id.
Lib. 16. c. 10.

Fr. 5.   (IX. 2.) Itaque in XII. cantum est : *Ut idem
iuris esset sanatibus, quod fortibus ;* id est bonis
et qui nunquam defecerant a populo romano.
(Festus, v. *Sanates.*)

Fr. 6.   (I. 7.) Rem. vbi. pagvnt. orato. (*Auctor ad
Herennium* , Lib. 2. c. 13.)

Fr. 7.   (I. 8.) Ni pagvnt. in. comitio. avt. in. foro.
ante. meridiem. causam. conjicito. qvom. pe-

---

* Numeri hi in parenthesi positi locum indicant , quem Jacobus
Gothofredus in suâ restitutione fragmento dedit. Loca, quibus hic
numerus additus non est , à Gothofredo ignorabantur.

  RORANT. AMBO. PRÆSENTES. (Id. al. l. et Gellius, al. l. Lib. 17, c. 2.)

Fr. 8. (I. 9.) POST. MERIDIEM. PRÆSENTI. STLITEM. ADDICITO. (Gellius, al. l.)

Fr. 9. (I. 10.) SOL. OCCASVS. SVPREMA. TEMPESTAS. ESTO. (Ibid.)

Fr. 10. (II. 1.) — VADES. — SVBVADES. — (Id. Lib. 16. c. 10.

TABULA II.

Fr. 1. Pœna autem sacramenti aut quingenaria erat aut quingenaria : (nam) de rebus mille æris plurisve quingentis assibus, de minori (bus vero) quinquaginta assibus sacramento contendeb (atur) ; nam (ita) *Lege XII Tabularum* cautum erat. (Sed si de libertate) hominis (controversia) erat, et si pretiosissimus homo esset, tamen ut quinquaginta assibus sacramento contenderetur (cautum erat).... favoris (causa, ne satisdatione onerarentur) adsertores.... (Gaius, Institution. Lib. 4. §. 14.)

Fr. 2. (II. 2.) — MORBVS. SONTICVS. — STATVS. DIES. CVM. HOSTE. — QVID. HORVM. FVIT. VNVM. IVDICI. ARBITROVE. REOVE. DIES. DIFFISVS. ESTO. (Gellius, Lib. 20. c. 1. Cicero, *De offic.* Lib. 1. c. 12. Festus, v. *Reus.*)

Fr. 3. (II. 3.) CVI. TESTIMONIUM. DEFVERIT. IS. TERTIIS. DIEBVS. OB. PORTVM. OBVAGVLATVM. ITO. (Festus, v. *Portum.*)

Fr. 4. (II. 12.) — Nam et de furto pacisci *Lex* permittit. (Fr. 7. §. 14. D. *de pact.*)

TABULA III.

Fr. 1.   (III. 4.) AERIS. CONFESSI. REBVSQUE. IVRE. IVDI-
CATIS. TRIGINTA. DIES. IVSTI. SVNTO. (A. Gellius,
Lib. 20. c. 1.)

Fr. 2.   (III. 5.) POST. DEINDE. MANVS. INIECTIO. ESTO.
IN. IVS. DVCITO. (Ibid.)

Fr. 3.   (III. 6.) NI IVDICATVM. FACIT. AVT. QVIPS. ENDO.
EM. IVRE. VINDICIT. SECVM. DVCITO. VINCITO. AVT.
NERVO. AVT. COMPEDIBVS. QVINDECIM. PONDO.
NE. MAIORE. AVT. SI. VOLET. MINORE. VINCITO.
(Ibid.)

Fr. 4.   (III. 7.) SI VOLET. NI. SVO. VIVIT. QVI. EM.
VINCTVM. HABEBIT. LIBRAS. FARRIS. ENDO. DIES.
DATO. SI VOLET. PLVS. DATO. (Ibid.)

Fr. 5.   (III. 8.) Erat autem ius interea paciscendi; ac
nisi pacti forent, habebantur in viuculis dies
sexaginta : inter eos dies trinis nundinis con-
tinuis ad prætorem in comitium prædicabantur,
quantæque pecuniæ indicati essent prædicaba-
tur. (Ibid.)

Fr. 6.   (III. 9.) Tertiis autem nundinis capite pœnas
dabant, aut trans Tiberim peregre venum ibant.
—Si plures forent, quibus reus esset iudicatus,
secare si vellent atque partiri corpus addicti
sibi hominis permiserunt. —TERTIIS, NUNDINIS.
PARTIS. SECANTO. SI. PLUS. MINVSVE. SECVERVNT.
SE. FRAVDE. ESTO. (Ibid.)

Fr. 7.   (III. 3.) ADVERSUS. HOSTEM. ÆTERNA. AVCTORI-
TAS. — (Cicero, *De offic.* Lib. 1. c. 12.)

TABULA IV.

Fr. 1.　(IV. 1.) Nam mihi quidem pestifera videtur
(sc. tribunorum plebis potestas), quippe quæ
in seditione et ad seditionem nata sit : cuius
primum ortum si recordari volumus inter arma
civium et occupatis et obsessis urbis locis pro-
creatum videmus. Deinde quum esset cito ne-
catus, tamquam ex *XII Tabulis* insignis ad
deformitatem puer, brevi tempore recreatus
multoque tætrior et fœdior natus est. (Cicero,
De Legib. Lib. 3. c. 8.)

Fr. 2.　(IV. 2.) Ὁ δὲ τῶν Ῥωμαίων νομοθέτης (ὁ
Ῥωμύλος) ἅπασαη, ὡς εἰπεῖν, ἔδωκεν ἐξου-
σίαν κατρὶ καθ᾽ υἱοῦ, καὶ παρὰ πάντα τὸν
τοῦ βίου χρόνον, ἐάν τε εἴργειν, ἐάν τε
μαςιγοῦν, ἐάν τε δέσμιον ἐπὶ τῶν κατ᾽
ἀγρὸν ἔργων κατέχειν, ἐάν τε ἀποκτιννύναι
προαιρῆται, κἂν τὰ πολιτικὰ πράττων ὁ
καῖς ἤδη τυγχάνη, κἂν ἐν ἀρχαῖς ταῖς μεγίςαις
ἐξεταζόμενος, κἂν διὰ τὴν εἰς τὰ κοινὰ φιλο-
τιμίαν ἐπαινούμενος. — καταλυθείσης δὲ τῆς
μοναρχίας. — (τοῦτον τὸν νόμον) δέκα ἄνδρες
ἅμα τοῖς ἄλλοις ἀνέγραψεν νόμοις. καὶ ἔςιν ἐν
τῇ τετάρτη τῶν λεγομένων δώδεκα δέλτων, ἅς
ἀνέθεσαν ἐν ἀγορᾷ. At Romanorum legislator
[Romulus] omnem, ut ita dicam, potestatem
in filium patri concessit, idque toto vitæ tempore : sive eum in carcerem coniicere, sive fla-
gris cædere, sive vinctum ad rusticum opus
detinere, sive occidere vellet; licet filius iam
rempublicam administraret et inter summos

magistratus censeretur, et propter suum studium in rempublicam laudaretur.—Sed sublato regno — Decemviri (eam legem) inter ceteras retulerunt, exsatque in *XII Tabularum*, ut vocant, quarta, quas tunc in foro posuere. (Dionysius Halicarnassæus. Lib. 2. c. 26. c. 27.)

Fr. 4.   (IV. 3.) St. PATER. FILIVM. TER. VENVM. DVIT. FILIVS. A. PATRE. LIBER. ESTO. (Ulpian. *Fragm.* Tit. 10. §. 1.)

Fr. 3.   (IV. 4.) — Quoniam *Decemviri* in decem mensibus gigni hominem, non in undecimo, scripsissent.(A. Gellius, Lib. 3. c. 16.)

TABULA V.

Fr. 1.   Loquimur autem exceptis Virginibus Vestalibus, quas etiam veteres in honorem sacerdotii liberas (a tutela) esse voluerunt; itaque etiam *Lege XII Tabularum* cautum est. (Gaius, *Institution.* Lib. 1. §. 144. 145.)

Fr. 2.   (Item) res mulieris, quæ in agnatorum tutela (erat, si) erant res mancipi, usucapi non poteranrt præterquam si ab ipsa tutore (auctore) traditæ essent : id ita *Lege XII Tabularum* cautum erat. (Ibid. Lib. 2. §. 47.)

Fr. 3.   (V. 1.) VTI. LEGASSIT. SVPER. PECVNIA. TVTELAVE. SVÆ. REI. ITA. IVS. ESTO. (Ulpian, *Fragm.* Tit. 11. §. 14.)

Fr. 4.   (V. 2.) SI. INTESTATO. MORITVR. CVI. SVVS. HERES. NEC. SIT. ADGNATVS. PROXIMVS. FAMILIAM. HABETO. (Ibid. Tit. 26. §. 1.)

Fr. 5.   (V. 3.) SI. AGNATVS. NEC. ESCIT. GENTILIS. FAMILIAM. NANCITOR. (*Collat. Legg. Mosaic. et Romanar.* Tit. 16. §. 4.)

Fr. 6. (V. 7.) Quibus testamento quidem tutor datus non sit, iis ex *Lege XII* agnati sunt tutores, qui vocantur legitimi. (Gaius, Institution. Lib. 1 § 155.)

Fr. 7. (V. 8.) SI. FVRIOSVS. EST. AGNATORVM. GENTILVMQVE. IN. EO. PECVNIAQVE. EIVS. POTESTAS. ESTO.—AST. EI. CVSTOS. NEC. ESCIT.—(Cicero, *De invent. rhetor.* Lib. 2. c. 5o. Festus, v. *Nec.*)

Fr. 8. (V. 4.) Civis romani liberti hereditatem *Lex XII Tabularum* patrono defert, si intestato sine suo herede libertus decesserit.— *Lex :* « EX. EA. FAMILIA. inquit, IN. EAM. FAMILIAM.» (Ulpian, *Fragm.* Tit. 29. §. 1. Fr 195. §. 1.D. *de verbor. signif.*)

Fr. 9. (V. 5.) Ea, quæ in nominibus sunt, non recipiunt divisionem, cum ipso iure in portiones hereditarias ex *Lege XII Tabularum* divisa sint. (Const. 6. C. *famil. erciscund.*)

Fr. 10. (V. 6.) Hæc actio (sc. familiæ erciscundæ) proficisciture *Lege XII Tabularum* (Fr. 1. pr. D. *eod. tit.*)

TABULA VI.

Fr. 1. (VI. 1.) CVM. NEXVM. FACIET, MANCIPIVMQUE. VTI. LINGVA NVNCVPASSIT. ITA. IVS. ESTO. (Festus, v. *Nuncupata.*)

Fr. 2. (VI. 2.) Nam cum ex *XII Tabulis* satis esset ea præstari, quæ essent lingua nuncupata, quæ qui infitiatus esset dupli pœnam subiret; a iureconsultis etiam reticentiæ pœna est constituta. (Cicero, *De offic.* L. 3. c. 16.)

Fr. 3. (VI. 5.) Quod in re pari valet; valeat in hac, quæ par est, ut : *Quoniam usus auctoritas fundi biennium est, sit etiam ædium* : at in *Lege ædes* non apellantur, et sunt *ceterarum rerum, omnium, quarum annuus est usus.* (Cicero, *Topic. c. 4.*)

Fr. 4.   (VI. 6.) Usu in manum conveniebat, quæ anno continuo nupta perseverabat : — Itaque *Lege XII Tabularum* cautum (*erat*), si qua nollet eo modo in manum mariti conve (*nire ut, quotan*) nis trinoctio abesset, atque (*ita usum*) cuiusque anni interrumperet. (Gaius, Institution. Lib. 1. §. 111.)

Fr. 5.   (VI. 7.) SI QVI. IN. IVRE MANVM. CONSERVNT. (A. Gellius. Lib. 20. c. 10.)

Fr. 6.   (VI. 8.) Initium fuisse secessionis dicitur Virginius quidam qui cum animadvertisset Appium Claudium contra ius, quod ipse ex vetere iure in *XII Tabulas* transtulerat, vindicias filiæ suæ a se abdixisse, et secundum eum, qui in servitutem ab eo suppositus petierat, dixisse, captumque amore virginis omne fas ac nefas miscuisse. (Fr. 2. §. 24. D. *de orig. iur.*)

Fr. 7.   (VI. 9.) TIGNVM. IVNCTVM. ÆDIBVS. VINEÆQUE. ET. CONCAPET. NE. SOLVITO. Festus, v. *Tignum.*)

Fr. 8.   (VI. 10.) Quod providenter *Lex* (*XII Tabularum*) effecit, ne vel ædificia sub hoc prætextu diruantur, vel vinearum cultura turbetur; sed in eum, qui convictus est iunxisse, in duplum dat actionem. (Fr. 1. pr. D. *de tigno juncto.*)

Fr. 9.   (VI. 11.) QUANDOQVE. SARPTA. DONEC. DEMPTA. ERVNT. (Festus, v. *Sarpuntur.*)

TABULA VII.

Fr. 1.   (VII. 1.) Nam *ambitus* circumitus : ab eoque
XII Tabularum ambitum parietis circumitum
esse describunt. — *Lex* etiam *XII Tabularum*
argumento est, in qua duo pedes et semis *ses-*
tertius pes vocatur. (Varro, *de ling. lat.* Lib. 4.
c. 4. et Volusius Mæcianus, *de asse et ejus*
partib.)

Fr. 2.   (VII. 3.) Sciendum est, in actione finium re-
gundorum illud observandum esse, quod ad
exemplum quodam modo eius legis scriptum
est, quam Athenis *Solonem* dicunt tulisse; nam
illic ita est : Ἐάν τις αἱμασίαν παρ' ἀλλοτρίῳ
χωρίῳ ὀρύγῃ, τὸν ὅρον μή παραβαίνειν. ἐάν
τειχίον, πόδα ἀπολίπειν. ἐάν δὲ οἴκημα, δύο
πόδας. ἐάν δὲ τάφον ἢ βόθρον ὀρύττῃ, ὅσον τὸ
βάθος ᾖ, τοσοῦτον ἀπολίπειν. ἐάν δὲ φρέαρ,
ὀργυίαν. ἐλ: ἰάν δὲ, καὶ συκῆν, ἐννέα πόδας ἀπὸ
τοῦ ἀλλοτρίο φυτεύειν. τὰ τὲ ἄλλα δένδρα,
πέντε πόδας.   ·   Si quis sepoem ad
alienum prædium fixerit infoderitque, termi-
num ne excedito : si maceriam, pedem relinquito : si vero domum, pedes duos : si sepulchrum aut scrobem foderit, quantum profunditatis habuerint, tantum spatii relinquito : si
puteum, passus latitudinem · at vero oleam
aut ficum ab alieno ad novem pedes plantato,
ceteras arbores ad pedes quinque (Fr. *fin.* D.
finium regund.)

Fr. 3.   (VIII. 6.) — HORTVS. — HEREDIVM. — TVGV-
RIVM. — (Plinius, *Hist. Natur.* Lib. 19. c. 4.
§. 1.)

Fr. 4. et 5. (VIII. 4. 5.) Ex hac autem, non rerum, sed verborum, discordia controversia nata est de finibus : in qua quoniam usucapionem *XII Tabulæ* intra quinque pedes esse noluerunt, depasci veterem possessionem Academiæ ab hoc acuto homine non sinemus , nec *Mamilia lege* singuli, sed ex his tres arbitri fines regemus.— Si. ivrgant.—(Cicero, *de Legib*. Lib. 1. c. 21. et Nonius Marcellus, *De propriet. sermon.* c. 5. §. 34.)

Fr. 6.   (VIII. 10.) Viæ latitudo ex *Lege XII Tabularum* in porrectum octo pedes habet; in anfractum, id est ubi flexum est, sedecim. (Fr. 8. D. *servitutib. prœd. rustic.*)

Fr. 7.   (VIII. 11.) Si via sit immunita, jubet (*Lex*) qua velit agere iumentum. (Cicero, pro *Cæcina* c. 19.)

Fr. 8.   (VIII. 9.) Si per publicum locum rivus aquæductus privato nocebit, erit actio privato ex *Lege XII Tabularum* , ut noxæ domino caveatur.—Si. aqva. plvvia. nocet. — (Fr. 5. D. *Ne quid in loco public.* et Fr. 21. D. *de statulib,*)

Fr. 9.   (VIII. 7.) Quod ait prætor, et *Lex XII Tabularum* efficere voluit, ut quindecim pedes altius rami arboris circumcidantur; et hoc idcirco effectum est, ne umbra arboris vicino prædio noceret. (Fr. 1. §. 8. D. *de arborib. cœdend.*)

Fr. 10.   (VIII. 8.) Cautum est præterea *Lege XII Tabularum* , ut glandem in alienum fundum procidentem liceret colligere. (Plinius, *Histor. Natur.* Lib. 16. c. 5.)

Fr. 11.   (VI. 4.) Venditæ vero res et traditæ non aliter emtori adquiruntur, quam si is venditori pretium solverit, vel alio modo satisfecerit, ve-

luti ex promissore ut pignore dato. Quod ca
vetur quidem et *Lege XII Tabularum* tamen
recte dicetur, et iure gentium, id est iuri naturali, id effici. (§. 41. *Inst. de rer. divis.*)

Fr. 12.   (VI. 3.) Sub hac conditione liber esse iussus,
si decem millia heredi dederit, etsi ab herede ab-
alienatus sit, emtori dando pecuniam ad libertatem perveniet : idque *Lex XII Tabularum*
iubet. (Ulpian. *Fragm.* Tit. 2. §. 4.)

TABULA VIII.

Fr. 1.   (VII. 8.) Nostræ contra *XII Tabulæ* cum per-
paucas res capite sanxissent, in his hanc quoque sanciendam putaverunt : « *Si quis occenta-*
» *visset, sive carmen condidisset, quod infamiam*
» *faceret flagitiumve alteri.* » (Cicero, *De Republ.* Lib. 4. apud Augustinum, *De civitat. Dei*
Lib. 2. c. 9.)

Fr. 2.   (VII. 9.) Si membrvm. rvpt. ni. cvm. eo. pacit.
talio. esto. (Festus, v. *Talionis.*)

Fr. 3.   (VII. 10.) Propter os vero fractum aut colli-
sum trecentorum assium pœna erat (ex *Lege
XII Tabularum*), velut si libero os fractum erat;
at si servo, centum et quinquaginta. (Gaius,
Institution. Lib. 3. §. 223.)

Fr. 4.   (VII. 7.) Si. inivriam. faxit. alteri. viginti.
qvinqve. æris. poenæ. svnto. (A. Gellius, Lib.
20. c. 1.)

Fr. 5.   (VII. 2.) — Rvpitias. — sarcito. — (Festus, v.
Rupitias.

Fr. 6.   (VII. 5.) Si quadrupes pauperiem fecisse dicetur, actio ex *Lege XII Tabularum* descendit;

quæ lex voluit aut dari id, quod nocuit, id est
id animal, quod noxiam commisit, aut æstima-
tionem noxiæ offerre. (Fr. 1 pr. D. *Si quadrup.
pauper.*)

Fr. 7.   (VII. 5.) Si glans ex arbore tua in meum fundum cadat, eamque ego immisso pecore depas-
cam. Aristo scribit non sibi ocurrere legitimam
actionem, qua experiri possim; nam neque ex
Lege XII Tabularum de pastu pecoris, quia
non in tuo pascitur, neque de pauperie, neque
damni iniuræ agi posse. (Fr. 14. §. 3. D. *de præ-
scr. verb.*)

Fr. 8.   (VII. 3.) — QVI. FRVGES. EXCANTASSIT. — NEVE.
ALIENAM. SEGETEM. PELLEXERIS. — (Plinius, *Hist.
Natur.* Lib. 28. c. 2. et Servius ad Virgilii
Eclog. VIII. v. 99.)

Fr. 9.   (VII. 4.) Frugem quidem aratro quæsitam fur-
tim noctu pavisse ac secuisse puberi *XII Tabulis* capitale erat, suspensumque Cereri necari
iubebant; gravius quam in homicidio convic-
tum; impuberem Prætoris arbitratu verberari,
noxiamque duplione decerni. (Plinius, *Hist.
Natur.* Lib. 18. c. 3.)

Fr. 10   (VII. 6.) Qui ædes, acervmve frumenti iuxta
domum positum combusserit, vinctus verbera-
tus igni necari iubetur, si modo sciensprudens-
que id comiserit : si vero casu, id est negligen-
tia, aut noxiam sarcire iubetur, aut si minus
idoneus sit, levius castigatur. (Fr. 9. D. *de incend. ruina naufrag.*)

Fr. 11.   (II. 11.) Fuit et arborum cura legibus priscis;
cautumque est *XII Tabulis*, ut qui iniuria ce-
cidisset alienas, lueret in singulas æris XXV.
(Plinius, *Hist. Natur.* Lib. 17. c. 1.)

Fr. 12   (II. 4.) Si. nox. fvrtvm. factvm. sit. si. im.
    occisit. ivre. cæsvs. esto. (Macrobius, *Saturnal.*
    Lib. 1. c. 4.)

Fr. 13.   (II. 8.) Furem interdiu deprehensum non
    aliter occidere *Lex XII Tabularum* permisit,
    quam si telo se defendat. (Fr. 54. §. 2. D. *de
    furt.*)

Fr. 14.   (II. 5.—7.) Ex ceteris autem manifestis furi-
    bus liberos verberari addicique iusserunt (sc.
    Decemviri) ei, cui factum furtum esset, si modo
    id luci fecissent, neque se telo defendissent :
    servos item furti manifesti prensos verberibus
    affici et e saxo præcipitari; sed pueros impube-
    res Prætoris arbitratu verberari voluerunt,
    noxamque ab his factam sarciri. (A. Gellius
    Lib. 11. c. 18.)

Fr. 15.   (II. 9.) Concepti et oblati (sc. furti) pœna ex
    Lege XII Tabularum tripli est. — Præcepit
    (*Lex*) ut, qui quærere velit, nudos quærat,
    linteo cinctus, lancem habens; qui si quid in-
    venerit, iubet id Lex furtum manifestum esse.
    (Gaius, Instit. Lib. 3. §. 191. 192.)

Fr. 16.   (II. 10.) Si. adorat. fvrto. qvod. nec. mani-
    festvm. escit.—Nec manifesti furti pœna per
    Legem XII Tabularum dupli irrogatur. (Fes-
    tus, v. *Nec.* et Gaius, Institution. Lib. 3. §.
    190.)

Fr. 17.   (II. 13.) Furtivam (rem) *Lex XII Tabula-
    rum* usucapi prohibet. (Gaius, ibid. Lib. 2.
    §. 45.)

Fr. 18.   (III. 2.) Nam primo *XII Tabulis* sanctum;
    ne quis unciario fœnore amplius exerceret. —
    Maiores nostri sic habuerunt, itaque in Legi
    bus posuerunt, furem dupli damnari, fœnera-

torem quadrupli. (Tacitus, *Annal.* Lib. 6. c. 16. et Cato, *De re rust.* in Prœm.)

Fr. 19.   (III. 1.) Ex causa depositi *Lege XII Tabularum* in duplum actio datur. (Paulus, *Rec. sentent.* Lib. 2. Tit. 12. §. 11.)

Fr. 20.   (VII. 16.) Sciendum est, suspecti crimen e *Lege XII Tabularum* descendere.—Sed si ipsi tutores rem pupilli furati sunt, videamus an ea actione, quæ proponitur ex *Lege XII Tabularum* adversus tutorem in duplum, singuli in solidum teneantur. (Fr. 1. §. 2. D. *De suspect. tutor.* et Fr. 55. §. 1. D. *De admin. et peric.*)

Fr. 21.   (VII. 17.) Patronvs. si. clienti. fravdem. fecerit. sacer. esto. (Servius ad Virgilii *Æneid.* VI. v. 609.)

Fr. 22.   (VII. 11.) Qvi. se. sierit. testarier. libripensve. fverit. ni. testimonivm. fariatvr. improbvs. intestabilisqve. esto. (A. Gellius, Lib. 15. c. 13.)

Fr. 23.   (VII. 12.) An putas. — si non illa etiam ex *XII Tabulis* de testimoniis falsis pœna abolevisset, et si nunc quoque, ut antea, qui falsum testimonium dixisse convictus esses, e saxo Tarpeio deiiceretur, mentituros fuisse pro testimonio tam multos, quam videmus? (A. Gellius, lib. 20. c. 1.)

Fr. 24.   (VII. 13.) Homicidli pœna. (Plinius, *Histor. Natur.* Lib. 18. c. 3.

Fr. 25.   (VII. 14.) Qvi malvm. carmen. incantasset. — malvm. venenvm.— (Ibid. Lib. 28. c. 2. et Fr. 236. pr. D. *De verb. signif.*)

Fr. 26.   (IX. 6.) Primum *XII Tabulis* cautum esse cognoscimus, ne quis in urbe cœtus nocturnos agitaret. (Porcius Latro. *Declamat. in Catilinam.* c. 19.)

Fr. 27.   (VIII. 2.) Sodales sunt, qui eiusdem collegii sunt.—His autem potestatem facit *Lex*, pactionem quam velint sibi ferre, dum ne quid ex publica lege corrumpant (Fr. 4. D. *De colleg. et corporib.*)

___

TABULA IX.

Fr. 1.   (IX. 1.) Vetant *XII Tabulæ* leges privis hominibus irrogari. (Cicero, *Pro domo.* c. 17.)

Fr. 2.   (IX. 4.) Tum leges præclarissimæ de *XII Tabulis* translatæ duæ : quarum—altera de capite civis rogari, nisi maximo comitiatu, vetat. (Id. *De Legibus.* Lib. 3. c. 19.)

Fr. 3.   (IX. 3.) Dure autem scriptum esse in istis, *Legibus* (sc. *XII Tabularum*) quid existimari potest? nisi duram esse legem putas, quæ iudicem arbitrumve iure datum, qui ob rem dicendam pecuniam accepisse convictus est, capite pœnitur. (A. Gellius. Lib. 20. c. 1.)

Fr. 4.   (IX. 5.) Quæstores contituebantur a populo, qui capitalibus rebus præessent : hi appellabantur quæstores parricidii : quorum etiam meminit *Lex XII Tabularum.*—Ab omni iudicio pœnaque provocari licere, indicant *XII Tabulæ.* (Fr. 2. §. 23. D. *De orig. iur.* et Cicero, *De Republ.* Lib. 2. c. 31. ed. *Ang. Maio.* Rom. 1822. 4°.)

Fr. 5.   (IX. 7.) *Lex XII Tabularum* iubet, eum qui hostem concitaverit, quive civem hosti tradiderit, capite puniri. (Fr. 3. pr. D. *ad Leg. Ju- maiestat.*)

TABULA X.

Fr. 1.   (X. 2.) HOMINEM. MORTVVM. IN. VRBE. NE. SE-
PELITO. NEVE VRITO.(Cicero, *De Legibus*. Lib. 2.
c. 23.)

Fr. 2.   (X. 4. 5.) HOC. PLVS. NE. FACITO. — ROGVM.
ASCIA. NE. POLITO. (Ibid.)

Fr. 3 et 4. (X. 6. 7.) Extenuato igitur sumtu, tribus
riciniis et vinculis purpuræ, et decem tibicini-
bus, tollit (*Lex XII Tabularum*) etiam lamen-
tationem: MVLIERES. GENAS. NE. RADVNTO. NEVE
LESSVM. FVNERIS. ERGO. HABENTO. (Ibid.)

Fr. 5.   (X. 8.) Cetera item funebria, quibus luctus
augetur, XII. sustulerunt : HOMINI. inquit,
MORTVO. NE. OSSA. LEGITO. QVO. POST. FVNVS. FA-
CIAT. Excipit bellicam peregrinamque mortem.
(Cicero, *De Legibus*. Lib. 2. c. 24.)

Fr. 6.   (X. 8.10.) Hæc præterea sunt *Legibus* de unctura, quibus servilis unctura tellitur omnisque
circumpotatio : quæ et recte tolluntur, neque
tollerentur nisi fuissent. Ne sumtuosa respersio,
sio, ne longæ coronæ, nec acerræ prætereantur.
(Ibid.)

Fr. 7.   (X. 11.) Inde illa *XII Tabularum* lex : QVI.
CORONAM. PARIT. IPSE. PECVNIAVE. EIVS. VIRTUTIS.
ERGO. DVITOR. EI. Quam servi equivé meruissent,
pecunia partam lege dici nemo dubitavit. Quis
ergo honos ? Ut ipsi mortuo parentibusque
eius, dum intus positus esset, forisve ferretur,
sine fraude esset imposita. (Plinius, *Histor.
Nat.* Lib. 21. c. 3.)

Fr. 8.   (X. 12.) Ut uni plura fierent, lectique plures
sternerentur, id quoque ne fieret *Lege* sanctum
est. (Cicero, al. l.)

Fr. 9.   (X. 13.) NEVE. AVRVM. ADDITO. QVOI. AVRO. DENTES. VINCTI. ESCVNT. AST. IM. CVM. ILLO. SE-PELIRE, VREREVE. SE. FRAVDE. ESTO. (Ibid.)

Fr. 10.   (X. 14.) Rogum bustumve novum vetat (*Lex XII Tabularum*) propius sexaginta pedes adiici ædeis alienas invito domino. (Ibid.)

Fr. 11.   (X. 15.) Quod autem *forum*, id est vestibu-lum sepulchri, *bustumve* usucapivetat (sc. *Lex XII Tabularum*) tuetur ius sepulchrorum. (Ibid.)

TABULA XI.

Fr. 1.   (XI. 2.) Hoc ipsum, ne connubium *patribus cum plebe esset*, non Decemviri tulerunt ? (Li-vius. Lib. 4. c. 4.)

TABULA XII.

Fr. 1.   (XII. 1.) Lege autem introducta est pignoris capio, velut *Lege Tabularum* adversus eum, qui hostiam emisset, nec pretium redderet; item adversus eum, qui mercedem non redde-ret pro eo iumento, quod quis ideo locasset, ut inde pecuniam acceptam in dapem, id est iu sacrificium impenderet. (Gaius, Institution. Lib. 4. §. 28.

Fr. 2.   (XII. 4.) Nam in *Lege antiqua*, si servus sciente domino furtum fecit, vel aliam noxam comisit, servi nomine actio est noxalis, nec dominus suo nomine tenetur. — SI SERVVS. FVR-TVM. FAXIT. NOXIAMVE. NOCVIT. (Fr. 2. §. 1. D. *De noxal. action.*)

Fr. 3. (XII. 3.) Si. vindiciam. falsam. tvlit..... si. velit. is..... tor. arbitros. tres. dato. eorvm. arbitrio.....frvctvs. dvplione. damnvm. decidito. (Festus, v. *Vindiciæ*.)

Fr. 4. (XII. 2.) Rem, de quâ controversia est, prohibemur in sacrum dedicare; alioquin dupli pœnam patimur. (Fr. 3. D. *De litigios*.)

Fr. 5. (XI. 1.) In *XII Tabulis* legem esse, ut quodcunque postremum populus iussisset, id ius ratumque esset. (Livius, 7. c. 17.)

APPENDIX II.

EDICTI PRÆTORII

ATQUE ÆDILITII SENTENTIÆ

QUÆ SUPERSUNT.

A.

EDICTUM PRÆTORIS *.

De Jurisdictione.

1. Qui magistratum potestatemve habebit, si quid in aliquem juris novi statuerit, ipse quandoque adversario postulante eodem jure uti debet. Si quis apud eum, qui magistratum potestatemve habebit, aliquid novi juris obtinuerit, quandoque posteà adversario ejus postulante, eodem jure adversus eum decernetur : scilicet, ut quod ipse quis in alterius persona æquum esse credidisset, id in ipsius quoque persona valere patiatur. Fr. 1. §. 1. *Quod quisque juris in alterum*. (III.)

De Edendo.

2. Argentariæ mensæ exercitores rationem, quæ ad se pertinet, edant adjecto die et consule. Fr. 4. pr. *de Edendo*. (IV.)

---

* Numerus romanus adjectus respicit numerum librorum ab *Ulpiano* ad utrumque Edictum scriptorum.

3. Argentario cive, qui iterum edi postulabit, caussa cognita edi jubebo. Fr. 6. §. 8. *eod.* (IV.)

De Pactis.

4. Pacta conventa, quæ neque dolo malo, neque adversus leges, plebiscita, senatusconsulta, edicta Principum, neque quo fraus cui eorum fiat, facta erunt, servabo. Fr. 7. §. 7 *de pactis.* (IV.)

De In jus vocando.

5. Parentem, patronum, patronam, liberos, parentes patroni, patronæ in jus sine permissu meo ne quis vocet. Fr. 4. §. 1. *de In jus vocando.* (V.)

6. Si quis parentem, patronum, patronam, liberos, aut parentes patroni, patronæ, liberosve suos, eumve, quem in potestate habebit, vel uxorem, vol nurum in judicium vocabit : qualiscumque fidejussor judicio sistendi caussa accipiatur. Fr. 2. §. 2. *Qui satisdare cogantur.* (V.)

7. In bona ejus, qui judicio sistendi caussa fidejussorem dedit, si neque potestatem sui faciet, neque defenderetur, iri jubebo. Fr. 2. pr. *Quibus ex caussis in possess. eatur.* (V.)

De Postulando.

8. . . . . Qui lege, plebiscito, senatusconsulto, edicto, decreto principum, nisi pro certis personis, postulare prohibentur, hi pro alio, quam pro quo licebit, in jure apud me ne postulent. Qui ex his omnibus, qui supra scripti sunt, in integrum restitutus non erit, pro alio ne postulet, præterquam pro

parente, patrono, patrona, liberis parentibusque patroni, patronæ; liberisve suis, fratre, sorore, uxore; socero, socru, genero, nuru, vitrico, noverca, privigno, privigna, pupillo, pupilla, furioso, furiosa, cui eorum a parente, aut de majoris partis tutorum sententia, aut ab eo, cujus de ea re jurisdictio fuit, ea tutela curatiove data erit. Fr. 1. §. 8. 9. 11. Fr. 3. pr. *de Postulando*. (vi.)

De His, qui notantur infamia.

9. Infamia notatur, qui ab exercitu ignominiæ caussa ab imperatore eove, cui de ea re statuendi potestas fuerit, dimissus erit. Qui artis ludicræ pronunciandive caussa in scenam prodierit. Qui lenocinium fecerit. Qui in judicio publico calumniæ prævaricationisve caussa quid fecisse judicatus erit. Qui furti, vi bonorum raptorum, injuriarum, de dolo malo et fraude, suo nomine damnatus pactusve erit. Qui pro socio, tutelæ, mandati, depositi, suo nomine, non contrario judicio, damnatus erit. Qui eam, quæ in potestate ejus esset, genero mortuo, quum eum mortuum esse sciret, intra id tempus, quo elugere virum moris est, antequam virum elugeret, in matrimonium collocaverit, eamve sciens quis uxorem duxerit, non jussu ejus, in cujus potestate est; et qui eum, quem in potestate haberet, eam, de qua supra comprehensum est, uxorem ducere passus fuerit. Quive suo nomine, non jussu ejus, in cujus potestate esset, ejusve nomine, quem quamve in potestate haberet, bina sponsalia binasve nuptias in eodem tempore constitutas habuerit. Fr. 1. *de His, qui not. infam.* (*Julianus Lib.* 1. *ad edictum.*) *Fragmm. Vatice.* §. 319.

De Procuratoribus.

10*. Alieno nomine, item per alios agendi, potestatem non faciam in his caussis, in quibus neve dent cognitorem, neve dentur, edictum comprehendit. *Fragmm. Vaticc.* §. 321.

10ᵇ. Procuratorem ad litem suscipiendam datum, pro quo consentiente dominus judicatum solvi exposuit, judicium accipere cogam. Fr. 8. §. 3. *de Procurat. et defens.* (VIII.)

11. Cujus nomine quis actionem dari sibi postulabit is eum viri boni arbitratu defendat : et ei, quo nomine aget, id ratum habere eum, ad quem ea res pertinet, viri boni arbitratu satisdet. Fr. 33. §. 3. *eod.* (IX.)

De Negotiis gestis.

12. Si quis negotia alterius, sive quis negotia, quæ cujusque, quum is moritur, fuerint, gesserit : judicium eo nomine dabo. Fr. 3. pr. *de Negot. gest.* (X.)

De In integrum restitutionibus.

13. Quod metus caussa gestum erit, ratum non habebo. Fr. 1. *Quod metus caussa.* (XI.)

14. Quæ dolo malo facta esse dicentur, si de his rebus alia actio non erit, et justa caussa esse videbitur, judicium dabo. Fr. 1. §. 1 *de Dolo malo.* (XI.)

15. Quod cum minore, quam viginti quinque annis natu, gestum esse dicetur, uti quæque res erit, animadvertam. Fr. 1. *de Minor.* (XI.)

16. Qui, quæve posteaquam quid cum his actum contractumve sit, capite deminuti deminutæ esse di-

centur, in eos easve perinde quasi id factum non sit, judicium dabo. Fr. 2. §. 1. *de Capite minut.* (xii.)

17. Si cujus quid de bonis, quum is metu, aut sine dolo malo, reipublicæ caussa abesset : inve vinculis, servitute, hostiumque potestate esset : sive cujus actionis eorum cui dies exisse dicetur ; item, si quis quid usu suum fecisset, aut, quod non utendo amisit *, consequutus, actioneve qua solutus ob id, quod dies ejus exierit, quum absens non defenderetur, inve vinculis esset, secumve agendi potestatem non faceret : aut quum eum invitum in jus vocari non liceret, neque defenderetur : quumve magistratus de ea re adpellatus esset, sive cui pro magistratu, sine dolo ipsius actio exemta esse dicetur : earum rerum actionem intra annum, quo primum de ea re experiundi potestas erit ; item si qua alia mihi justa caussa esse videbitur, in integrum restituam, quod ejus per leges, plebiscita, senatusconsulta, edicta, decreta principum, licebit. Fr. 1. §. 1. *Ex quibus causs. mai.* (xii.)

* In Fr. 21. *Cod. quod non utendo sit amissum.*

18. Quod eo auctore, qui tutor non fuerit, *gestum esse dicetur*, si id actor ignoravit, dabo in integrum restitutionem. In eum, qui, quum tutor non esset, dolo malo auctor factus esse dicetur, judicium dabo, ut, quanti ea res erit, tantam pecuniam condemnetur. Fr. 1. §. 1. 6. Fr. 7. pr. *Quod falso tutore auct.* (xii).

De Nautis, cauponibus et stabulariis, recepta ut restituant.

19. Nautæ, caupones, stabularii quod cujusque salvum fore receperint, nisi restituent, in eos judicium dabo. Fr. 1. pr. *Naut. caup. stabul.* (xiv.)

De Publiciana in rem actione.

20. Si quis id, quod traditur ex justa caussa, non a domino, et nondum usucaptum petet, judicium dabo. Fr. 1. pr. *de Public. in rem act.* (XVI.)

De Jurejurando voluntario.

21. Si is, cum quo agetur, conditione delata, juraverit, ... ejus rei, de qua jusjurandum delatum fuerit, neque in ipsum, neque in eum, ad quem ea res pertinet, actionem dabo. Fr. 3. pr. Fr. 7. *de Jurejurando.* (XXII.)

De His, qui effuderint vel dejecerint.

22. Unde in eum locum, quo vulgo iter fiet, vel in quo consistetur, dejectum vel effusum quid erit, quantum ex ea re damnum datum factumve erit, in eum, qui ibi habitaverit, in duplum judicium dabo. Si eo ictu homo liber perisse dicetur, quinquaginta aureorum judicium dabo. Si vivet, nocitumque ei esse dicetur, quantum ob eam rem æquum judici videbitur eum, cum quo agetur, condemnari, tanti judicium dabo. Si servus insciente domino fecisse dicetur, in judicio adjiciam : aut noxam dedere. Fr. 1. pr. *de His, qui effud. vel dejec.* (XXIII.)

23. Ne quis in suggrunda protectove, supra eum locum, qua vulgo iter fiet, inve quo consistetur, id positum habeat, cujus casus nocere cui possit. Qui adversus ea fecerit, in eum solidorum decem in factum judicium dabo, si servus insciente domino fe-

cisse dicetur, aut noxæ dedi jubebo. Fr. 5. §. 9.
eod. (XXIII.)

24. Si is, in cujus potestate esse dicetur, negavit,
se in sua potestate servum habere, utrum actor volet,
vel dejerare jubebo, in potestate sua non esse, neque
se dolo malo fecisse, quo minus esset, vel judicium
dabo sine noxæ deditione. Fr. 21. §. 2. *de Noxal.
act.* (XXIII.)

De Servo corrupto.

25. Qui servum, servam, alienum, alienam recepisse, persuasisseve quid ei dicetur dolo malo, quo
eum, eam deteriorem faceret, in eum, quanti ea res
erit, in duplum judicium dabo. Fr. 1. pr. *De Servo
corrupto.* (XXIII.)

De Aleatoribus.

26. Si quis eum, apud quem alea lusum esse dicetur, verberaverit, damnumve ei dederit, sive quid eo
tempore dolo ejus subtractum est, judicium non dabo:
in eum, qui aleæ ludendæ caussa vim intulerit uti
quæque res erit, animadvertam. Fr. 1. pr. *de Alea-
tor.* (XXIII.)

De Religiosis et sumtibus funerum.

27. Sive homo mortuus, ossave hominis mortui, in
locum purum alterius, aut in id sepulcrum, in quo
jus non fuerit, illata esse dicentur : qui hoc fecit in
factum actione tenetur, et pœna pecuniaria subjicietur.
Fr. 2. §. 2. *de Relig. et sumtib. fun.* (XXXV.)

28. Quod funeris caussa sumtus factus erit, ejus re-

ciperandi nomine in eum , ad quem ea res pertinet ,
judicium dabo. Fr. 12. §. 2. *eod.*

De Sepulchro violato.

29. Cujus dolo malo sepulchrum violatum esse dicetur, in eum factum judicium dabo : ut ei, ad quem
pertineat, quanti ob eam æquum videbitur, condemnetur. Si nemo erit, ad quem pertineat, sive agere
nolet : quicumque agere volet , ei centum aureorum
actionem dabo. Si plures agere volent, cujus justissima
caussa esse videbitur, ei agendi potestatem faciam.
Si quis in sepulcro dolo malo habitaverit, ædifi-
ciumve aliud, quam quod * sepulcri caussa factum
sit, habuerit : in eum, si quis eo nomine agere volet,
ducentorum aureorum judicium dabo. Fr. 3. *de Se-*
pulcro violato. (xxv. *vulgo.* xx.)

* Flor. *quamque.*

De Jurejurando necessario.

3o. Eum, a quo jusjurandum petetur, solvere aut
jurare cogam. (Sacerdotem Vestalem et Flaminem
Dialem in omni mea jurisdictione jurare non cogam.)
Fr. 34. §. 6. *de Jurejurando.* (xxvi.) *Gellius.* N. A.,
x. 15.

De coistituta pecunia.

31. Qui pecuniam debitam constituit, si adpareat,
eum qui constituit, neque solvere, neque fecisse rerum, quod continuit *, neque per actorem stetisse **,
quo minus fieret, quod constitutum est, eamque pecuniam, quum constituebatur. debitam fuisse, *judi-*

cium dabo. Fr. 1. §. 1. Fr. 16. §. 2. 4. Fr. 18. pr. §. 1.
de Pecun. constit. (xxvii.)

* Addidimus hæc e Fr. 16.

** *Stetisse* rectius habet Fr. 18. pr. quam *stetit* Fr. 16. §. 2. *Guil.*
a Teisterbant *dicti Bilderdyk* Obss. et Emendd. 2. 38.

De Commodato.

32. Quod quis commodasse dicetur, de eo judicium
dabo. L. 1. pr. *Commod.* (xxviii.)

Quod cum eo, qui in aliena potestate est, negotium gestum esse dicetur.

33. In eum, qui emancipatus, aut exheredatus
erit, quive abstinuit se hereditate ejus, cujus in po
testate, quum moritur, fuerit, ejus rei nomine, quæ
cum eo contracta erit, quum is in potestate esset,
sive sua voluntate, sive jussu ejus, in cujus potestate
erit, contraxerit, sive in peculium ipsius, sive in pa
trimonium ejus, cujus in potestate fuerit, ea res re-
dacta fuerit, actionem caussa cognita, dabo in
quod facere potest Fr. 2. pr. *Quod cum eo, qui in*
al. pot. (xxix.)

De Peculio.

34. Post mortem ejus, qui in alterius potestate fuerit, posteave, quam is emancipatus, manumissus,
alienatusve fuerit, dumtaxat de peculio, et si quid
dolo malo ejus, in cujus potestate est, factum erit,
quo minus peculii esset, in anno, quo primum de ea
re experiundi potestas erit, judicium dabo. Fr. 1. pr.
Quando de pecul. act. annal. (xxix.)

De Deposito.

35. Quod neque tumultus, neque incendii, neque
ruinæ, neque naufragii caussa depositum sit, in simplum, ex earum autem rerum, quæ supra compre-
hensæ sunt, in ipsum, in duplum, in heredem ejus,
quod dolo malo ejus factum esse dicetur, qui mortuus
sit, in simplum, quod ipsius, in duplum judicium
dabo. Fr. 1. §. 1. *Depos.* (xxx.)

De inspiciendo ventre custodiendoque partu.

36. Si mulier mortuo marito prægnantem se esse
dicet, his, ad quos ea res pertinebit, procuratorive
eorum, bis in mense denunciandum curet, ut mittant,
si velint, quæ ventrem inspicient. Mittantur autem
mulieres liberæ dumtaxat quinque : hæque simul omnes inspiciant : dum ne qua earum, dum inspicit,
invita muliere ventrem tangat. Mulier in domu ho-
nestissimæ feminæ pariat, quam ego constituam.
Mulier ante dies triginta, quam parituram se putat,
denunciet his, ad quos ea res pertinet, procuratoribusve eorum, ut mittant, si velint, qui ventrem
custodiant. In quo conclavi mulier paritura erit, ibi
ne plures aditus sint, quam unus : si erunt, ex utraque
parte tabulis præfigantur. Ante ostium ejus conclavis
liberi tres, et tres liberæ cum binis comitibus custodiant. Quotiescumque ea mulier in id conclave aliudve
quod, sive in balineum ibit, custodes, si velint, id
ante prospiciant, et eos, qui introierint, excutiant.
Custodes, qui ante conclave positi erunt, si volunt,
omnes, qui conclave aut domum introierint, excu-

tiant. Mulier, quum parturire incipiat, his, ad quos
ea res pertinet, procuratoribusve eorum denunciet,
ut mittant, quibus praesentibus pariat. Mittantur mulieres liberae dumtaxat quinque : ita ut, praeter
obstetrices duas, in eo conclavi ne plures mulieres
liberae sint, quam decem : ancillae, quam sex. Hae,
quae intus futurae erunt, excutiantur omnes in eo
conclavi, ne qua praegnans sit. Tria lumina, ne minus,
ibi sint : scilicet, quia tenebrae ad subjiciendum ap-
tiores sunt. Quod natum erit, his, ad quos ea res
pertinet, procuratoribusve eorum, si inspicere volent,
ostendatur. Apud eum educetur, apud quem parens
jusserit. Si autem nil parens jusserit, aut is, apud quem
voluerit educari, curam non recipiet : apud quem
educetur, caussa cognita constituam. Is, apud quem
educabitur, quod natum erit, quoad trium mensum
sit, bis in mense : ex eo tempore, quoad sex mensum
sit, semel in mense : a sex mensibus, quoad anniculus
fiat, alternis mensibus : ab anniculo, quoad fari
possit, semel in sex mensibus, ubi volet, ostendat. Si
cui ventrem inspici, custodirive, adesse partui licitum
non erit, factumve quid erit, quo minus ea ita fiant,
uti supra comprehensum est : ei, quod natum erit,
possessionem caussa cognita non dabo. Sive quod natum erit, ut supra cautum est, inspici non licuerit,
quas utique actiones me daturum polliceor his, quibus
ex Edicto meo bonorum possessio data sit : eas, si
mihi justa caussa videbitur esse, ei non dabo Fr. 1. §
10. *de Inspic. Ventre*. (XXXIV. *vulgo* XXIV.)

De Furtis.

37. Quod familia publicanorum furtum fecisse dicetur, item si damnum injuria fecerit, et id, ad quos

ea res pertinet, non exhibetur, in dominum sine noxæ deditione judicium dabo. Fr. 12. *de Publican. et vectig.* (XXXVIII.)

De Bonorum possessionibus.

38. Uti me quaque lege, senatusconsulto, bonorum possessionem dare oportebit, ita dabo. Fr. un. *Ut ex legibus senatusveconsultis b. p. det.* (XLIX.)

De Damno infecto.

39. Damni infecti suo nomine promitti, alieno satisdari jubebo ei, qui juraverit, non calumniæ caussa id se postulare, eumve, cujus nomine aget, postulaturum fuisse in eam diem, quam caussa cognita statuero. Si controversia erit, dominus sit, necne, qui cavebit : sub exceptione satisdari jubebo. De eo opere, quod in flumine publico ripave ejus fiet, in annos decem satisdari jubebo. Eum, cui ita non cavebitur, in possessionem ejus rei, cujus nomine, ut caveatur, postulabitur, ire, et, quum justa caussa esse videbitur etiam possidere jubebo. In eum, qui neque caverit, in possessione esse, neque possidere passus erit, judicium dabo : ut tantum præstet, quantum præstare eum oporteret, si de ea re ex decreto meo, ejusve, cujus de ea re jurisdictio fuit, quæ mea est, cautum fuisset. Ejus rei nomine, in cujus possessionem misero, si ab eo, qui in possessione erit, damni infecti nomine non satisdabitur : eum, cui non satisdabitur, simul in possessione esse jubebo. Fr. 7. *de Damno inf.* (LIII.)

De Publicanis et vectigalibus et commissis.

40. Quod publicanus ejus publicani nomine vi
ademerit, quodque familia publicanorum : si id resti-
tutum non erit, in duplum ; aut si post annum agetur,
in simplum judicium dabo. Item si damnum injuria,
furtumve factum esse dicetur : judicium dabo. Si id,
ad quos ea res pertinebit, non exhibebitur : in do-
minos sine noxæ deditione judicium dabo. Fr. 1. pr.
de Publican. et vectig. (LV.)

De Vi bonorum raptorum.

41. Si cui dolo malo, hominibus coactis, damni
quid factum esse dicetur, sive cujus bona rapta esse
dicentur, in eum, qui id fecisse dicetur, judicium
dabo. Item si servus fecisse dicetur, in dominum judicium noxale dabo. Fr. 2. pr. *Vi bonor. rapt.* (LVI.)

42. Cujus dolo malo in turba damnum quid factum
esse dicetur : in eum in anno, quo primum de ea re
experiundi potestas fuerit, in duplum ; post annum,
in simplum judicium dabo. Fr. 4. pr. *eod.* (LVI.)

De Incendio, ruina, naufragio, rate, nave expugnata.

43. In eum, qui ex incendio, ruina, naufragio,
rate, nave expugnata quid rapuisse, recepisse dolo
malo, damnive quid in his rebus dedisse dicetur : in
quadruplum in anno, quo primum de ea re experiundi
potestas fuerit : post annum, in simplum judicium
dabo : item in servum, et in familiam judicium dabo.
Fr. 1. pr. *de Incend., ruina, naufr.* (LVI.)

De Injuriis et famosis libellis.

44. Qui agit injuriarum, certum dicat, quid injuriæ factum sit. Fr. 7. pr. *de Injur.* (LVII.)

45. Qui adversus bonos mores convicium cui fecerit, cujusve opera factum esse dicetur, quo adversus bonos mores convicium fieret : in eum judicium dabo. Fr. 15. §. 2. *eod.* (LVII. *vulgo* LXXVII.)

46. Ne quid infamandi caussa fiat. Si quis adversus ea fecerit, prouti quæque res erit, animadvertam. *D. Fr.* 15. §. 25. (LVII. *vulgo* LXXVII.)

47. Qui servum alienum adversus bonos mores verberavisse, deve eo injussu domini quæstionem habuisse dicetur : in eum judicium dabo. Item si quid aliud factum esse dicetur, caussa cognita judicium dabo. *D. F.* 15. §. 34. (LVII. *vulgo* LXXVII.)

48. Si ei, qui in alterius potestate erit, injuria facta esse dicetur ; et neque is, cujus in potestate est, præsens erit, neque procurator quisquam existat, qui eo nomine agat : caussa cognita ipsi, qui injuriam accepisse dicetur, judicium dabo. Fr. 17. §. 10. *eod.* (LVII.)

De Bonis possidendis et vendendis.

49. Si his pupillus in suam tutelam venerit, cave pupilla viripotens fuerit, et recte defendetur : eos, qui bona possident, de possessione decedere jubebo. * Fr. 5. §. 2. *Quib. ex causs. in posses. eat.* (LIX.)

* Cf. supra num. 7.

50. Qui fraudationis caussa latitavit, si boni viri arbitratu non defendetur, ejus bona possideri vendique jubebo. Fr. 7. §. 1. *eod.* (LIX.)

51. Si tempus ad deliberandum petet, dabo. Si pupilli, pupillæ nomine postulabitur tempus ad deliberandum, an expediat eum hereditatem retinere, et hoc datum sit, si justa caussa esse videbitur : bona interea deminui, nisi si caussa cognita boni viri arbitratu, vetabo. Fr. 1. §. 1. Fr. 7. pr. *de Jure deliber.* (LX.)

52. Si quis quum in possessione bonorum esset, quod eo nomine fructus ceperit, ei, ad quem ea res pertinet, non restituat; sive quod impensæ sine dolo malo fecerit, ei non præstabitur; sive dolo malo ejus deterior caussa possessionis facta esse dicetur : de ea re judicium in factum dabo. Fr. 9. pr. *de Reb. auctorit. jud. possid.* (LXII.)

53. Quod postea contractum erit, quam is, cujus bona venierint, consilium receperit fraudare, sciente eo, qui contraxerit, ne actio eo nomine detur. Fr. 25. *eod.* (LXIV.)

54. Quæ fraudationis caussa gesta erunt cum eo, qui fraudem non ignoraverit, de his curatori bonorum, vel ei, cui de ea re actionem dare oportebit, intra annum, quo experiundi potestas fuerit, actionem dabo : idque etiam adversus ipsum, qui fraudem fecit, servabo. Fr. 1. pr. *Quæ in fraud. cred.* (LXVI.)

De Interdictis.

55. Quorum bonorum ex edicto meo illi possessio data est : quod de his bonis pro herede aut pro possessore possides, possideresve, si nihil usucaptum esset : quod quidem dolo malo fecisti, uti desineres possidere : id illi restituas. Fr. 1. pr. *Quor. bonor.* (LXVII.)

56. Quas tabulas Lucius Titius ad caussam testamenti sui pertinentes reliquisse dicetur, si hæ penes te sunt, aut dolo malo tuo factum est, ut desinerent esse : ita eas illi exhibeas. Item si libellus aliudve quid relictum esse dicetur, decreto comprehendam. Fr. 1. pr. *de Tabul. exhib.* (LXVIII.)

57. In loco sacro facere, inve eum immittere quid veto. Fr. 1. pr. *Ne quid in loco sacro.* (LXVIII.)

58. Quo quave illi mortuum inferre invito te jus est, quo minus illi eo eave mortuum inferre et ibi sepelire liceat, vim fieri veto. Fr. 1. pr. *de Mortuo infer.* (LXVIII. *al.* LX.)

59. Quo illi jus est invito te mortuum inferre, quo minus illi in eo loco sepulcrum sine dolo malo ædificare liceat; vim fieri veto. *D. F.* 1. §. 5. (LXVIII. *al.* LX.)

60. Ne quid in loco publico facias, inve eum locum immittas, qua ex re quid illi damni detur : præterquam quo lege, senatusconsulto, edicto, decretove principum tibi concessum est : de eo, quod factum erit, interdictum non dabo. Fr. 2. pr. *Ne quid in loco publ.* (LXVIII.)

61. In via publica itinereve publico facere, immittere quid, quo ea via, idve iter deterius sit, fiat, veto. *D. F.* 2. §. 20. (LXVIII.)

62. Quod in via publica itinereve publico factum, immissum habes, quo ea via, idve iter deterius sit, fiat, restituas. *D. F.* 2. §. 35. (LXVIII.)

63. Quo minus illi via publica itinereve publico ire agere liceat, vim fieri veto. *D. F.* 2. §. 45. (LXVIII.)

64. Quo minus loco publico, quem is, cui locandi jus fuerit, fruendum alicui locavit, ei, qui conduxit, sociove ejus, e lege locationis frui liceat, vim fieri veto. Fr. 1. pr. *de Loco publ. fruendo.* (LXVIII.)

65. Quo minus illi viam publicam, iterve publicum

aperire, reficere liceat, dum ne ea via, idve iter deterius fiat : vim fieri veto. Fr. 1. pr. *de via publ. et itin. pub. refic.* (LXVIII.)

66. Ne quid in flumine publico ripave ejus facias, ne quid in flumine publico neve in ripa ejus immittas, quo statio iterve navigio deterior sit, fiat. Fr. 1. pr. *de Flumin.* (LXVIII.)

67. Quod in flumine publico ripave ejus fiat, sive quid in id flumen ripamve ejus immissum habes, quo statio iterve navigio deterior sit, fiat, restituas. *D. F.* 1. §. 19. (LXVIII.)

68. In flumine publico inve ripa ejus facere, aut in id flumen ripamve ejus immittere, quo aliter aqua fluat quam priore æstate fluxit, veto. Fr. 1. pr. *Ne quid in flumine publico fiat.* (LXVIII.)

69. Quod in flumine publico ripave ejus factum, sive quid in flumen ripamve ejus immissum habes, si ob id aliter aqua fluit, atque uti priore æstate fluxit restituas. *D. F.* 1. §. 11. (LXVIII.)

70. Quo minus illi in flumine publico navem, ratem agere, quove minus per ripam onerare, exonerare liceat, vim fieri veto. Item ut per lacum, fossam, stagnum publicum navigare liceat, interdicam. Fr. un. pr. *Ut in flum. publ. navig.* (LXVIII.)

71. Quo minus illi in flumine publico ripave ejus opus facere, ripæ agrive, qui circa ripam est, tuendi caussa, liceat, dum ne ob id navigatio deterior fiat, si tibi damni infecti in annos decem, viri boni arbitratu vel cautum, vel satisdatum est, aut per illum non stat, quo minus viri boni arbitratu caveatur vel satisdetur, vim fieri veto. Fr. un. pr. *de Ripa mum.* (LXVIII.)

72. Unde tu illum vi dejecisti aut familia tua dejecit : de eo, quæque ille tunc ibi habuit, tantummodo

Intra annum, post annum de eo, quod ad eum, qui vi dejecit, pervenerit, judicium dabo. Fr. 1. pr. *de vi et vi arm.* (LXIX.)

73. Uti eas ædes, quibus de agitur, nec vi, nec clam, nec precario alter ab altero possidetis : quo minus ita possideatis, vim fieri veto. De cloacis hoc interdictum non dabo : neque pluris, quam quanti res erit, intra annum, quo primum experiundi potestas fuerit, agere permittam. Fr. 1. pr. *Uti possidetis.* (LXIX.)

74. Uti ex lege locationis sive conductionis, superficie, qua de agitur, nec vi, nec clam, nec precario alter ab altero fruemini, quo minus fruamini, vim fieri veto : si qua alia actio de superficie postulabitur, caussa cognita dabo. Fr. 1. pr. *de Superfic.* (LXX.)

75. Quo itinere actuque privato, quo de agitur, vel via, hoc anno nec vi, nec clam, nec precario ab illo usus es, quo minus ita utaris, vim fieri veto. Fr. 1. pr. *de Itinere actuque privato.* (LXX.)

76. Qui itinere actuque hoc anno, non vi, non clam, non precario ab alio usus es, quo minus id iter actumque, ut tibi jus esset, reficias, vim fieri veto : qui hoc interdicto uti volet, is adversario damni infecti, quod per ejus vitium datum sit, caveat. Fr. 3. § 11. *eod.* (LXX.)

77. Uti hoc anno aquam, qua de agitur, non vi, non clam, non precario ab illo duxisti, quo minus ita ducas, vim fieri veto. Fr. 1. pr. *de Aqua quotid. et æstiva.* (LXX.)

78. Uti priore æstate aquam, qua de agitur, nec vi, nec clam, nec precario ab illo duxisti, quo minus ita ducas, vim fieri veto. Inter hæredes, emtores, et bonorum possessores interdicam. *D. F.* 1. §. 29. (LXX.)

79. Quo ex castello illi aquam ducere ab eo, cui ejus

rei jus fuit, permissum est, quo minus ita, uti permissum est, ducat, vim fieri veto. Quandoque de opere faciendo interdictum erit, damni infecti caveri jubebo. *D. F.* 1. § 38. (LXX.)

80. Rivos, specus, septa reficere, purgare, aquæ ducendæ caussa, quo minus liceat illi : dum ne aliter aquam ducat, quam uti priori æstate, non vi, non clam, non precario a te duxit : vim fieri veto. Fr. 1. pr. *de Rivis.* (LXX.)

81. Uti de eo fonte, quo de agitur, hoc anno aqua nec vi, nec clam, nec precario ab illo usus es : quo minus ita utaris, vim fieri veto. De lacu, puteo, piscina ita interdicam. Fr. un. pr. *de Fonte.* (LXX.)

82. Quo minus fontem, quo de agitur, purges, reficias, ut aquam coercere, utique ea possis : dum ne aliter utaris, atque uti hoc anno, non vi, non clam, non precario ab illo usus es, vim fieri veto. Fr. un. § 6. *de Fonte.* (LXX.)

83. Quo minus illi cloacam, quæ ex ædibus ejus in tuas pertinet, qua de agitur, purgare, reficere liceat : vim fieri veto. Damni infecti, quod operis vitio factum sit, caveri jubebo. Fr. 1. pr. *de Cloac.* (LXXI.)

84. Quod in cloaca publica factum, sive in ea immissum habes, quo usus ejus deterior sit, fiat : restituas. Item ne quid fiat, immittaturve, interdicam. *D. F.* 1. §. 15. (LXXI.)

85. Quod vi aut clam factum est, qua de re agitur, id, quum experiendi potestas est, restituas. Fr. 1. pr. *Quod vi aut clam.* (LXXI.)

86. Quod jus sit illi prohibere, ne se invito fiat, in eo nunciatio teneat. Ceterum nunciationem missam facio. Fr. un. pr. *de Remiss.* (LXXI.)

87. Quem in locum nunciatum est, ne quid operis novi fieret, qua de re agitur : quod in eo loco, ante-

quam nunciatio missa fieret, aut in ea caussa esset, ut remitti deberet, factum est : id restituas. Fr. 20. pr. *de Operis novi nunc.* (LXXI.)

88. Quem in locum nunciatum est, ne quid operis novi fieret : qua de re agitur, si de ea satisdatum est : quod ejus cautum sit, aut per te stat, quo minus satisdetur : quo minus illi in eo loco opus facere liceat, vim fieri veto. *D. F.* 20. § 9. (LXXI.)

89. Quod precario ab illo habes, aut dolo malo fecisti, ut desineres habere, qua de re agitur, id illi restituas. Fr. 2. pr. *de Precario.* (LXXI.)

90. Quæ arbor ex ædibus tuis in ædes illius impendet, si per te stat, quo minus eam adimas : tunc, quo minus illi eam arborem adimere sibique habere liceat, vim fieri veto. Fr. 1. pr. *de Arbor. cœd.* (LXXI.)

91. Quæ arbor ex agro tuo in agrum illius impendet, si per te stat, quo minus pedes quindecim a terra eam altius coerceas, tunc, quo minus illi ita coercere, lignaque sibi habere liceat, vim fieri veto. *D. F.* 1, § 7. (LXXI.)

92. Glandem, quæ ex illius agro in tuum cadat, quo minus illi tertio quoque die legere, auferre liceat, vim fieri veto. Fr. un. pr. *de Gland. leg.* (LXXI.)

93. Quem liberum dolo malo retines, exhibeas. Fr. 1 pr. *de Hom. libero exhib.* (LXXI.)

94. Qui, quæve in potestate Lucii Titii est, si is, eave apud te est, dolo malo tuo factum est, quo minus apud te esset, ita eum, eamve exhibeas. Fr. 1. pr. *de Liber. exhib.* LXXI.)

95. Si Lucius Titius in potestate Lucii Titii est : quo minus eum Lucio Titio ducere liceat, vim fieri veto. Fr. 3. pr. *de Liber. exhib.* (LXXI.)

96. Utrubi hic homo, quo de agitur, majore parte

hujusce anni fuit; quo minus is eum ducat, vim fieri veto. Fr. un pr. *Utrubi.* (LXXII.)

97. Si quis dolo malo fecerit, quo minus quis permissu meo, ejusve, cujus ea jurisdictio fuit, in possessionem bonorum sit, in eum in factum judicium, quanti ea res fuit, ob quam in possessionem missus erit, dabo. Fr. un. pr. *Ne vis fiat ei, qui in poss.* (LXXII.)

98. Si is homo, quo de agitur, non est ex his rebus, de quibus inter te et actorem convenit, ut quæ in eam habitationem, qua de agitur, introducta, importata, ibi nata factave essent, ea pignori tibi pro mercede ejus habitationis essent : sive ex his rebus esset ea merces tibi soluta, eove nomine satisfactum est aut per te stat, quo minus solvatur : ita quo minus ei, qui eum pignoris nomine induxit, inde abducere liceat, vim fieri veto. Fr. 1. pr. *de Migrando* (LXXIII.)

99. Quæ Lucius Titius fraudandi caussa, sciente te, in bonis, quibus de ea re agitur, fecit, ea illis, si eo nomine, quo de agitur, actio ei ex edicto meo competere, esseve oportet, ei, si non plus, quam annus est, quum de ea re, qua de agitur, experiundi potestas est, restituas. Interdum caussa cognita, etsi scientia non sit, in factum actionem permittam. Fr. 10. pr. *Quæ in fraud. cred.* (LXXIII.)

B.

EDICTUM AEDILIUM CURULIUM.

100. Qui mancipia vendunt, certiores faciant emtores, quid morbi vitiive cuique sit, quis fugitivus erroreve sit, noxave solutus non sit; eademque omnia, quum ea mancipia venibunt, palam recte pronuncianto. Quod si mancipium adversus ea venisset, sive adversus quod dictum promissumve fuerit, quum veniret, fuisset: quod ejus praestari oportere dicetur, emtori omnibusque, ad quos ea res pertinet, judicium dabimus, ut id mancipium redhibeatur. Si quid autem post venditionem traditionemque deterius emtoris opera, familiae, procuratorisve ejus factum erit; sive quid ex eo post venditionem natum, adquisitum fuerit; et si quid aliud in venditione ei adcesserit, sive quid ex ea re fructus pervenerit ad emtorem: ut ea omnia restituat. Item, si quas adcessiones ipse praestiterit, ut recipiat. Item, si quod mancipium capitalem fraudem admiserit, mortis consciscendae sibi caussa quid fecerit, inve arenam depugnandi caussa ad bestias intromissus fuerit: ea omnia in venditione pronuncianto: ex his enim caussis judicium dabimus. Hoc amplius, si quis adversus ea sciens dolo malo vendidisse dicetur, judicium dabimus. Fr. 1. § 1. *de Aedil. edict.* (1) Cf. Gellius. N. A. IV. 2.

101. Et quanta pecunia pro eo homine soluta, adcessionisve nomine data erit, non reddetur; cujusve pecuniae quis eo nomine obligatus erit, non liberabitur. Fr. 25. §. 9. *eod.* (1.)

102. Qui jumenta vendunt, palam recte dicunto, quid in quoque eorum morbi vitiique sit; utique optime ornata vendendi caussa fuerit, ita emtoribus tradentur. Si quid ita factum non erit, de ornamentis restituendis, jumentisve ornamentorum nomine redhibendis, in diebus sexaginta; morbi autem vitiive caussa inemtis faciendis, in sex mensibus, vel quo minoris, quum venirent, fuerint, in anno judicium dabimus. Si jumenta paria simul venierint, et alterum in ea caussa fuerit, ut redhiberi debeat, judicium dabimus, quo utrumque redhibeatur. Fr. 38. pr. *eod.* (II.;

103. Quæ de jumentorum sanitate diximus, de cetero quoque pecore omni venditores faciunto. *D. F.* 38. § 5. (II.)

104. Ne quis canem, verrem, vel minorem aprum, lupum, ursum, pantheram, leonem, aliudve, quod noceret, animal, sive soluta sint, sive adligata, ut contineri vinculis, quo minus damnum inferrant, non possint, qua vulgo iter fiet, ita habuisse velit, ut cuiquam nocere, damnumve dare possit. Si adversus ea factum erit, et homo liber ex ea re perierit, solidi ducenti; si nocitum homini libero esse dicetur, quanti bonum æquam judici videbitur, condemnetur; ceterarum rerum, quanti damnum datum, factumve sit, dupli. Fr. 40. § 1. Fr. 41. (*Pauli lib. II. ad edictum Ædil. curul.*) et Fr. 42. *eod.* (II.)

APPENDIX III.

A.

___

POMPONIUS.

De Juris origine.

(Libro singulari Enchiridii.)

Necessarium itaque nobis videtur ipsius juris orig·nem, atque processum demonstrare. — 1. Et quidem initio civitatis nostræ populus sine lege certâ, sine jure certo primum agere instituit : omniaque manu a regibus gubernabantur. — 2. Postea auctâ ad aliquem modum civitate, ipsum Romulum traditur populum in triginta partes divisisse, quas partes curias appellavit, propterea quod tunc reipublicæ curam per sententias partium earum expediebat. Et ita leges quasdam et ipse curiatas ad populum tulit : tulerunt et sequentes reges. Quæ omnes conscriptæ exstant in libro Sexti Papirii, qui fuit illis temporibus, quibus Superbus Demarati Corinthii filius ex principalibus viris. Is liber, ut diximus, appellatur jus civile Papirianum, non quia Papirius de suo quicquam ibi adjecit; sed quod leges sine ordine latas in unum composuit.—3. Exactis deinde regibus lege tribunitia omnes leges hæ exoleverunt, iterumque cœpit populus romanus incerto magis jure et consuetudine uti, quam per latam legem : idque prope viginti annis passus est. — 4. Postea, ne diutius hoc fieret, placuit publicâ auctoritate decem constitui viros, per quos peterentur greges a græcis civitatibus, et civitas fundaretur legibus : quas in tabulas eboreas perscriptas pro Rostris composuerunt, ut possint leges apertius

9

percipi : datumque est eis jus eo anno in civitate summum , uti leges et corrigerent , si opus esset , et interpretarentur : neque provocatio ab eis , sicut a reliquis magistratibus fieret. Qui ipsi animadverterunt aliquid deesse istis primis legibus : ideoque sequenti anno alias duas ad easdem tabulas adjecerunt : et ita ex accidentia appellatæ sunt LEGES DUODECIM TABULARUM , quarum ferendarum auctorem fuisse decemviris Hermodorum quemdam Ephesium exulantem in Italia quidam retulerunt. — 5. His legibus latis cœpit, ut naturaliter evenire solet , ut interpretatio desideraret prudentium auctoritate necessariam esse disputationem fori. Hæc disputatio et hoc jus, quod sine scripto venit, compositum a prudentibus, propria parte aliqua non appellatur , ut ceteræ partes juris suis nominibus designantur, datis propriis nominibus ceteris partibus; sed communi nomine appellatur JUS CIVILE. — 6. Deinde ex iis legibus eodem tempore fere actiones compositæ sunt , quibus inter se homines disceptarent : quas actiones ne populus , prout vellet , institueret , certas solemnesque esse voluerunt; et appellatur hæc pars juris LEGIS ACTIONES, id est , legitimæ actiones. Et ita eodem pene tempore tria hæc jura nata sunt : leges XII tabularum : ex his fluere cœpit jus civile ; ex iisdem legis actiones compositæ sunt. Omnium tamen harum et interpretandi scientia et actiones , apud collegium pontificum erant : ex quibus constituebatur , quis quoquo anno præesset privatis. Et fere populus annis prope centum hac consuetudine usus est. — 7. Postea, cum Appius Claudius proposuisset , et ad formam redegisset has actiones , Gnæus Flavius scriba ejus, libertini filius, subreptum librum po-

pulo tradidit ; et adeo gratum fuit id munus populo ,
ut tribunus plebis fieret , et senator , et ædilis curulis.
Hic liber , qui actiones continet, appellatur jus civile Flavianum , sicut ille jus civile l'apirianum. Nam
nec Gnæus Flavius de suo quicquam adjecit libro.
— Augescente civitate , quia deerant quædam genera
agendi , non post multum temporis spatium Sextus
Ælius alias actiones composuit , et librum populo dedit, qui appellatur jus Ælianum. — 8. Deinde cum
esset in civitate lex xii tabularum , et jus civile , essent et legis actiones , evenit, ut plebs in discordiam
cum patribus perveniret , et secederet , sibique jura
constitueret , quæ jura plebiscita vocantur. Mox cum
revocata est plebs , quia multæ discordiæ nasceban-
tur de his plebiscitis , pro legibus placuit et ea observari , lege Hortensia : et ita factum est , ut inter
plebiscita et legem , species constituendi interes-
sent , potestas autem eadem esset. — 9. Deinde quia
difficile plebs convenire cœpit , populus certe multo
difficilius in tanta turba hominum , necessitas ipsa
curam reipublicæ ad senatum deduxit. Ita cœpit senatus interponere , et quicquid constituisset , obser-
vabatur : idque jus appellabatur senatus-consultum.
— 10. Eodem tempore et magistratus jura reddebant :
et ut scirent cives , quod jus de quaque re quisque
dicturus esset, seque præmuniret , edicta proponebant : quæ edicta prætorum jus honorarium constituerunt. Honorarium dicitur, quod ab honore prætoris
venerat. — 11. Novissime sicut ad pauciores juris
constituendi via transiisse, ipsis rebus dictantibus
videbatur ; per partes evenit, ut necesse esset reipublicæ per unum consuli. Nam senatus non perinde
omnes provincias probe gerere poterat. Igitur consti-

tuto principe, datum est ei jus, ut quod constituisset, ratum esset. — 12. Ita in civitate nostra aut jure,
id est LEGE constituitur: aut est proprium JUS CIVILE,
quod sine scripto in sola prudentium interpretatione
consistit: aut sunt LEGIS ACTIONES, quæ formam
agendi continent: aut PLEBISCITUM, quod sine auctoritate patrum est constitutum: aut magistratuum
edictum, unde JUS HONORARIUM nascitur: aut SENA-
TUS CONSULTUM, quod solum senatu constituente inducitur sine lege: aut est PRINCIPALIS CONSTITUTIO id est,
ut, quod ipse princeps constituit, pro lege servetur.
— 13. Post originem juris et processum cogni-
tum, consequens est, ut de magistratuum nominibus
et origine cognoscamus; quia, ut exposuimus, per
eos, qui juri dicendo præsunt effectus rei accipitur.
Quantum est enim jus in civitate esse, nisi sint qui
jura regere possint? Post hoc deinde de auctorum
successione dicemus: quod constare non potest jus,
nisi sit aliquis jurisperitus, per quem possit quotidie
in melius produci. — 14. Quod ad magistratus attinet,
initio civitatis hujus constat, REGES omnem potestatem habuisse. — 15. Iisdem temporibus et TRIBUNUM
CELERUM fuisse constat. Is autem erat, qui equitibus
præerat, et veluti secundum locum a regibus obti-
nebat, quo in numero fuit Junius Brutus, qui auctor
fuit reges ejiciendi. — 16. Exactis deinde Regibus,
CONSULES constituti sunt duo: penes quos summum
jus uti esset, lege rogatum est. Dicti sunt ab eo quod
plurimum reipublicæ consulerent: qui tamen, ne
per omnia regiam potestatem sibi vindicarent, lege
lata factum est ut ab eis provocatio esset, neve possent in caput civis romani animadvertere injussu
populi: solum relictum est illis, ut coercere possent,

et in vincula publica duci juberent. — 17. Post
deinde cum census jam majori tempore agendus esset, et consules non sufficerent, huic quoque officio
CENSORES constituti sunt. — 18. Populo deinde aucto,
cum crebra orirentur bella, et quædam acriora a finitimis inferrentur, interdum re exigente placuit majoris potestatis magistratum constitui : itaque DIC-
TATORES proditi sunt, a quibus nec provocandi jus
fuit, et quibus etiam capitis animadversio data est.
Hunc magistratum, quoniam summam potestatem
habebat, non erat fas ultra sextum mensem retinere.
— 19. Et his dictatoribus MAGISTRI EQUITUM injunge-
bantur, sic quomodo regibus tribuni celerum ; quod
officium fere tale erat, quale hodie præfectorum
prætorio. Magistratus tamen habebantur legitimi. —
20. Iisdem temporibus cum plebs a patribus seces-
sisset, anno fere septimo decimo post reges exactos,
tribunos sibi in monte sacro creavit, qui essent ple-
beii magistratus. Dicti TRIBUNI, quod olim in tres
partes populus divisus erat, et ex singulis singuli
creabantur; vel quia tribuum suffragio creabantur.
— 21. Itemque ut essent, qui ædibus præessent, in
quibus omnia scita sua plebs deferebat ; duos ex
plebe constituerunt, qui etiam ÆDILES appellati sunt.
— 22. Deinde cum ærarium populi auctius esse cœpis-
set; ut essent, qui illi præessent, constituti sunt
QUÆSTORES qui pecuniæ præessent ; dicti ab eo quod
inquirendæ et conservandæ pecuniæ causa creati
erant. — 23. Et quia, ut diximus, de capite civis
romani injussu populi non erat lege permissum con-
sulibus jus dicere ; propterea quæstores contituebantur a populo, qui capitalibus rebus præessent. Hi appellabantur QUÆSTORES PARRICIDII, quorum etiam meminit

ex duodecim tabularum. — 24. Et cum placuisset leges quoque ferri, latum est ad populum, uti omnes magistratus se abdicarent : quo decemviri constituti anno uno, cum magistratum propagarent sibi, et cum injuriose tractarent, neque vellent deinceps sufficere magistratibus, ut ipsi et factio sua perpetuo rempublicam occupatam retinerent; nimia atque aspera dominatione eo rem perduxerant, ut exercitus a republica secederet. Initium fuisse secessionis dicitur Virginius quidam. Qui cum animadvertisset, Appium Claudium contra jus, quod ipse ex vetere jure in duodecim tabulas transtulerat, vindicias filiæ suæ a se abdixisse; et secundum eum, qui in servitutem ab eo suppositus petierat, dixisse; captumque amore virginis, omne fas ac nefas miscuisse : indignatus, quod vetustissima juris observantia in persona filiæ suæ defecisset; utpote cum Brutus, qui primus Romæ consul fuit, vindicias secundum libertatem dixisset in persona Vindicis Vitelliorum servi, qui proditionis conjurationem indicio suo detexerat ; et castitatem filiæ vitæ quoque ejus perferendam putaret : arrepto cultro de taberna lanionis filiam interfecit, in hoc scilicet, ut morte virginis contumeliam stupri arceret. Ac protinus recens a cæde, madenteque adhuc filiæ cruore ad commilitones confugit, qui universi de Algido, ubi tunc belli gerendi causa legiones erant, relictis ducibus pristinis, signa in Aventinum transtulerunt, omnisque plebs urbana mox eodem se contulit. Populique consensu partim in carcere necati. Ita rursus respublica suum statum recepit. — 25. Deinde cum post aliquot annos quam duodecim tabulæ latæ sunt, et plebs contenderet cum patribus, et vellet ex suo quoque corpore consules creare et patres recusarent; factum est, ut TRIBUNI MILITUM crearentur, partim ex plebe, partim ex patribus, consulari potestate. Hique constituti sunt vario numero ; interdum vigenti fuerunt, interdum plures , nonnunquam pauciores.—26. Deinde cum placuisset creari etiam ex plebe consules , cœperunt ex utroque corpore constitui. Tunc , ut aliquo pluris patres haberent, placuit, duos ex numero patrum constitui. Ita facti sunt ÆDILES CURULES. — 27. Cumque consules avocarentur bellis finitimis , neque esset qui in civitate jus reddere posset : factum est ut PRÆTOR quoque crearetur, qui URBANUS appellatus est , quod in urbe jus redderet. — 28. Post aliquot deinde annos non sufficiente eo prætore, quod multa turba etiam peregrinorum in civitatem veniret , creatus est et alius PRÆTOR , qui PEREGRINUS appellatus est ab eo , quod plerumque inter peregrinos jus dicebat.—29. Deinde cum esset necessarius magistratus, qui hastæ præessent , DECEMVIRI IN LITIBUS JUDICANDIS sunt constituti. — 30. Eodem tempore et QUATTUORVIRI , qui curam viarum gererent : et TRIUMVIRI MONETALES æris, argenti, auri flatores : et TRIUMVIRI CAPITALES, qui carceris custodiam haberent; ut cum animadverti oporteret , interventu eorum fieret. — 31. Et quia magistratibus vespertinis temporibus in publicum esse inconveniens erat; QUINQUEVIRI constituti sunt cis Tiberim , et ultis Tiberim, qui possent pro magistratibus fungi. — 32. Capta deinde Sardinia , mox Sicilia , item Hispania , deinde Narbonensi provincia ; totidem prætores, quot provinciæ in ditionem venerant, creati sunt, partim qui urbanis rebus, partim qui provincialibus præessent. — Deinde Cornelius Sylla quæstiones publicas constituit, veluti de falso, de parricidio, de sicariis: et prætores quatuor adjecit. Deinde Caius Julius Cæsar duos prætores, et duos ædiles, qui frumento præessent, et a Cerere CEREALES constituit. Ita duodecim prætores, sex ædiles sunt creati. Divus deinde Augustus sedecim prætores constituit; post deinde divus Claudius duos prætores adjecit, qui de fideicommisso jus dicerent. Ex quibus unum divus Titus detraxit, et adjecit divus Nerva, qui inter fiscum et privatos jus diceret. Ita decem et octo prætores in civitate jus dicunt. — 33. Et hæc omnia quoties in republica sunt magistratus observantur; quoties autem proficiscuntur, unus relinquitur, qui jus dicat. Is vocatur PRÆFECTUS URBIS, qui præfectus olim constituebatur, postea fere latinarum feriarum causa introductus est, et quotannis observatur. Nam PRÆFECTUS ANNONÆ et VIGILUM, non sunt magistratus, sed extra ordinem utilitatis causa constituti sunt: et tamen hi, quos CISTIBERES diximus, postea ædiles senatusconsulto creabantur. — 34. Ergo ex his omnibus decem tribuni plebis, consules duo, decem et octo prætores, sex ædiles in civitate jura reddebant. — 35. Juris civilis scientiam plurimi et maximi viri professi sunt. Sed qui eorum maximæ dignationis apud populum romanum fuerunt, eorum in præsentia mentio habenda est, ut appareat a quibus et qualibus hæc jura orta et tradita sunt. Et quidem ex omnibus qui scientiam nacti sunt, ante Tiberium Coruncanium publice professum neminem traditur. Ceteri autem ad hunc vel in latenti jus civile retinere cogitabant, solumque consultatoribus vacare potius quam discere volentibus se præstabant. — 36. Fuit autem in primis peritus PUBLIUS PAPIRIUS, qui leges regias in unum contulit. Ab hoc APPIUS CLAUDIUS

unus ex decemviris, cujus maximum consilium in
xii tabulis scribendis fuit. Post hunc Appius Claudius ejusdem generis maximam scientiam habuit.
Hic Centemanus appellatus est ; Appiam viam stra-
vit, et aquam Claudiam induxit, et de Pyrrho in
urbe non recipiendo sententiam tulit. Hunc etiam
actiones scripsisse traditum est, primum de usurpa-
tionibus, qui liber non exstat. Idem Appius Claudius,
qui videtur ab hoc processisse, R litteram invenit ;
ut pro Valesiis Valerii essent, et pro Fusiis Furii.
—37. Fuit post eos maximæ scientiæ Sempronius, quem
populus romanus ΣΟΦΟΝ appellavit : nec quisquam
ante hunc aut post hunc hoc nomine cognominatus est.
Gaius Scipio Nasica, qui optimus a senatu appellatus
est, cui etiam publice domus in sacra via data est,
quo facilius consuli posset. Deinde Quintus Mucius,
qui ad Carthaginenses missus legatus, cum essent
duæ tesseræ positæ, una pacis, altera belli, arbitrio
sibi dato utram vellet referret Romam, utramque
sustulit, et ait Carthaginenses petere debere utram
mallent accipere. — 38. Post hos fuit Tiberius Coruncanius, ut dixi, qui primus profiteri cœpit : cujus tamen scriptum nullum exstat, sed responsa complura
et memorabilia ejus fuerunt. Deinde Sextus Ælius,
et frater ejus Publius Ælius, et Publius Atilius maximam scientiam in profitendo habuerunt : ut duo
Ælii etiam consules fuerint. Atilius autem primus
a populo sapiens appellatus est. Sextum Ælium etiam
Ennius laudavit, et exstat illius liber qui inscribitur
tripertita : qui liber veluti cunabula juris continet.
Tripertita autem dicitur quoniam lege duodecim tabularum præposita, jungitur interpretatio, deinde
subtexitur legis actio. Ejusdem esse tres alii libri re-

feruntur, quos tamen quidam negant ejusdem esse.
Hos sectatus ad aliquid est deinde Marcus Cato princeps Porciæ familiæ, cujus et libri exstant; sed plurimi filii ejus, ex quibus ceteri oriuntur. — 39. Post
hos fuerunt Publius Mucius, et Brutus, et Manilius,
qui fundaverunt jus civile. Ex his Publius Mucius etiam decem libellos reliquit, Brutus septem,
Manilius tres; et exstant volumina scripta, Manilii monumenta. Illi duo consulares fuerunt, Brutus præ-
torius, Publius autem Mucius etiam pontifex maximus. — 40. Ab his profecti sunt Publius Rutilius
Rufus, qui Romæ consul et Asiæ proconsul fuit;
Paulus Virginius et Quintus Tubero ille Stoicus
Pansæ auditor, qui et ipse consul. Etiam Sextus
Pompeius Gnæi Pompeii patruus fuit eodem tempore:
et Cælius Antipater, qui historias conscripsit; sed
plus eloquentiæ, quam scientiæ juris operam dedit:
etiam Lucius Crassus frater Publii Mucii, qui Mu-
cianus dictus est; hunc Cicero ait jurisconsultorum
disertissimum. — 41. Post hos Quintus Mucius Publii
filius, pontifex maximus, jus civile primus constituit,
generatim in libros decem et octo redigendo. — 42.
Mucii auditores fuerunt complures; sed præcipuæ
auctoritatis Aquilius Gallus, Balbus Lucilius, Sextus Papirius, Caius Juventius. Ex quibus Gallum
maximæ auctoritatis apud populum fuisse Servius
dicit. Omnes tamen hi a Servio Sulpicio nominantur:
alioquin per se eorum scripta non talia exstant, ut ea
omnes adpetant. Denique nec versantur omnino scripta
eorum inter manus hominum: sed Servius libros suos
complevit, pro cujus scriptura ipsorum quoque me-
moria habetur. — 43. Servius, cum in causis orandis
primum locum, aut pro certo post Marcum Tullium

obtineret, traditur ad consulendum Quintum Mucium de re amici sui pervenisse : cumque eum sibi respondisse de jure Servius parum intellexisset, iterum Quintum interrogasse, et a Quinto Mucio responsum esse, nec tamen percepisse : et ita objurgatum esse a Quinto Mucio; namque eum dixisse, turpe esse patricio et nobili, et causas oranti, jus in quo versaretur, ignorare. Ea velut contumelia Servius tractatus operam dedit juri civili, et plurimum eos, de quibus locuti sumus, audiit : institutus a Balbo Lucilio, instructus autem maxime a Gallo Aquilio, qui fuit Cercinæ. Itaque libri complures ejus exstant Cercinæ confecti. Hic cum in legatione perisset, statuam ei populus romanus pro Rostris posuit, et hodieque exstat pro Rostris Augusti. Hujus volumina complura exstant : reliquit autem prope centum et octoginta libros. — 44. Ab hoc plurimi profecerunt, fere tamen hi libros conscripserunt : Alfenus Varus, Gaius, Aulus Ofilius, Titus Cæsius, Aufidius Tucca, Aufidius Namusa, Flavius Priscus, Gaius Ateius Pacuvius, Labeo Antistius Labeonis Antisti pater, Cinna, Publicius Gellius. Ex his decem libros octo conscripserunt, quorum omnes, qui fuerunt, libri digesti sunt ab Aufidio Namusa in centum quadraginta libros. — Ex his auditoribus plurimum auctoritatis habuit Alfenus Varus, et Aulus Ofilius. Ex quibus Varus et consul fuit : Ofilius in equestri ordine perseveravit. Is fuit Cæsari familiarissimus et libros de jure civili plurimos, et qui omnem partem operis fundarent, reliquit. Nam de legibus vicesimæ primus conscripsit, et de jurisdictione. Idem edictum prætoris primus diligenter composuit ; nam ante eum Servius duos libros ad Brutum perquam brevissimos

ad edictum subscriptos reliquit. — 45. Fuit eodem
tempore et TREBATIUS, qui idem Cornelii Maximi auditor. Fuit AULUS CASCELLIUS Quinti Mucii Volusii
auditor: denique in illius honorem testamento Pu-
blium Mucium nepotem ejus reliquit heredem. Fuit
autem quæstorius, nec ultra proficere voluit, cum
illi etiam Augustus consulatum offerret. Ex his Trebatius peritior Cascelio, Cascelius Trebatio eloquen-
tior fuisse dicitur; Ofilius utroque doctior. Cascelii
scripta non exstant, nisi unus liber BENEDICTORUM;
Trebatii complures, sed minus frequentantur. — 46.
Post hos quoque TUBERO fuit, qui Ofilio operam
dedit: fuit autem patricius, et transiit a causis
agendis ad jus civile; maxime postquam Quintum
Ligarium accusavit, nec obtinuit apud Gaium Cæ-
sarem. Id est Quintus Ligarius, qui cum Africæ oram
teneret, infirmum Tuberonem applicare non permisit,
nec aquam haurire, quo nomine eum accusavit, et
Cicero defendit. Exstat ejus oratio satis pulcherrima,
quæ inscribitur PRO QUINTO LIGARIO. Tubero doc-
tissimus quidem habitus est juris publici et privati,
et complures utriusque operis libros reliquit: ser-
mone etiam antiquo usus affectavit scribere, et ideo
parum libri ejus grati habentur. — 47. Post hunc
maximæ auctoritatis fuerunt ATEIUS CAPITO, qui
Ofilium secutus est, et ANTISTIUS LABEO qui omnes
hos audivit: institutus est autem a Trebatio. Ex
his Ateius consul fuit. Labeo noluit, cum offer-
retur ei ab Augusto consulatus, quo suffectus fieret,
honorem susciperet; sed plurimum studiis operam
dedit, et totum annum ita diviserat, ut Romæ sex
mensibus cum studiosis esset, sex mensibus secederet, et conscribendis libris operam daret. Itaque

reliquit quadringenta volumina ex quibus plurima
inter manus versantur. — Hi duo primum veluti di-
versas sectas fecerunt. Nam Ateius Capito in his, quæ
ei traditæ fuerant, perseverabat. Labeo ingenii quali-
tate et fiducia doctrinæ, qui et ceteris operis sapien-
tiæ operam dederat, plurima innovare instituit. Et
ita Ateio Capitoni Massurius Sabinus successit;
Labeoni, Nerva : qui adhuc eas dissensiones auxe-
runt. Hic etiam Nerva Cæsari familiarissimus fuit.
Massurius Sabinus in equestri ordine fuit, et publice
primus scripsit. Posteaque hoc cœpit beneficium dari
à Tiberio Cæsare ; hoc tamen illi concessum erat. Et
ut obiter sciamus, ante tempora Augusti publice respondendi jus non a principibus dabatur ; sed qui fiduciam studiorum suorum habebant, consulentibus respondebant : neque responsa utique signata dabant ;
sed plerumque judicibus ipsi scribebant, aut testabantur, qui illos consulebant. Primus divus Augustus, ut major juris auctoritas haberetur, constituit
ut ex auctoritate ejus responderent, et ex illo tempore
peti hoc pro beneficio cœpit. Et ideo optimus princeps Hadrianus, cum ab eo viri prætorii peterent, ut
sibi liceret respondere, rescripsit eis : Hoc non peti,
sed præstari solere ; et ideo si quis fiduciam sui haberet, delectari se, populo ad respondendum se
præpararet. Ergo Sabino concessum est à Tiberio
Cæsare, ut populo responderet, qui in equestri ordine jam grandis natu, et fere annorum quinquaginta
receptus est. Huic nec amplæ facultates fuerunt, sed
plurimum a suis auditoribus sustentatus est. Huic
successit Caius Cassius Longinus natus ex filia Tube-
ronis, quæ fuit neptis Servii Sulpicii : et ideo proa-
vum suum Servium Sulpicium appellat. Hic consul

fuit cum Quartino temporibus Tiberii; sed plurimum
in civitate auctoritatis habuit, eousque donec eum
Cæsar civitate pelleret. Expulsus ab eo in Sardiniam,
revocatus a Vespasiano diem suum obiit. — Nervæ
successit PROCULUS. Fuit eodem tempore et NERVA
FILIUS : fuit et alius LONGINUS ex equestri quidem
ordine, qui postea ad præturam usque pervenit ; sed
Proculi auctoritas major fuit. Nam etiam ipse plurimum potuit, appellatique sunt partim Cassiani , partim Proculeiani : quæ origo a Capitone et Labeone
cœperat. Cassio CÆLIUS SABINUS successit , qui plurimum temporibus Vespasiani potuit; Proculo PEGASUS,
qui temporibus Vespasiani præfectus urbi fuit ; Cælio
Sabino PRISCUS JAVOLENUS ; Pegaso CELSUS ; Patri
Celso CELSUS FILIUS et PRISCUS NERATIUS : qui utrique
consules fuerunt, Celsus quidem et iterum ; Javoleno
Prisco ABURNUS VALENS et TUSCIANUS , item SALVIUS
JULIANUS. (Fr. 2 , ff. *de orig. jur.*)

B. *Tres de quorumdam jureconsultorum scriptis*
et de illorum auctoritate constitutiones.

IMPER. CONST. AUG. AD MAXIM. PRÆF. PRÆT.

Perpetuas prudentium contentiones eruere cupientes, ULPIANI AC PAULI in PAPINIANUM notas, qui,
dum ingenii laudem sectantur, non tam corrigere
eum quam depravare maluerunt, aboleri præcipimus.
DAT. III. CAL. OCT. ET CONST. CONS. ET CRISPO (321).

ID. AUG. AD MAXIM. PRÆF. PRÆT.

Universa quæ scriptura PAULI continentur recepta auctoritate firmanda sunt et omni veneratione celebranda. Ideoque sententiarum libros plenissima luce et perfectissima elocutione et justissima juris ratione succinctos, in judiciis prolatos valere minime dubitatur. DAT. V. CAL. OCT. TREVESUNT. CONST. ET MAX. COSS. (327).

IMPP. THEOD. ET VALENT. AA. AD SENAT. URB. ROM.

. . . .

PAPINIANI, PAULI, GAII, ULPIANI atque MODESTINI scripta omnia universa firmamus, ita ut Gaium atque Paulum, Ulpianum et ceteros comitetur auctoritas lectionis quæ ex omni opere recitatur. Eorum quoque scientiam, quorum tractatus atque sententias prædicti omnes suis operibus miscuerunt, ratam esse censemus, ut SCÆVOLÆ, SABINI, JULIANI atque MARCELLI, omniumque quos illi celebrarunt; si tamen eorum libri, propter ætatis incertum, codicum collatione firmentur. Ubi autem diversæ sententiæ proferuntur, potior numerus vincat octorum; vel, si numerus æqualis sit, ejus partis præcellat auctoritas, in qua excellentis ingenii vir Papinianus emineat, qui, ut singulos vincit, ita cedit duobus. Notas etiam Pauli atque Ulpiani in Papiniani corpus factas, sicut dudum statutum est, præcipimus infirmari. Ubi autem pares eorum sententiæ recitantur, quorum par censetur auctoritas, quod sequi debeat, eligat moderatio judicantis. Pauli quoque sententias semper valere præcipimus. Dat. VII. id. nov. Ravennæ, DD. NN. Theod. XII. et Valent. II. AA. coss. (426). (*Const. un C. Th. de respons. prud.*)

HISTOIRE

DU

DROIT FRANÇAIS,

PAR L'ABBÉ DE FLEURY.

HISTOIRE

DU

DROIT FRANÇAIS.

§ *1*. Dessein de ce Traité.

Avant que les Francs entrassent dans les Gaules, on y suivait les lois romaines, qui continuèrent d'y être observées sous les rois de la première et de la seconde race, mais avec les lois barbares et les Capitulaires des rois. Les désordres du dixième siècle confondirent toutes ces lois : en sorte qu'au commencement de la troisième race de nos rois, il n'y avait guère d'autre droit en France qu'un usage incertain, à quoi les savants ayant joint ensuite l'étude du droit romain, leurs décisions mêlées avec cet ancien usage, ont formé les coutumes qui ont été depuis écrites par autorité publique. Enfin les rois ont établi plusieurs droits nouveaux par leurs ordonnances. C'est tout ce que je me propose d'expliquer dans cet écrit, et j'espère que l'on me pardonnera, si j'use quelquefois de conjectures, quand on considérera combien cette matière a été peu éclaircie jusqu'à présent. J'appellerai droit ancien celui qui a été en usage jusqu'au dixième siècle, parce que la suite a tellement été interrompue depuis, qu'à peine en trouve-t-on quelque reste qui soit encore en vigueur; et je nommerai droit nouveau tout ce qui a été suivi sous les rois de la troisième race ; parce qu'encore qu'il y ait eu de grands changements, on y voit une tradition suivie de lois et de maximes, que l'on peut conduire jusqu'à nous.

§ *II*. Droit des Gaulois.

Je ne sais s'il est à propos de remonter jusqu'aux Gaulois, et si on peut croire qu'après tant de changements, il nous reste quelque droit qui vienne immédiatement d'eux. Voici toutefois une idée de leurs mœurs et de leur police, tirée de Jules César (1), où peut-être quelqu'un trouvera du rapport avec les mœurs des derniers siècles. Toute la Gaule était divisée en plusieurs petits peuples indépendants les uns des autres, dont les noms sont demeurés pour la plupart aux villes qui en étaient les capitales, comme Paris, Sens, Tours, et grand nombre d'autres. Il n'y avait que deux sortes de personnes qui fussent en quelque considération, les druides et les chevaliers ; le reste du peuple était dans une espèce de servitude ; il ne pouvait rien entreprendre de lui-même, et n'était appelé à aucune délibération ; plusieurs même cédant à la rigueur de leurs créanciers, ou à la tyrannie des nobles, se rendaient effectivement leurs esclaves. Les druides avaient la conduite de tout ce qui regardait la religion et les études, et rendaient la justice même en matière criminelle, dans de grandes assemblées qui se tenaient tous les ans. Leur autorité était

---

(1) *Cæs., de bello Gall., lib.* 6.

grande, et ils étaient exempts d'aller à la guerre et de payer aucun tribut. La peine de ceux qui ne leur obéissaient pas était une espèce d'excommunication : ils étaient exclus des sacrifices, ils passaient pour impies et pour scélérats : tout le monde fuyait leur rencontre, et ils ne pouvaient recevoir aucun honneur, ni même poursuivre leur droit en justice. Les chevaliers portaient tous les armes, et allaient tous à la guerre quand il y en avait, ce qui arrivait entre ces petits états presque tous les ans. Le plus grand honneur de ces chevaliers était d'avoir un grand nombre de personnes qui leur fissent la cour, et qui les suivissent aux occasions, et ils ne souffraient point que leurs enfans parussent devant eux en public, qu'ils ne fussent en âge de porter les armes. On peut en voir davantage dans un recueil des lois d'Allemagne par Gostald (1), où les anciennes coutumes des Gaulois et des Germains sont rapportées dans les propres termes de César et de Tacite, et rangées sous certains titres.

§ *III*. Droit Romain en Gaule.

A mesure que les Romains étendirent leurs conquêtes dans les Gaules, leur langue, leurs mœurs et leurs lois s'y établirent comme dans les autres pays; car tout l'empire romain ne faisait qu'un grand corps gouverné par un même esprit, et dont toutes les parties étaient unies par leurs besoins mutuels. Tous les gouverneurs des provinces et tous

---

(1) *Collectio consuetud. Legum Imper. Francofurti*, 1613.

leurs officiers, jusqu'aux appariteurs, étaient Romains, sans compter le reste de leur suite, toujours nombreuse, qu'ils appelaient leur cohorte; et leurs emplois duraient si peu, que le séjour des provinces ne pouvait faire en eux de changement considérable. C'était des Romains et même des chevaliers, qui étaient publicains ou fermiers de revenus publics. Les soldats qui composaient les légions étaient Romains; et outre ceux-ci, que le service de l'état attirait dans les provinces, il y avait toujours un grand nombre de citoyens romains qui y demeuraient pour leurs affaires particulières, pour exercer la banque ou le commerce, pour cultiver des terres, nourrir du bétail, particulièrement dans les colonies. Plusieurs, sans sortir de Rome ou de l'Italie, tiraient de grands revenus des provinces par le moyen de leurs esclaves.

D'autre part, les habitants des provinces venaient souvent à Rome, soit pour les affaires publiques de leurs pays, en qualité de députés, soit pour les affaires particulières, ou pour leur cour, ou par curiosité. Les plus considérables avaient droit d'hospitalité avec les citoyens les plus puissants, ou du moins étaient sous leur protection. Quelques-uns s'établissaient à Rome, devenaient citoyens, sénateurs et magistrats; jusque là que plusieurs empereurs étaient originaires des provinces. Enfin ils devenaient souvent Romains sans sortir de leur pays, par le droit de cité, qui s'accordait non-seulement à des particuliers, mais à des villes entières; et depuis que l'empereur Antonin le donna à tous les sujets de l'empire, il y eut des Romains de toutes nations.

Il est vrai que ce grand commerce n'apporta pas
un changement égal en toutes les provinces ; car les
Romains faisaient grande différence entre les Grecs
et tous les autres peuples, qu'ils nommaient barbares.
Comme ils étaient redevables aux Grecs de toute
leur politesse, et tenaient d'eux les sciences et les
beaux-arts, ils eurent toujours pour eux un certain
respect, et contents de leur commander, ils les lais-
sèrent vivre suivant leurs anciennes lois. Ils appre-
naient le grec plutôt que de les obliger à parler
latin : ils imitaient leurs manières, et hors ce qui
regardait le commandement ou la police générale
de l'empire, les Grecs changèrent plus les Romains,
que les Romains ne changèrent les Grecs. Au contraire ils méprisaient les barbares, sur lesquels ils
avaient l'un et l'autre avantage de la politesse et
de la force ; et ils croyaient ne leur pouvoir faire
un plus grand bien, que de les faire vivre à la romaine. Les barbares, de leur côté, admiraient les
Romains, et s'efforçaient d'imiter leur manière de
vivre, plus commode et plus magnifique que la
leur ; et cette différence de mœurs partageait tout
l'Empire. La Grèce et l'Orient, c'est-à-dire tout ce qui
avait été sous la domination des successeurs d'Alexandre, parlait grec et gardait les mœurs des Grecs :
tout le reste parlait latin, et suivait les mœurs et
les lois romaines. Cette seconde partie comprenait
à peu près ce qui composa depuis l'empire d'Occident ; c'est-à-dire l'Afrique, la Mauritanie, l'Espagne,
la Gaule, une partie des isles Britanniques, quelque peu de la Germanie, la Réthie, la Pannonie
et l'Illyrie. Tout ceci est clair à ceux qui savent
l'Histoire : les autres auront peut-être quelque peine

à croire qu'on parlât la même langue à Cologne, à Yorck, à Lyon, à Cordoue et à Carthage; que l'on y fût gouverné par les mêmes sortes de magistrats, et que l'on y vécût sous les mêmes lois.

Il y a des preuves particulières à la Gaule, pour montrer qu'elle devint à la fin toute romaine. Le séjour des empereurs, principalement dans le quatrième siècle, les écrits des auteurs gaulois, comme Ausone, Salvien, Sidonius, les noms des Gaulois, entre autres des évêques jusque vers le huitième siècle, les noms de tant de bourgs et de villages qui marquent encore les Romains qui en ont été les maîtres : comme Lagny de *Latiniacus ager*, ou *fundus* : Percy, *Patriciacus* : Savigny, *Sabiniacus*, ou, selon une autre prononciation, Savignac, et ainsi des autres. Enfin la langue que nous parlons tient plus du latin sans comparaison, que d'aucune autre langue, malgré le mélange des peuples du Nord, qui ont possédé la Gaule depuis les Romains.

Mais pour me renfermer dans mon sujet, on ne peut douter que le droit romain ne s'observât dans les Gaules, si l'on fait réflexion que si l'un des quatre préfets du prétoire y faisait sa résidence, et que ce magistat était celui qui rendait la justice souverainement à la place de l'empereur, au-dessus de tous les gouverneurs des provinces ; et si l'on observe les inscriptions de plusieurs lois du Code de Justinien, qui témoignent qu'elles ont été faites pour la Gaule ou pour les Gaulois(1). Ajoutez à tout cela que les Romains ont possédé la Gaule paisiblement pendant

____

(1) L. 5. *Cod. de adult.*, l. 9. *Cod. de Munic.*, l. 18, etc.

cinq siècles entiers. César acheva sa conquête environ cinquante ans avant la naissance de Jésus-Christ, et Mérové, le premier des Français qui fut puissant dans les Gaules, ne s'y établit qu'après l'an 458 de l'Incarnation. Cinq cents ans suffisent pour apporter de grands changements dans un pays; et ce qui s'y est pratiqué pendant un si long-temps, ne s'abolit pas aisément. Tenons donc pour certain que quand les Francs assujettirent les Gaulois, ils les trouvèrent tous Romains, parlant latin, et vivant suivant les lois romaines.

§ IV. Partie du Droit romain.

Mais ce droit romain n'était pas celui de l'empereur Justinien, qui ne fut fait que pour les pays où il commandait, et environ cent ans après l'entrée des Francs dans les Gaules. Le droit romain qui était alors en usage, était contenu dans les constitutions des empereurs, et dans les livres des jurisconsultes. Il y avait trois Codes où les constitutions étaient recueillies, le Grégorien, l'Hermogénien et le Théodosien; ce dernier venait d'être publié par l'empereur Théodose le Jeune, l'an 435, et confirmait les deux précédents. On y ajouta dans la suite les Novelles du même Théodose et des empereurs suivants (1). Les livres des jurisconsultes étaient ceux qui sont autorisés par le Code Théodosien, savoir : ceux de Papirien, de Paul, de Caïus, d'Ulpien, de Modestin, et des autres dont ils allèguent les autorités, qui sont Scévola, Sabin, Julien et Marcel.

---

(1) *Const.* 1 , *cod. Theodos. de Resp.*, *Prud. v.*, *glos. Aniani*

Cette restriction fait voir que les livres des autres jurisconsultes dont nous voyons des fragments dans le Digeste, n'étaient alors d'aucune autorité, ou n'étaient pas connus en Occident. J'estime aussi que les textes de l'édit perpétuel, des lois, des plébiscites, des sénatus-consultes, et surtout de la loi des douze tables, étaient très-sages dès lors, ou tout-à-fait perdus, puisque Justinien voulant ensuite faire un corps parfait de tout le droit, ne l'a composé que des constitutions des empereurs et des traités des jurisconsultes. La même chose se prouve par la conférence des lois mosaïques avec les romaines, que l'on croit être aussi du temps de Théodose le Jeune, puisqu'elle ne contient que des passages des jurisconsultes et des constitutions tirées des trois Codes, et même très peu de celui de Théodose, qui peut-être n'était pas encore publié.

La plus considérable partie de ce droit était donc le Code Théodosien; ce fut le livre qui se conserva le plus long-temps après la ruine de l'empire d'Occident; et plusieurs croyaient que c'était ce qu'ils appelaient simplement la loi romaine. En effet, Grégoire de Tours parlant d'un certain Andarchius, qui était au service de Sigebert, fils de Clotaire Ier, dit qu'il était très savant dans le livre de la loi Théodosienne.

§ *V*. Mœurs des Barbares.

Les Francs et les autres Barbares conquérants apportèrent un nouveau droit dans les Gaules; mais comme ils n'avaient aucun usage des lettres en leur langue, leurs lois n'ont été écrites qu'en latin par des Romains, après leur établissement et leur conversion à la religion chrétienne. Dans les premiers temps de leurs incursions, ils n'avaient que des coutumes, qu'ils observaient dans les jugements, comme ils les avaient reçues de leurs pères, et leur manière de vivre ne leur donnant pas grande matière de procès, ne leur permettait pas aussi d'y observer beaucoup de formalités. Tous ces peuples venaient de Germanie, et Tacite nous apprend, dans un traité fait exprès, quelles étaient les mœurs des Germains. La guerre et la chasse faisaient leur occupation : ils n'avaient ni habitations fixes, ni d'autres biens que des bestiaux, ainsi leurs différends ordinaires n'étaient que pour des querelles ou pour des larcins, et on les décidait dans des assemblées publiques, ou sur les dépositions des témoins produits sur-le-champ, ou par le duel, ou par les épreuves de l'eau et du feu. Les Romains, quoique soumis à ces barbares par la force des armes, ne les imitaient en rien, et en avaient horreur du commencement : c'était, comme à notre égard, des Cosaques et des Tartares. D'ailleurs les Barbares ne faisaient pas leurs conquêtes pour acquérir de la gloire, mais pour butiner, et pour subsister plus commodément que chez eux : se contentant d'être les maîtres, ils laissaient vivre les Romains comme auparavant. Au contraire, ils imitaient les mœurs romaines, que leurs pères admiraient depuis long-temps. Ainsi nos premiers rois gardèrent les noms des officiers romains, et appelèrent comme eux les gouverneurs de leurs provinces, ducs, comtes, vicaires, et ceux qui servaient auprès de leurs personnes, chanceliers, référendaires, cubiculaires, domestiques, et en général palatins. Eux-mêmes tenaient à honneur les dignités de consuls, et de patrices, et les noms de glorieux et d'illustres, qui n'étaient chez les Romains que des titres dont on honorait certains magistrats, encore n'étaient-ce pas les plus magnifiques. Leur monnaie consistait en mêmes espèces que la romaine, c'est-à-dire des sous d'or et des deniers d'argent, et les rois y étaient représentés à peu près comme les empereurs. Enfin l'esprit et la politesse des peuples vaincus les rendait maîtres de leurs vainqueurs, en tout ce qui demandait quelque connaissance des lettres et des arts.

Cette dépendance augmenta par la conversion des Barbares à la foi chrétienne. Ils révérèrent comme des personnes sacrées, les évêques et les prêtres, qu'ils admiraient déjà comme des savants, et les Romains commencèrent à ne les plus trouver si barbares, et à leur obéir plus volontiers. C'était néanmoins encore deux peuples différents de langue, d'habits, de coutumes, et leur distinction semble avoir duré en France pendant les deux premières races de nos rois : elle se conserva particulièrement dans les lois, et comme on était obligé de rendre justice à chacun selon la loi sous laquelle il était né, et qu'il avait choisie (car ce choix était permis), on jugea à propos de rédiger par écrit les lois, ou, pour mieux dire, les coutumes des Barbares.

Nous les avons encore sous le titre de Code des lois antiques, recueillies en un seul volume, qui comprend les lois des Visigoths, un édit de Théodoric, roi d'Italie, les lois des Bourguignons, la loi Salique et celle des Ripuariens, qui sont proprement les lois des Francs; la loi des Allemands, c'est-à-dire des peuples d'Alsace et du haut Palatinat; les lois des Bavarois, des Saxons, des Auglais et des Frisons; la loi des Lombards, beaucoup plus considérable que les précédentes, les Capitulaires de Charlemagne, et les Constitutions des rois de Naples et de Sicile. Sans examiner chacune de ces lois en particulier, je parlerai seulement de celles qui ont le plus de rapport à la France, après avoir observé qu'il n'y en a aucune dont on ne puisse tirer de grandes lumières pour l'histoire ou pour la jurisprudence, et que celles qui ont été faites pour les peuples les plus éloignés de nous, ne laissent pas de nous pouvoir être utiles, plusieurs ayant été rédigées de l'autorité des princes français : joint à ce que tous ces peuples du Nord venant de même origine, et ayant ensemble un commerce continuel, gardaient une grande conformité dans leurs mœurs. Je parlerai de ces lois suivant le temps où elles ont été écrites, qui a suivi à proportion l'ordre des conquêtes et de l'établissement des nations.

§ *VI.* Lois des Visigoths.

Les plus anciennes sont les lois des Visigoths, qui occupaient l'Espagne, et dans les Gaules une grande partie de l'Aquitaine. Comme ce royaume fut le premier qui s'établit, aussi ses lois paraissent avoir été écrites les premières. Elles furent premièrement rédigées sous Evarix, qui commença à régner en 466, et comme elles n'étaient que pour les Goths, son fils Alaric fit faire pour les Romains un abrégé du Code Théodosien, par Anien son chancelier, qui le publia en la ville d'Aire en Gascogne. Anien y ajouta quelques interprétations, comme une espèce de glose; du moins il souscrivit pour leur donner autorité; car on n'est pas assuré qu'il les ait composées lui-même. Ce qui est certain, c'est que cet abrégé fut autorisé du consentement des évêques et des nobles en 506, et que l'on y avait voulu comprendre tout le droit romain qui était alors en usage, que l'on tirait, comme il a été remarqué, tant des trois Codes, que des livres des jurisconsultes.

On fit dans la suite un autre extrait de ce code, qui ne contenait que les interprétations d'Anien, et qu'ils appellaient *Scintilla*.

La loi gothique ayant été augmentée par les rois suivants, à la fin, quand on crut y avoir assez ajouté pour y trouver la décision de toutes sortes de différends, l'on en fit un corps divisé en douze livres, pour imiter, disent quelques-uns, le Code Justinien, quoiqu'il n'y ait aucun rapport dans l'ordre des matières. On ordonna que ce recueil serait l'unique loi de tous ceux qui étaient sujets des rois Goths, de quelque nation qu'ils fussent : et, par ce moyen, on abolit en Espagne la loi romaine, ou plutôt on la mêla avec la gothique; car on en tira la plus grande partie de ce qui fut ajouté aux anciennes lois. Ce recueil s'appelait le livre de la loi gothique; et le roi Egiqua, qui régna jusqu'en 701, c'est-à-dire douze ans avant l'entrée des Maures en Espagne, le fit confirmer par les évêques au seizième concile de Tolède l'an 693. On y voit les noms de plusieurs rois ; mais tous sont depuis Récarède, qui fut le premier entre les rois goths catholiques. Les lois précédentes sont intitulées antiques, sans qu'on y ait mis aucun nom de rois, non pas même celui d'Evarix ; et peut-être a-t-on supprimé ces noms en haine

de l'arianisme. Ces lois antiques, prises séparément
ont grand rapport avec celles des autres Barbares :
ainsi elles comprennent toutes les coutumes des
Goths, que le roi Evarix avait fait écrire. Mais à
prendre la loi gothique entière, c'est sans doute la
plus belle comme la plus ample de toutes celles des Barbares, et l'on y trouve l'ordre judiciaire qui s'observait du temps de Justinien, bien mieux que dans
les livres de Justien. C'est le fond du droit d'Espagne,
et elle s'est conservée en Languedoc, long-temps après
que les Goths ont cessé d'y commander, comme il
paraît par le second concile de Troyes, tenu par le
Pape Jean VIII en 878.

§ *VII*. Lois des Bourguignons.

La loi des Bourguignons fut réformée par Gondebaud, l'un de leurs derniers rois, qui la publia
à Lyon le 29 de mars de la seconde année de son
règne, c'est-à-dire en 501. C'est du nom de ce roi,
que ces lois furent depuis nommées gombettes, et
toutefois il n'en était point le premier auteur. Il le
reconnaît lui-même, et Grégoire de Tours le témoigne, lorsqu'il dit que Gondebaud donna aux Bourguignons des lois plus douces, pour les empêcher
de maltraiter les Romains. Il y a quelques additions qui vont jusqu'en l'an 520 ou environ, c'est-
à-dire dix ou douze ans avant la ruine du royaume
des Bourguignons. Cette loi fait mention de la romaine, et l'on y voit clairement que le nom de
Barbare n'était point une injure, puisque les Bourguignons mêmes, pour qui elle est faite, y sont nommés Barbares, pour les distinguer des Romains. Au

reste, comme ce qui obéissait aux Bourguignons est environ le quart de notre France, on ne peut douter que cette loi ne soit entrée dans la composition du droit français.

§ *VIII*. Lois des Francs.

Quant à la loi salique qui fut la loi particulière des Francs, sa préface porte qu'elle avait été écrite avant qu'ils eussent passé le Rhin, et marque les lieux des assemblées avec les noms des quatre sages qui en furent les auteurs. Mais cette histoire est suspecte; et je crois qu'il est plus sûr de s'arrêter à l'édition que nous en avons, sans trop rechercher si c'est la première rédaction, ou une réformation. Elle fut faite de l'autorité des rois Childebert et Clotaire, enfans de Clovis; et il est dit expressément que l'on y abolit tout ce qui ressentait le paganisme dans les anciennes coutumes des Francs.

Nous avons deux exemplaires de cette loi, conformes dans le sens, et assez différents quant aux paroles, Le plus ancien, qui a été imprimé le premier, contient en la plupart de ses articles des mots barbares, qui signifient les lieux dans lesquels chaque décision avait été prononcée, ou la somme des amendes taxées pour chaque cas. C'est ainsi que l'explique Vandelin, official de Tournai, dans le traité particulier qu'il a fait de la loi salique. L'autre exemplaire est l'édition de Charlemagne, et c'est celui qui contient le code des lois antiques. A la fin de ce dernier, sont quelques additions sous le nom de décret des mêmes rois Childebert et Clotaire, qui sont les résultats des assemblées solennelles du premier jour de mars.

La loi des Ripuaires (1) n'est quasi qu'une répétition de la loi salique; aussi l'une et l'autre était pour les Francs; et l'on croit que la loi salique était pour ceux qui habitaient entre la Loire et la Meuse, et l'autre pour ceux qui habitaient entre la Meuse et le Rhin (2). Le roi Théodoric étant à Châlons-sur-Marne, avoir fait rédiger la loi des Ripuariens avec celle des Allemands et des Bavarois, tous peuples de son obéissance. Il y avait fait plusieurs corrections, principalement de ce qui n'était pas conforme au christianisme. Childebert et ensuite Clotaire II l'avaient encore corrigée : enfin Dagobert les renouvela et les mit en leur perfection, par le travail de quatre personnes illustres, Claude, Chaude, Indomagne et Agilulfe; et c'est ainsi que nous les avons.

§ *IX*. Des lois barbares en général.

Voilà quelles sont les lois barbares qui se rapportent proprement à notre France. Il est bon maintenant de donner une idée générale de leur matière et de leur style, pour connaître à quoi elles nous peuvent servir. Le nom des lois ne doit pas nous imposer, et nous faire croire que celles-ci soient l'ouvrage d'une prudence consommée, comme celles d'Athènes ou de Lacédémone ; ce ne sont, à proprement parler, que des coutumes écrites, c'est-à-dire un recueil de ce que ces peuples avaient accoutumé de suivre dans le jugement de leurs différends, composé par ceux qui en avaient le plus d'expérience. On le voit par l'ancien exemplaire de la loi salique, qui marque en langue barbare, le

(1) *V. Cod. leg. antiq.*
(2) *Præfat. leg. Ripuar.*

nom des lieux où de pareils jugements avaient été rendus, et quelquefois la qualité de l'action.

Ces lois ont néanmoins été rédigées par autorité publique, et approuvées non-seulement par les rois, mais par les peuples, ou du moins par les principaux, qui les acceptaient au nom de toute la nation. Ainsi la loi salique est intitulée le pacte ou le traité de loi salique; et la loi des Bourguignons porte les souscriptions de trente comtes qui promettent de l'observer eux et leurs descendants.

La principale matière de ces lois sont les crimes, et encore les plus fréquents entre des peuples brutaux, comme le vol, le meurtre, les injures, en un mot, tout ce qui se commet par violence. Ce qui regarde les successions et les contrats, est traité succinctement. Dans les lois des peuples nouvellement domptés et convertis, comme des Allemands, des Saxons, des Bavarois, il y a des peines particulières contre les rebelles et contre les sacriléges; par où l'on peut juger que ni les officiers publics, ni les évêques, et les autres clercs n'étaient pas en grande sûreté chez ces barbares.

On voit dans ces lois la forme des jugements : ils se rendaient dans de grandes assemblées, où toutes les personnes de distinction étaient contraintes de se trouver sous de certaines peines, comme il paraît par la loi des Bavarois (1). Pour les preuves, ils se servaient plus de témoins que de titres, et même dans les commencements ils n'avaient aucun usage de l'écriture : faute de preuves, ils employaient le combat, ou faisaient des épreuves par les éléments. Le combat était

____

(1) *L. Bajoat.*, tit. 25.

un duel en champ clos, qui se faisait de l'ordonnance des juges, ou par les parties mêmes, ou par leurs champions. Les épreuves se faisaient diversement : par l'eau bouillante, où l'accusé devait mettre le bras jusques à certaine mesure, par l'eau froide, dans laquelle il était plongé, pour voir s'il irait, à fond et quelquefois par le feu, où l'on faisait rougir un fer, que l'accusé était tenu de porter avec la main nue le long d'un certain espace ; ensuite de quoi on lui enveloppait la main, et on y mettait un sceau, pour voir, après quelques jours, l'effet du feu (1).

Ces manières de juger, qui se sont conservées pendant plusieurs siècles, passaient pour si légitimes, qu'elles étaient appelées Jugements de Dieu. Aussi y employait-on des cérémonies ecclésiastiques, dont on voit encore les formes, avec les exorcismes de l'eau et du feu, et les prières des messes qui se disaient à cette intention. La simplicité de ces temps-là faisait croire que Dieu devait faire des miracles pour découvrir l'innocence ; et les histoires rapportent plusieurs événements qui confirmaient cette créance. Quoi qu'il en soit, ils n'avaient rien trouvé de plus commode que cette espèce de sort, pour se déterminer dans les affaires obscures où leur prudence était à bout. C'est ce que les canons appellent purgation vulgaire, toujours condamnée par l'église romaine, nonobstant la force d'un usage presque universel ; et on l'appelait vulgaire, pour la dis-

____

(1) Il y avait encore une autre sorte d'épreuve pour les gens accusés de vol : on leur donnait un morceau de pain d'orge et de fromage de brebis ; et lorsqu'ils ne pouvaient avaler ce morceau, ils étaient réputés coupables. Sur les différentes sortes d'épreuves, *voyez* le Supplément de Moréry, de 1735, au mot *Épreuves.*

tinguer de la purgation canonique, qui ne se faisait que par serment.

Les qualités des peines que prononcent les lois, sont remarquables. Pour la plupart des crimes, elles n'ordonnent que des amendes pécuniaires, ou pour ceux qui n'avaient pas de quoi payer, des coups de fouet, et il n'y en a presque point qui soient punis de mort, sinon les crimes d'état. Ces peines sont nommées compositions, comme n'étant qu'une taxe de dommages et intérêts faite avec une exactitude surprenante. Il y en a 164 articles dans la seule loi de Frisons, qui d'ailleurs est des plus courtes. C'est proprement un tarif de blessures, avec l'énumération de toutes les parties du corps humain, et même de celles que l'on eût dû se dispenser de nommer : de toutes les manières dont chaque partie peut être offensée, et les mesures de chaque plaie. Par exemple, on taxe en autant d'articles différents, une main coupée, quatre doigts, trois doigts, un doigt, et on distingue si c'est le pouce, l'indice, et ainsi des autres, même en chaque doigt on distingue les jointures. On observe si la partie a été tout-à-fait coupée, ou si elle tient encore ; et si c'est seulement une plaie, on en exprime la longueur, la largeur et la profondeur. On taxe en particulier le coup (1) qui a fait tomber un os de la tête ; mais si cet os n'était pas une petite esquille du crâne, il fallait qu'il pût faire sonner un bouclier dans lequel il serait jeté au travers d'un chemin de douze pas. Les injures de paroles sont taxées avec la même exactitude, et l'on y peut voir celles qui passaient alors pour offensantes.

On ne s'aviserait point aujourd'hui d'exprimer cer-

---

(1) *Ripuar., tit. 70, de osse sup. viam son.*

taines actions marquées en particulier dans ces lois (1).
Il est parlé de celui qui empêche un autre de passer dans
un chemin ; de celui qui dépouille une femme pour lui
faire injure ; de celui qui déterre un mort pour le dé-
pouiller, de celui qui écorche un cheval (2). Enfin il
y a des titres particuliers pour les larcins de toutes sortes de bêtes, jusques aux chiens, dont on distingue les
différentes espèces. Ce détail, qui peut sembler bas,
n'est pas inutile pour donner quelque idée de ces lois
et des mœurs des peuples pour qui elles ont été faites.

Elles sont écrites d'un style si simple et si court,
qu'il serait fort clair, si tous les termes étaient latins,
mais elles sont remplies de mots barbares, soit faute
de mots latins qui fussent propres pour leur servir de
glose (3). Ce qui montre encore ce que j'ai dit, que ces
peuples n'écrivaient point en leur langue, car il eût
été bien plus commode d'écrire ces lois en allemand,
que de les écrire en latin rempli de mots allemands.
Il paraît toutefois que l'on écrivit en langue tudes-
que, un siècle ou deux après, la rédaction de ces
lois ; car sans parler de l'ancienne version de l'évan-
gile, dont on voit des fragments dans les inscriptions
de Gruter, nous avons des lois des anciens Anglais-
Saxons, écrites en leur langue vulgaire depuis le
roi Ina, qui commença à régner en 712, jusqu'à
Canut le Danois, dont le règne finit en 1035. Ces
lois, pour en dire un mot en passant, ont beaucoup de rapport avec les autres lois des Barbares, et
sont aussi faites dans les assemblées d'évêques et

---

(1) *L. Alaman., tit. 60. Rengobard, tit. 105, de injur. fem.*
(2) *L. sal., tit. 60.*
(3) *T. Fauchet de la langue, l. 1, ch. 3.*

d'anciens. Les lois gothiques sont écrites d'un style plus latin que toutes les autres : mais suivant la manière du temps, c'est-à-dire qu'il y a moins de mots barbares, mais plus de phrases et de paroles superflues.

§ X. Droit Français sous la première race.

Ainsi l'on peut voir quel droit s'observait en France sous les rois de la première-race. Les maîtres, c'est-à-dire les Francs, observaient la loi salique ; les Bourguignons, la loi gombette ; les Goths, restés en grand nombre dans les provinces d'outre la Loire, suivaient la loi gothique, et tous les autres la loi romaine. Les ecclésiastiques la suivaient tous, de quelque nation qu'ils fussent. Il est vrai qu'il y en avait peu qui ne fussent Romains ; et quand ils auraient été d'une autre nation, ils avaient toujours un grand intérêt de conserver la loi romaine, à cause des immunités et des priviléges qui leur étaient accordés par les constitutions des empereurs. De plus, ils suivaient le droit canonique, c'est-à-dire, les règles des conciles, comprises dans l'ancien Code des canons de l'église universelle, et quelques décisions des papes, qui étaient souvent consultés par les évêques. Les Barbares, même les Francs, étaient obligés en plusieurs rencontres d'avoir recours aux lois romaines, parce que leurs lois particulières contenaient peu de matières. Aussi Agathias témoigne que les Francs suivaient les lois romaines dans les contrats et dans les mariages. Et Aimoin rapporte que du temps du roi Dagobert, les enfants de Sadregisile, duc d'Aquitaine, pour n'avoir pas vengé la mort de leur père, furent

privés de sa succession , conformément aux lois romaines. Il est même à croire que ceux qui dressaient
les actes publics, et qui écrivaient les lettres, étant
tous clercs, ou moines, comme Marculphe, dont nous
avons les formules , les faisaient, autant qu'ils pouvaient , conformes à leur loi et à leur style. La loi
romaine était donc universellement observée en France
sous les rois de la première race, et on y dérogeait
seulement à l'égard des Barbares, dans les cas où
leurs lois ordonnaient nommément quelque chose
qui n'y était pas conforme.

Dans l'histoire de M. de Cordemoi, à la fin du règne
de Dagobert, il y a un abrégé de ces lois mises dans
leur plus beau jour, avec un plan de l'état des Français sous les rois de la première race, de leur manière
de rendre la justice, de leur gouvernement.

§ XI. Droit français sous la seconde race.

Charlemagne ayant réuni sous son empire toutes
les conquêtes des Francs, des Bourguignons, des
Goths et des Lombards, laissa vivre chaque peuple
selon ses lois, et les fit toutes renouveler, par le
soin qu'il prit de rétablir l'ordre en toutes choses:
peut-être même lui avons-nous l'obligation des exemplaires de ces lois qui sont venus jusques à nous.
En 788 , il fit écrire le Code Théodosien suivant l'édition d'Alaric, roi des Visigoths, dont il a été parlé ;
et c'est de cette édition d'Alaric et de Charlemagne,
que nous avons tout le Code Théodosien , ou plutôt
l'abrégé de tout ce qu'il contenait ; car nous n'en
avons que la moitié, suivant l'édition de Théodose
même, qui était beaucoup plus ample. En 798 , Char-

lemagne fit écrire la loi salique , et y ajouta plusieurs
articles. En 8o3 , Louis le Débonnaire y fit aussi quelques additions : ainsi on suivît sous la seconde race ,
le même droit que sous la première , on y ajouta seulement les capitulaires , qui étaient des lois générales
et qui méritent d'être examinées.

§ *XII*. Capitulaires.

Les rois de la première race tenaient tous les ans,
le premier jour de mars, une grande assemblée où
se traitaient toutes les affaires publiques , et où le
prince et ses sujets se faisaient réciproquement des
présents (1). On l'appelait Champ-de-Mars, nom déjà
usité sous les empereurs romains , pour marquer une
assemblée militaire. Les Francs tenaient leur assemblée en pleine campagne , faute de bâtiments assez
spacieux, ou plutôt parce que les Germains en avaient
toujours usé ainsi dans leur pays , où ils n'avaient
d'autres logements que des cavernes , ou des ca-
banes dispersées. C'était apparemment cette manière
de tenir les assemblées , qui en avait déterminé le
temps : la sortie de l'hiver, qui avait tenu chacun
renfermé chez soi, et avant l'été, qu'il fallait avoir tout
entier pour exécuter les résolutions ; car la guerre
était le principal sujet de leurs délibérations. Ce Champ-
de-Mars , sous les rois fainéants, devint une simple
cérémonie , et Pepin en changea le jour au premier
de mai. Depuis , le jour fut incertain , quoique l'assemblée se tînt régulièrement chaque année.

Elle était composée de toutes les personnes consi_

---

(1) *Lact. de mort., pers.*, n. 32.

dérables de l'un et de l'autre état (1), ecclésiastique et laïque; c'est-à-dire des évêques, des abbés et des comtes : je crois même que tous ceux qui étaient Francs , avaient droit de s'y trouver. Le roi proposait les matières, et décidait après la délibération libre de l'assemblée. Le résultat de chaque assemblée était rédigé par écrit , et l'on obligeait chaque évêque et chaque comte d'en prendre copie par les mains du chancelier , pour les envoyer ensuite aux officiers de leur dépendance , afin qu'elles pussent venir à la connaissance de tous. Comme les propositions et les décisions étaient rédigées succinctement et par articles, on les appelait chapitres , et le recueil de plusieurs chapitres s'appelait capitulaire. On peut voir sur ce sujet la préface de M. Baluze.

Il semble que les capitulaires doivent être distingués , selon leur matière ; ceux qui traitent des matières ecclésiastiques, qui sont en très grand nombre, sont des véritables canons , puisque ce sont des règles établies par des évêques légitimement assemblés : aussi la plupart de ces assemblées sont mises au rang des conciles. Les capitulaires qui traitent de matières séculières mais générales , sont de véritables lois; et ceux qui ne regardent que certaines personnes , ou de certaines occasions , ne doivent être considérés que comme des règlements particuliers.

Il nous reste un grand nombre de capitulaires des deux premières races depuis Childebert, fils de Clovis, jusques à Charles le Simple. La plupart sont de Charlemagne et de Louis le Débonnaire, et jusques ici nous n'avions ceux de ces deux empereurs, que dans la com-

____

(1) *Cap.* 1, *liv.* 1, *ch.* 24.

pilation qui en fut faite par l'abbé Ansgise, et par le diacre Benoît : mais nous avons à présent les capitulaires entiers comme ils ont été dressés en chaque assemblée et selon l'ordre des temps. C'est ainsi que nous les a donnés M. Baluze, dans l'édition qu'il en a faite en 1677, avec une ample préface et des notes pleines d'une grande érudition. Il a mis en son ordre, c'est-à-dire après les capitulaires de Louis le Débonnaire, la compilation d'Ansgise et de Benoît (1). Elle est divisée en sept livres : les quatre premiers furent composés par l'abbé Ansgise en 827, afin, dit-il, de conserver les capitulaires plus aisément que dans les cahiers séparés, il mit dans les deux premiers livres ceux de Charlemagne : dans le premier, les matières ecclésiastiques ; dans le second, les matières séculières ; dans les deux autres livres, les capitulaires de Louis le Débonnaire et de son fils Lothaire, savoir, dans le troisième, ceux des matières ecclésiastiques, et dans le quatrième, ceux des matières séculières. Les trois autres livres ont été compilés par Benoît, diacre de l'église de Mayence, vers l'an 845, et contiennent d'autres capitulaires des mêmes princes que l'abbé Ansgise avait omis, ou à dessein, ou faute de les avoir connus, et que Benoît avait retrouvés en divers lieux, particulièrement dans les archives de l'église de Mayence. On accuse avec raison le diacre Benoît, ou ceux dont il a compilé les mémoires, de n'avoir point assez choisi ce qu'ils ont inséré aux capitulaires. Au commencement du sixième livre de la collection, on voit cinquante-trois articles tirés des lois mosaïques, dont plusieurs assurément ne convenaient ni au pays, ni au

---

(1) *Baluze, præf., n.* 39, *etc.*

siècle de Charlemagne (1). Ensuite de ces sept livres, il y a quelques capitulaires de Louis le Débonnaire, suivant les matières ecclésiastiques, retrouvés après la collection de Benoît, et distribués en quatre additions, dont la première ne concerne que la discipline monastique.

L'autorité des Capitulaires (2) ne pouvait manquer d'être grande, puisque le roi les faisait par le conseil des principaux de ses sujets, du consentement de tous. Ils furent donc observés par tout l'empire français, c'est-à-dire quasi par toute l'Europe, principalement pendant le règne de Charlemagne, de Louis le Débonnaire et de ses enfants. Outre le soin que l'on prenait de les faire connaître à tous les peuples, une des principales charges des intendants ou envoyés du prince, était de les faire exécuter dans les provinces de leurs départements. Long-temps après, les capitulaires étaient encore considérés comme des lois, ainsi qu'il paraît par les épitres d'Yves de Chartres, par les décrétales d'Innocent III, et par le décret de Gratien, où il y en a grand nombre d'insérés. Tel était donc le droit de la France sous la seconde race de nos rois ; on y observait les capitulaires, la loi salique, et les autres lois de chaque nation, mais surtout la loi romaine.

§ *XIII.* Loi Romaine sous la seconde race.

On voit le soin que les rois eurent de la conserver, par un article des capitulaires de Charles-le-Chauve (3),

---

(1) *Art.* 43, 44, 45.

(2) *Baluze, præf., n. q. 8, Cap., cap.* 3, *ann.* 803, *n.* 19.

(3) *Cap.* 31, *edit. Pissens. artic* 20.

où, après avoir établi une peine contre ceux qui usent de fausses mesures, il ordonne que dans les pays sujets à la loi romaine, les coupables seraient punis suivant cette loi, ajoutant que ni lui, ni ses prédécesseurs n'ont jamais prétendu rien ordonner qui y fût contraire, ce qu'il répète souvent dans le même édit.

De plus, la loi romaine n'était pas moins nécessaire en ces temps-là pour ceux qui n'étaient point Romains, que sous la première race. Les capitulaires, qui étaient les seules lois nouvelles, contiennent peu de choses qui puissent fournir des principes de jurisprudence. Une grande partie ne regarde que la discipline ecclésiastique, et l'on y a transcrit beaucoup de canons des anciens conciles. Ceux qui traitent des choses temporelles, ne regardent souvent que des affaires particulières ; il y en a même qui, visiblement, ne sont que des instructions pour les commissaires envoyés dans les provinces : le peu qui reste d'articles généraux, sont des lois fort imparfaites. Ce sont plutôt des exhortations à la vertu, que des lois pénales ; et comme on sait que les ecclésiastiques en étaient les principaux auteurs, on pourrait les soupçonner de n'avoir pas assez distingué le style des lois qui commandent et qui se font exécuter par la force, d'avec le style des avis charitables et des préceptes de morale : il fallait donc toujours avoir recours aux lois romaines pour les questions de droit, particulièrement dans les matières des contrats et de l'état des personnes ; car les serfs étaient un des plus fréquents sujets des différends. Voici un exemple mémorable du droit qui s'observait en France sous la seconde race (1). Adrevalde, moine de Saint-Benoît-sur-Loire, qui vivait du temps de Charles-le-Chauve, dit qu'il y eut un différend entre l'avoué de Saint-Benoît et celui de Saint-Denis, touchant quelques serfs : pour le terminer, l'on tint des plaids où se trouvèrent plusieurs juges et docteurs ès lois ; et de la part du roi, un évêque et un comte : mais l'on ne put rien conclure en la première assemblée, parce que les juges de la loi salique n'entendaient rien à régler les biens ecclésiastiques, qui se gouvernaient par la loi romaine. Les envoyés du roi assignèrent une autre assemblée à Orléans, où l'on fit venir, outre les juges, des docteurs ès lois, tant de la province d'Orléans que de celle du Gâtinois. Et après tout cela, peu s'en fallut que le différend ne se terminât par un duel entre les témoins. On voit ici que la loi romaine et la loi salique étaient en vigueur, et que chacune avait ses juges différents ; que l'église suivait la loi romaine ; qu'il y avait des personnes qui faisaient profession de l'enseigner, et qu'il y en avait dès lors à Orléans ; que les envoyés du prince présidaient à ces jugements, et que l'on ordonnait quelquefois le combat entre les témoins. Tout ce que j'ai expliqué jusqu'ici est ce que j'appelle l'ancien droit français.

§ XIV. Désordres du dixième siècle.

Pour entendre comment s'est formé le droit nouveau, il faut voir comment l'ancien se réduisit en coutumes, et comment l'étude du droit romain se ré-

---

(1) *Lib.* 1, *de miracul. Ben.*, *cap.* 25.

tablit. L'origine des coutumes est toujours obscure, puisqu'elles ne sont différentes des lois que parce qu'elles s'observent sans être écrites ; ensorte que s'il arrive que l'on écrive, ce n'est qu'après qu'elles sont établies par un long usage. Mais l'origine de nos coutumes a une obscurité particulière, en ce qu'elles se sont formées pendant le dixième et le onzième siècle, qui est le temps le plus ténébreux de notre histoire. Voici ce que j'en puis deviner.

Sur la fin de la seconde race de nos rois, et vers le commencement de la troisième, l'Italie et les Gaules étaient tombées dans une anarchie et une confusion universelles : ce désordre commença par la division des enfants de Louis le Débonnaire, et s'accrut considérablement par les ravages des Hongrois et des Normands, qui achevèrent d'y éteindre le peu qui restait de l'eprit et des manières romaines. Mais le mal vint au dernier excès par les guerres particulières, très fréquentes alors nou-seulement entre les ducs et les comtes, mais généralement entre tous ceux qui avaient une maison forte pour retraite ; car tout le monde portait les armes, sans excepter les évêques avec leurs clercs, et les abbés avec leurs moines, et il ne leur restait plus d'autre moyen de se garantir du pillage, après avoir employé en vain pendant long-temps les prières et les censures ecclésiastiques. Ces petites guerres étaient conformes aux anciennes mœurs des Barbares, et on voit des causes dans leurs lois. Outre le duel, qui était un des moyens ordinaires de décider les causes obscures, ils avaient le droit appelé *Faide*, par lequel il était permis aux parents de celui qui avait été assassiné, de tuer le meurtrier, quelque part qu'ils le rencontrassent,

excepté en certains lieux, comme à l'église, au palais
du prince, en l'assemblée publique, à l'armée, et
lorsqu'il était en chemin pour y aller; car en ces rencontres, celui qui était sujet à cette vengeance, était
en paix (1). Ainsi une seule mort, même d'accident,
en produisait d'ordinaire plusieurs autres. C'est apparemment à cause de ce droit, que les lois n'ordonnaient point de peine de mort contre les meurtriers,
mais seulement des peines pécuniaires, ou plutôt
des estimations de dommages et intérêts : aussi les
nomment-elles compositions. Il était au choix des
parents de venger la mort, ou de se contenter de cet
intérêt civil. Quoi qu'il en soit, les petites guerres
étaient établies universellement en France pendant le
dixième siècle.

Comme il est difficile de ramener à la raison des
esprits une fois effarouchés, tout ce que purent
faire d'abord les ecclésiastiques les plus zélés et les
princes les plus religieux, fut d'obtenir une cessa-
tion d'armes limitée à certains jours (2), c'est-à-dire
depuis le soir du mercredi de chaque semaine jusques au lundi matin. Pendant ces jours, tous actes
d'hostilité étaient défendus à l'égard de tout le monde; d'ailleurs il y avait certaines personnes qu'il
n'était jamais permis de maltraiter; savoir : les clercs,
les pélerins et les laboureurs, tout cela sous peine
d'excommunication (3). C'est ce que l'on appelle la
trève de Dieu, qui fut depuis confirmée et étendue.

On peut croire que pendant ces désordres, l'igno-

---

(1) *Pax fadio fit.*
(2) *Glaber., lib. 3, c. 1.*
(3) *Toto tit. extra, de tre. et pace.*

rance et l'injustice abolirent insensiblement les anciennes lois, et qu'à force d'être méprisées, elles
demeurèrent inconnues. Ainsi les Français retom-
bèrent dans un état approchant de celui des barbares, qui n'ont point encore de lois ni de police.
Encore étaient-ils plus misérables, en ce qu'il leur
restait assez de connaissances des arts pour forger
des armes et former des forteresses; de sorte qu'ils
avaient plusieurs moyens de se nuire que les sau-
vages n'ont pas. Ils n'étaient pas ignorants pour le
mal comme pour le bien : la tradition de tous les
crimes s'était conservée, et ils avaient la férocité
de leurs pères, sans en garder la simplicité et l'innocence.

§ *XV*. Nouvelles seigneuries.

De là viennent nos vieilles fables de ces félons
qui insultaient aux faibles, qui fermaient les passages et empêchaient le commerce, et de ces preux
qui erraient par le monde pour la sûreté publique
et pour la défense des dames. Les auteurs de ces temps
n'étaient pas fort inventifs, ils copiaient les mœurs
de leurs temps, y ajoutant seulement pour le mer-
veilleux, les géants, les enchanteurs et les fées.

Malgré cette confusion, il restait quelque forme
de justice, et les différends ne se terminaient pas
toujours par la force. Il y avait différents juges pour
les roturiers et pour les nobles. Je me sers de ces
noms, dont l'usage est plus nouveau, parce que la
distinction qu'ils marquent subsistait dès lors; et
je nomme roturiers, les paysans, les artisans et les
autres personnes franches ou serves qui composaient
le menu peuple. Ils étaient jugés par l'autorité des

nobles, c'est-à-dire par les chevaliers, et autres
personnes puissantes, qui commencèrent lors à s'éri-
ger en seigneurs, et à s'attribuer en propriété la
puissance publique, dont auparavant ils n'avaient
au plus que l'exercice. Car tant que l'autorité royale
fut en vigueur, principalement sous la famille de
Charlemagne, il n'y avait point d'autre seigneur
que le roi : la justice ne se rendait publiquement
qu'en son nom, et par ceux à qui il en donnait
le pouvoir. Mais dans les temps de désordres, chacun se mit en possession de juger, aussi bien que
de faire la guerre, et de lever des deniers sur le
peuple. Le principal fondement de cette entreprise
fut apparemment la puissance domestique ; car toute
la France était encore toute pleine de serfs, qui
étaient comptés entre les biens, comme faisant partie des héritages; et il fut facile de changer à leur
égard l'autorité privée en jurisdiction. Je crois que
l'on confondit avec les serfs quantité de personnes
franches, soit qu'elles y consentissent pour être pro-
tégées dans ces temps d'hostilité universelle, soit
par pure force ; car il est souvent parlé dans les
capitulaires, de l'oppression des personnes libres
et pauvres. Les premiers qui donnèrent l'exemple de
cette usurpation, furent peut-être les comtes, c'est-
à-dire les gouverneurs des bonnes villes, qui avaient
déjà, par le droit de leurs charges, l'exercice de
la jurisdiction.

Ces seigneurs, de quelque manière qu'eût commencé leur pouvoir, rendaient la justice en personne,
ou par des officiers pris entre leurs domestiques.
Le sénéchal était le maître-d'hôtel ; les baillis et
les prévôts étaient des intendants ou des receveurs ;

et les sergents étaient de simples valets. Même en remontant plus haut, on trouve que le sénéchal et les autres étaient non-seulement des domestiques, mais des esclaves, puisque la loi salique nomme entre les serfs estimables à prix d'argent, le maire, l'échanson et le maréchal (1) ; et la loi des Allemands nomme le sénéchal et le maréchal. Ces noms ne furent attribués à des officiers publics, que sous la troisième race. Cette justice était souveraine, et se rendait sommairement. Les peines des crimes étaient cruelles ; il était ordinaire de crever les yeux, de couper un pied, ou une main ; d'où vient que les actes de ce temps-là font si souvent mention de mutilation de membre. Il semble même que ces peines étaient arbitraires.

Ces seigneurs, qui jugeaient ainsi les roturiers, étaient jugés par d'autres seigneurs. Un simple chevalier, par exemple, ou un châtelain, était soumis à la jurisdiction du comte dont il était vassal ; et et le comte, pour le juger, était obligé d'assembler les pairs de sa cour, c'est-à-dire les autres chevaliers ses vassaux, égaux entre eux, et de même rang que celui qu'il fallait juger. Le comte était lui-même un des pairs de la cour de son seigneur, qui était un comte plus puissant, un duc ou un marquis, et cette subordination remontait jusqu'au prince souverain ; car le roi avait aussi sa cour composée de pairs de France, ses premiers vassaux.

Mais cet ordre ne s'observait pas toujours. Souvent les nobles qui se sentaient forts, n'obéissaient pas à leurs seigneurs, qui étaient réduits à se faire

____

(1) *L. saliq.*, tit. 11. *art.* 9, *L. Alaman.*, tit. 8, *art.* 3.

justice par les armes. Le roi lui-même était obligé de faire la guerre non-seulement à des pairs de France, mais à des seigneurs beaucoup moindres. L'abbé Suger nous apprend que le roi Louis le Gros (1) fit marcher ses troupes contre Bouchard de Montmorenci, pour défendre l'abbé de S. Denis; qu'il assiégea Gournai et le prit par force; qu'il défit le seigneur de Puiset en Beauce, et qu'il se délivra enfin du seigneur de Monthleri, qui avait fatigué le roi Philippe Ier son père pendant son règne, jusqu'à lui empêcher la communication de Paris et d'Orléans.

Souvent aussi les différends des seigneurs se terminaient en des assemblées d'arbitres choisis de part et d'autre, principalement quand ils avaient affaire avec une église. Dans les auteurs du temps, comme Fulbert et Ives de Chartres (2), il est souvent fait mention de ces conférences. Il semble qu'au commencement, avant que la subordination des seigneurs fût établie, ils se considéraient tous comme des souverains, dont les querelles ne peuvent finir que par une victoire, ou par un traité de paix. Cette manière irrégulière de rendre la justice, et l'établissement de ces nouvelles jurisdictions, contribuèrent beaucoup aux coutumes dont nous cherchons l'origine; mais plusieurs autres droits qui se formèrent en même temps, y concoururent.

§ *XVI.* Des fiefs et des droits seigneuriaux.

Les fiefs, qui n'étaient auparavant que des bénéfices à vie, prirent alors une forme nouvelle, de-

---

(1) *Vie de Louis le Gros.*
(2) *V. Mirac. S. Ben.*, lib. 4, 5, 11.

venant perpétuels et héréditaires. On rapporte aussi avec raison à ces temps de désordres, l'origine de la plupart des droits seigneuriaux, que l'on croit s'être formés par des traités particuliers, ou par des usurpations.

En effet, il n'est point vraisemblable que les peuples aient accordé volontairement à des seigneurs particuliers, tant de droits contraires à la liberté publique, dont la plupart des coutumes font mention, et dont plusieurs subsistent encore.

Tels sont les droits de péages, travers, rouage, barrage, et tant d'autres; comme les droits de giste, de past, de logement et de fournitures, de corvées, de guet et de garde; les banalités des fours, des moulins et des pressoirs; le ban à vin, et les autres défenses semblables. Tous ces droits sentent la servitude de ceux à qui ils ont été imposés, ou la violence de ceux qui les ont établis.

Je ne dis pas qu'ils ne soient devenus légitimes par le temps, et par l'approbation des souverains qui ont autorisé les coutumes; je crois volontiers que plusieurs ont été institués justement : par exemple, pour indemniser un seigneur de la construction d'un pont ou d'une chaussée, ou pour laisser des marques de la servitude dont il avait délivré ses sujets. Plusieurs sont les conditions de l'aliénation des héritages, comme les cens et les rentes foncières en espèces ou en argent, les champarts, les bourdelages, et les autres droits pareils. Je dis seulement que ces droits n'ont eu pour la plupart que des causes particulières, comme l'on voit par la diversité de leurs noms selon les pays, et par certains droits bizarres, qui n'ont pas même de nom,

et ne peuvent être venus que du caprice d'un maître. A mesure que la France s'est réunie, le temps
a beaucoup emporté de ces droits irréguliers : plusieurs se sont abolis entièrement, d'autres se sont
confondus avec ceux dont ils approchaient le plus ;
enfin ceux qui se sont trouvés le plus universellement reçus, ont passé en droit commun.

§ XVII. Droit des communes.

Les droits des communes et des bourgeoisies apportèrent encore un grand changement ; car ce fut
vers ce même temps, que les habitants des cités et
des villes établirent entre eux des sociétés sous la
protection de quelques seigneurs, pour se garantir
de la tyrannie des autres, et pour être jugés par
leurs pairs. Les premiers qui en usèrent ainsi, furent apparemment les anciens citoyens des villes
épiscopales et les autres personnes libres ; mais dans
la suite, les habitants serfs de plusieurs bourgs et
de plusieurs villages, donnèrent de grosses sommes
à leurs seigneurs pour acheter leur liberté, et pour
avoir aussi le droit de se défendre les uns les autres avec différents priviléges.

Dès le temps des Romains, il y avait en Gaule,
comme partout ailleurs, un très-grand nombre d'esclaves. La douceur du christianisme, et les mœurs
des nations germaniques, peu accoutumées à se faire
servir, rendirent insensiblement leur condition beaucoup meilleure ; en sorte que dans les siècles où se
formèrent nos coutumes, leur servitude ne consistait plus qu'à être attachés à certaines terres, et
à n'avoir pas la disposition libre de leurs biens pour

faire des testaments, ni de leurs personnes pour se marier ou s'engager par des vœux. Ainsi le pouvoir des seigneurs se réduisait principalement à trois sortes de droits, poursuite, formariage, et main-morte, célèbres dans les coutumes. De-là vient que l'on nommait souvent les serfs gens de poursuite, ou de main-morte, ou mortailliables, parce que les seigneurs levaient des tailles sur eux (1). On les appelait aussi hommes et femmes de corps, ou gens de pote, ou vilains, à cause des villes, c'est-à-dire des villages qu'ils habitaient ; mais les affranchissements se sont rendus si fréquents depuis le règne de S. Louis, qu'il reste peu de vestige de ces servitudes.

§ *XVIII.* Jurisdiction ecclésiastique.

Une troisième cause de ce changement de notre droit, fut l'accroissement de la jurisdiction ecclésiastique. Sous l'empire romain, les évêques terminaient souvent les différends, même entre les séculiers, qui se confiant en leur probité et en leur prudence, les choisissaient pour arbitres. L'utilité connue de ces arbitrages les fit autoriser par une loi du Code Théodosien, qui porte : que si l'une des parties déclare se vouloir soumettre au jugement de l'évêque, l'autre est obligée de s'y soumettre aussi, en quelque état que soit la cause. Il ne faut pas douter que cette loi ne fût observée dans les Gaules où, pendant le siècle de Théodose, il y eut tant d'évêques illustres en sainteté et en doctrine. Quoique l'autorité des prélats souffrît quelques traverses dans le changement des maîtres,

____

(1) *De potestate millæ.*

sous les rois de la première race, ils eurent toujours un grand pouvoir, et furent respectés non-seulement par les Romains, mais encore par les Barbares nouvellement convertis, qu'ils faisaient souvent trembler en les menaçant seulement de la colère de saint Martin (1). Sous les rois de la seconde race, nous trouvons la loi du Code Théodosien autorisée solennellement, car l'empereur ayant fait l'énumération de tous les peuples qui lui étaient soumis, afin de déroger expressément à leurs lois particulières, marque précisément le lieu d'où cette constitution est tirée, ordonne qu'elle soit tenue pour loi comme les Capitulaires, même par tous ses sujets, tant clercs que laïques, et en rapporte enfin les paroles tout au long. Elle fut donc observée tant que l'autorité royale subsista, et les actes du temps font voir que les évêques et abbés, aussi bien que les comtes, étaient d'ordinaire donnés pour juges, envoyés dans les provinces pour faire observer les lois, et admis aux conseils d'état.

Loin que l'affaiblissement de la monarchie diminuât l'autorité des ecclésiastiques, il l'augmenta ; car avant que le temps eût affermi les nouvelles seigneuries, pendant l'agitation qui produisit ce changement, il est à croire que les peuples obéissaient plus volontiers aux puissances ecclésiastiques, qui n'avaient point changé, qu'aux puissances séculières encore incertaines, ou si nouvelles, que l'on voyait clairement l'usurpation. D'ailleurs l'ignorance des laïques était si grande, qu'ils avaient besoin des clercs dans toutes leurs affaires, non-seulement pour les discuter et les résoudre, mais pour lire leurs titres, ou pour

____

(1) *Lib. VI*, cap. 366.

écrire leurs conventions. Enfin n'y ayant plus de justice réglée entre les seigneurs, l'entremise des évêques et des abbés était plus nécessaire qu'auparavant : c'était eux ordinairement qui faisaient la paix, et qui provoquaient et composaient ces assemblées si fréquentes. Il est vrai que sur ce fondement de l'entretien de la paix, et du peu de justice que rendaient les séculiers, les ecclésiastiques étendirent si loin leur jurisdiction, que les laïques s'en plaignirent et s'y opposèrent : d'où vinrent enfin ces cruelles divisions qui ont si long-tems affligé l'Allemagne et l'Italie; mais sans m'étendre sur l'histoire de la jurisdiction ecclésiastique (1), il suffit d'avoir remarqué le changement qu'elle apporta à la jurisprudence, en donnant une plus grande étendue au droit canonique, et le faisant entrer dans la composition du droit français, comme une de ses plus considérables parties.

§ *XIX.* Origine des coutumes.

Voilà mes conjectures sur l'origine des coutumes; et pour les renfermer en peu de mots, j'estime que l'ancien droit cessa d'être étudié, et continua toutefois d'être pratiqué, sans distinction des différentes lois, comme il n'y avait plus de distinction entre les peuples : qu'il reçut un grand changement par les nouveaux droits qui s'établirent, principalement en ce qui regardait la puissance publique, et par l'étendue de la jurisdiction ecclésiastique. Ce changement s'accrut par le temps, à cause du peu de commerce de chaque province, et même de chaque

---

(1) *V. Instit. au droit ecclés.*, 3 *part., c. 1.*

petit pays aves les pays voisins ; car la division était
telle, que du temps du roi Robert, un abbé de
Cluni, invité par Bouchard, comte de Paris (1), à
venir mettre des moines à Saint-Maur-des-Fossés, regardait ce voyage comme long et pénible, se plai-
gnait qu'on l'obligeât d'aller en un pays étranger et
inconnu : ainsi les mêmes causes qui les produisirent,
les produisirent différentes en chaque pays. J'appellerai ici pays, ce qui est nommé *Pagus*, dans les actes
du temps de Charlemagne et de ses successeurs, c'est-
à-dire le territoire de chaque cité qui était le gouvernement d'un comte, et pour l'ordinaire un diocèse.
Les coutumes s'y trouvèrent différentes, par la diversité qu'il y eut dans les usurpations de la puissance
publique, dans les traités des seigneurs entre eux et
avec les communes, dans le style de chaque jurisdiction, dans les opinions différentes des juges. Ce
sont les conjectures de Dumoulin. La division des
pays y contribua ; car ils ne dépendaient point les
uns des autres, et étaient souvent en guerre ; jusque-
là que ce droit de guerre faisait une partie de leurs
coutumes, et avait ses règles et ses maximes : c'est
pourquoi la diversité est demeurée plus grande dans
les provinces qui ont dépendu de différents souverains, comme celles que les Anglais ont possédées,
et le reste de la France. La raison d'état s'y mêlait, et
chaque prince était bien aise que les mœurs de ses
sujets les éloignassent des sujets de l'autre, afin que
le réunion fût plus difficile. Dans les pays soumis à
un même souverain, la jalousie ordinaire entre les
voisins, faisait que les juges et les officiers affectaient

---

(1) *Vita Comitis Buchardi.* Du Chesne, tome 4.

des maximes différentes , et laissaient cette émulation
à leurs successeurs.

§ *XX.* Renouvellement du Droit romain.

La France était en cet état , quand on recommença
d'étudier le droit romain. Ce n'était pas le Code
Théodosien qui , avant les désordres , s'appelait la
loi romaine dans les Gaules et dans les Espagnes , il
n'était plus connu qu'à quelques savants , et il demeura depuis entièrement dans l'oubli jusqu'au commencement du dernier siècle. Il fut imprimé en 1528,
sur trois manuscrits trouvés en Allemagne , et cette
édition est celle de Charlemagne , c'est-à-dire celle
d'Alaric. Depuis on a retrouvé une partie du Code,
telle que Théodose l'avait faite.

Le droit romain que l'on commença d'étudier au
temps dont je parle , et que l'on étudie encore aujourd'hui, est le droit de Justinien , qui avait été jusque là peu connu en Occident ; car du temps que
l'empereur Justinien le fit publier, vers l'an 530 , il
n'y avait en Europe que deux provinces qui lui obéissaient paisiblement , la Grèce , et la plus grande
partie de ce qui dépendait du préfet du prétoire
d'Illyrie. Les Espagnes et les Gaules étaient retran-
chées de l'empire romain depuis un siècle ; la Germanie n'en avait jamais été ; et pour l'Italie , les
Goths s'y défendaient encore contre Bélisaire, et les
Lombards y entrèrent peu de temps après que les
Goths en furent chassés. Le droit de Justinien ne fut
donc observé qu'en Grèce , en Illyrie , et dans la
partie de l'Italie qui obéissait aux Romains.

C'était ce qu'on appelle aujourd'hui la Romagne ,

avec le reste des terres de-l'église, le royaume de Naples, et la Sicile.

Il est hors de notre sujet de chercher ce que devint ce droit en Grèce et en Orient; il suffit de dire que, pendant trois siècles, on n'y connut point d'autre droit, et que trois cent cinquante ans après, l'empereur Léon le Philosophe fit faire une nouvelle compilation de tous les livres de Justinien, qu'il mêla ensemble, disposant les matières dans un autre odre, et distribuant en soixante livres tout cet ouvrage, que l'on nomme les Basiliques. Il fut composé en grec, parceque les sujets de l'empereur de Constantinople n'entendaient plus le latin, quoiqu'ils se disent Romains, comme font leurs descendants encore aujourd'hui. C'est donc en substance le droit de Justinien qui s'y est conservé jusqu'à la ruine de cet empire.

Mais sa fortune a été bien différente en Occident : il se conserva en Italie, et les lois romaines que l'on y suivit depuis le temps de Justinien, furent les siennes, et non pas le Code Théodosien comme en Gaule et en Espagne. Il y en a des preuves dans les épîtres de saint Grégoire, qui vivait sous Maurice et sous Phocas (1); dans le second concile de Troyes tenu par Jean VIII, l'an 878, au lieu où il est parlé de la punition des sacriléges, la loi de Justinien est alléguée.

Ce droit fut altéré pendant les quatre siècles suivants, par le mélange des différentes nations qui possédèrent l'Italie. Les Lombards chassèrent les exarques de Ravenne, et furent eux-mêmes assujettis par les Francs. Après la chute de la maison de Charlemagne, l'Italie fut ravagée par les Hongrois, et en

______

(1) *Tom.* 9. *Conc.*, *p.* 4.

même temps par les Sarrasins, qui occupèrent la Sicile et le royaume de Naples, jusqu'à ce qu'ils en fussent chassés par les Normands. Enfin les rois Saxons ayant été reconnus empereurs, commandèrent à la Lombardie et à la Toscane. Après tant de changements, il resta peu de personnes qui suivissent la loi romaine, d'autant plus que, pour le faire, il eût fallu s'avouer Romain. Or ce nom devint à la fin si odieux, que, selon Luitprand qui vivait au dixième siècle, qui disait un Romain, disait un homme corrompu, sans foi, sans courage et sans honneur. Toutefois le droit de Justinien était encore reconnu en Italie dans le onzième siècle, du moins au pays que les Grecs avaient tenu le plus long-temps, je veux dire la Romagne et le royaume de Naples. On le voit par l'hérésie des incestueux, qui vouloient suivre dans les mariages la manière de compter les degrés de parenté que les lois ont établis pour les successions, et qui furent condamnés par le pape Alexandre II, l'an 1065; mais sa constitution rapportée dans le décret de Gratien (1), ne parle des lois de Justinien qu'en général, sans nommer ni Code ni Digeste, et ne cite qu'un passage des instituts.

Environ soixante ans après, un Allemand nommé Irnier ou Warnier, qui avait étudié à Constantinople, commença à enseigner publiquement les lois de Justinien à Bologne en Lombardie: voici quelle en fut l'occasion. Irnier enseignait à Ravenne les arts, c'est-à-dire les humanités (2), quand il s'émut une dispute entre ceux qui faisaient la même profession, pour

---

(1) 35, q. 5, cap. *Al. sadam.*
(2) *Holst. in cap.* 1, *extra. de testam*, n. 2, *Odof.*

savoir ce que signifiait proprement le mot d'as (1).
Ils en cherchèrent l'explication dans les livres du droit
civil, et y ayant pris goût, ils s'appliquèrent à les
étudier; de sorte qu'Irnier qui était venu à Bologne
sur la dispute de l'as, commença à en faire des leçons
l'an 1128, suivant la tradition de cette école (2). Il
expliqua d'abord le Code, ensuite la première partie
du Digeste, depuis la dernière, qu'ils nommèrent Digeste nouveau : il trouva ensuite la seconde qu'on a
nommée l'Infortiat, et enfin les Novelles. C'est ce que
rapportent le cardinal d'Ostie et Odofred, disciple
d'Azon, dont le maître Bulgare fut l'un des quatre
principaux disciples d'Irnier. Il commença donc à
enseigner le droit romain de son autorité privée, ce
qui n'empêche pas qu'il ait reçu depuis une autorité
publique de la comtesse Matilde, comme dit l'abbé
d'Usperge, ou de l'empereur Lothaire II, comme l'on
croit communément.

Peu de temps après, c'est-à-dire l'an 1137, ou environ, le ville d'Amalphi, en Pouille, ayant été prise
sur Roger, roi de Sicile, par les troupes de l'empereur
Lothaire et du pape Innocent II, avec le secours des
Pisans, ils trouvèrent dans le pillage un manuscrit du
Digeste, qu'ils portèrent à Pise, d'où il fut depuis porté
à Florence par Gino Caponi (3), lorsqu'il se rendit
maître de Pise en 1407; c'est ce que l'on appelle les
Pandectes florentines, dont la découverte réveilla
l'étude du droit de Justinien; car cet exemplaire fut

---

(1) *Anch. qui res, n. 3, C. de sacros. Eccl., et L. quærebatur
in fin. ad L. Falc.*

(2) *Odorf. L. quærebat. ad L. Falc.*

(3) *Franc. Torellus præf. in Pand. Floren.*

toujours depuis considéré comme le plus authentique. On reconnaît à plusieurs marques, qu'il est de la main d'un Grec. Aussi la province où il fut trouvé, est celle de toute l'Italie où les Grecs se sont maintenus plus long-temps. Les premiers interprètes, dans ce renouvellement du droit romain, firent seulement des gloses, des renvois et des concordances de lois, comme les Grecs en faisaient de leur côté sur les Basiliques. Mais les Grecs eurent toujours cet avantage qu'ils avaient reçu le droit romain par tradition de leurs pères, au lieu que l'usage en ayant été long-temps interrompu en Occident, les Latins ne pouvaient l'entendre que très imparfaitement. De là vint que jugeant impossible, et même inutile, d'avoir une intelligence parfaite du texte, ils s'appliquèrent à en tirer des conséquences, et étudièrent le droit d'une méthode scholastique, pleine de chicanes et de fausses subtilités, comme on traitait alors toutes les sciences.

L'étude du droit de Justinien passa en France dès ces premiers temps, et l'on enseigna publiquement à Montpellier et à Toulouse, avant que les universités y eussent été érigées. On voulut aussi l'enseigner à Paris, mais le pape Honorius III (1) le défendit par une décrétale qui mérite d'être examinée.

Elle porte, qu'encore que l'église ne refuse pas le service des lois séculières qui suivent les traces de l'équité et de la justice, toutefois parce qu'en France, et en quelques provinces; les laïques ne se servent point des lois des empereurs romains, et qu'il se rencontre rarement des causes ecclésiastiques qui ne puissent

____

(1) *Cap. super pecula extra de privileg.*

être décidées par les canons, afin que l'on s'attache plus à l'étude de la Sainte Écriture, le pape défend à toutes sortes de personnes, d'enseigner ou d'apprendre le droit civil à Paris, ou aux lieux circonvoisins, sur peine d'être interdit de la fonction d'avocat, et d'être excommunié par l'évêque diocésain.

Je n'examine point quelle a dû être en France l'autorité de cette décrétale, si elle obligeait les laïques, et si c'est la véritable cause de ce que jusqu'à l'année 1679, il n'y a point eu de professeur de droit civil dans l'Université de Paris ; je veux seulement relever quelques faits qui servent à mon histoire. On voit dans cette décrétale que les ecclésiastiques mettaient les lois séculières bien au-dessous des canons et que les laïques et les ecclésiastiques vivaient encore sous différentes lois au treizième siècle ; et on peut conclure de ces paroles, que les ecclésiastiques suivaient le droit romain en tout ce qui n'était point décidé par le droit canonique. Pour les laïques, il est dit qu'ils n'usaient point du droit romain, parce qu'ils suivaient leurs coutumes, telles que je les ai expliquées, car quoique le droit romain fût le fond et la principale partie de ces coutumes, il y était si mêlé, qu'il n'était plus connaissable. Mais il faut surtout observer dans cette décrétale le nom de France ; car il est pris dans une signification fort étroite, et si, je ne me trompe, pour l'Île-de-France seulement, en sorte que par les autres provinces on entend la Normandie, la Bourgogne, et les parties plus septentrionales du royaume, d'où l'on peut inférer que dès ce temps on distinguait le pays coutumier du pays du droit écrit.

Ce fut ainsi que le droit de Justinien revint au monde, qu'il se rendit plus célèbre en Italie qu'il n'avait jamais été, et s'étendit dans les autres parties de l'Europe, où il n'avait point encore été connu.

C'est un grand sujet d'admiration que ces livres composés six cents ans auparavant à Constantinople, où ils n'étaient plus suivis alors, ayant été en partie abolis par les Basiliques, ayant été reçus avec tant de vénération dans tous les pays où jamais l'empereur n'avait commandé, comme l'Espagne, la France, l'Allemagne et l'Angleterre, sans que les puissances ecclésiastiques ou séculières les aient autorisés par aucune constitution, et que l'on se soit accoutumé à nommer ce qu'ils contiennent, le droit écrit, le droit civil, ou le droit simplement, comme s'il n'y avait point d'autre droit considérable. Voici toutefois les causes que j'imagine d'un événement si important.

Pendant la plus grande barbarie, on conserva toujours quelque usage de la langue latine, et quelques vestiges des mœurs romaines. Le moine Glaber, qui vivait dans le onzième siècle, appelle encore le pays des chrétiens, le monde romain (1), et nomme barbares les autres peuples. Il est vrai que les Francs et les autres peuples vainqueurs, avaient grand mépris pour ceux qui se disaient alors Romains, c'est-à-dire pour les sujets de l'empereur de Constantinople; mais il ne laissait pas de rester une idée confuse, que tout ce qu'avaient fait les anciens Romains était excellent, que leurs lois en particulier étaient fort sages, quoique les livres de ces lois fussent rares, et peu connus. Le droit de Justinien fut donc bien reçu, comme étant l'ancien droit romain, car les plus doctes de ce temps-là n'en savaient pas assez pour le distinguer d'avec leur véritable loi

______

(1) *Orbis romanus.*

romaine, qui était le Code Théodosien, ni pour savoir en quel temps Justinien avait commandé, et de quelle autorité étaient ses constitutions. On regarda seulement le nom d'empereur romain.

De plus, l'utilité de ces lois était grande : on y voyait les principes de la jurisprudence bien établis, non-seulement pour le droit particulier des Romains, mais encore pour les droits qui sont communs à toutes les nations ; car il n'y a guère de maxime du droit naturel ou du droit des gens, qui ne se rencontre dans le Digeste ; on y trouve d'ailleurs un nombre infini de décisions particulières très judicieuses ; mais il était principalement avantageux pour les princes, qui y trouvaient l'idée de la puissance souveraine en son entier, exempte des atteintes mortelles qu'elle avait reçues dans les derniers siècles ; ils y trouvaient même de quoi fonder de belles prétentions. L'empereur d'Allemagne avait droit à la monarchie universelle, suivant l'application que les docteurs lui faisaient de ce qui est écrit dans ces lois, et d'autres docteurs disaient aux rois qu'ils étaient empereurs dans leurs royaumes. Enfin tout l'esprit de ces lois tendait à rendre les hommes plus doux, plus soumis aux puissances légitimes, et à ruiner les coutumes injustes et tyranniques que la barbarie y avait introduites. Il ne faut donc pas s'étonner si ce droit, qui fut d'abord mis au jour par la curiosité de quelques particuliers, et par l'autorité des savants, s'établit insensiblement par l'intérêt des princes, et par le consentement des peuples.

§ *XXI.* Effet de l'étude du Droit romain.

Il a toutefois été reçu différemment selon la disposition des pays. Les Italiens l'embrassèrent avec ardeur sitôt qu'il parut, parce que cela arriva dans un temps où lassés de la domination des Allemands qu'ils tenaient pour barbares, quoiqu'ils ne le fussent guère moins eux-mêmes, ils s'efforçaient de rétablir le nom romain, et de rappeler la mémoire de leurs ancêtres, ou, pour mieux dire, les anciens Italiens. D'ailleurs ils ne craignaient plus, en devenant Romains, de devenir sujets de l'empereur de Constantinople, puisque ce fut environ dans le même temps que Constantinople fut prise par les Français; et comme les deux empires d'Orient et d'Occident se trouvèrent alors entre les mains de ceux que l'on appelait d'un nom général Francs, ou Latins, pour les distinguer des Levantins et des Grecs, ce fut une grande raison pour étendre les lois romaines par toutes leurs terres (1). Il est vrai néanmoins que l'étude du droit romain est entrée fort tard en Allemagne, et vers le quinzième siècle seulement; mais aussi son autorité s'y est répandue universellement, à cause du nom de l'empire.

Pour nous renfermer dans la France, il a été considéré comme loi qui oblige dans les lieux où la loi romaine avait jeté, pour ainsi dire, de plus profondes racines, comme le Languedoc, la Provence, le Dauphiné et le Lyonnais, parce que ces pays avaient été les premières conquêtes des Romains et les dernières des Français, et parce que la plus grande partie reconnaissait alors l'empereur d'Allemagne comme souverain direct : joint que le voisinage d'Italie leur donnait plus de commodité pour étudier le droit romain. De là vient qu'encore que dans ces provinces, il soit resté beaucoup de

____

(1) *V. Herman. Conring. de origin. Juris german.*

coutumes différentes de ce droit, elles n'y sont pas
fort opposées, et ont peu d'étendue. Au contraire,
dans le reste de la France, les coutumes ont prévalu,
et le droit romain n'est point observé dans tous les
cas où la coutume y est contraire, qui sont en très
grand nombre. C'est la différence du pays coutumier
d'avec le pays de droit écrit. De savoir si le droit
romain est le droit commun en pays coutumier, pour
les cas qui ne sont point exprimés par les coutumes,
c'est une question fameuse agitée par les savants des
derniers temps: le président Liset tenait l'affirmative; le
président de Thou la négative, et je ne sache pas
qu'elle soit encore décidée.

L'étude du droit de Justinien apporta un grand
changement au droit français, qui ne consistait alors
qu'en coutumes. On jugea le droit romain si nécessaire, tout mal entendu qu'il était, que dans toutes les
affaires on ne se servait plus que de ceux qui l'avaient
étudié, soit pour juger, soit pour plaider, soit pour
rédiger par écrit les conventions et les traités ; de sorte
que tous les officiers de justice, jusques aux procu-
reurs et aux notaires, étaient gradués en droit, et
clercs par conséquent ; car les laïques n'étudiaient
pas encore. Ces gens, soit pour se rendre nécessaires,
soit de bonne foi, croyant faire mieux que leurs prédécesseurs, changèrent toutes les formules des actes
publics. Jusque-là ils étaient simples, et n'avaient
rien de superflu, sinon quelques mauvais préambules :
mais depuis l'an 1250 ou environ, on commença à
charger les actes d'une infinité de clauses, de conditions, de restrictions, de renonciations et de protes-
tations, pour se mettre à couvert des règles les plus
générales, et bien souvent de celles qui ne pouvaient

convenir aux parties ; enfin on exprimait ce qui se serait mieux entendu sans en faire mention. L'esprit de défiance qui régnait alors, et qui était sans doute un reste des hostilités passées, faisait estimer ces cautelles ; car on les appelait ainsi : et celui-là passait pour le plus habile, qui en mettait le plus, et qui faisait les actes les plus prolixes.

Ce même esprit apporta un grand changement dans l'instruction et dans le jugement des procès. Ils se décidaient auparavant avec peu de cérémonie par les seigneurs, et par ceux qui avaient le plus d'expérience des coutumes ; mais depuis ce temps, on les embarrassa d'une infinité de procédures et de délais, en sorte que l'on ne pouvait plus les terminer sans le secours des clercs et des docteurs. De là sont venus les lieutenants des baillis et des sénéchaux, et les autres juges de robe longue.

L'étude du droit romain eut ses avantages aussi bien que ses inconvénients ; elle adoucit la dureté des coutumes, et établit des maximes certaines, sur lesquelles on peut raisonner d'un cas à l'autre. Depuis ce temps on a cessé d'alléguer, et même de lire les anciennes lois des Barbares. Au temps que l'on commença d'étudier le droit romain, on les connaissait encore, puisque Otton de Frisingue dit que, de son temps, les plus nobles des Français suivaient la loi salique (1) ; et l'auteur du second livre des fiefs, dit que les causes se jugeaient en Italie, ou par les lois romaines, ou par les lois des Lombards, ou par les coutumes du royaume, c'est-à-dire, à ce qu'on croit, de l'empire d'Allemagne. Depuis, ces

____

(1) *Otto Frising.. lib.* 4, *chron., cap.* 32.

lois anciennes ont disparu ; et du temps de Philippe de Valois, où l'on prétend que la loi salique fut de si grand usage pour la succession de la couronne, on n'alléguait point ses paroles comme d'une loi écrite, mais seulement sa force comme d'une coutume inviolable. On ne se servait point même du nom de loi salique, et le premier qui en ait parlé, que je sache, est Claude de Seissel, évêque de Marseille, sous Louis XII. Les coutumes reçurent donc un changement notable, tant par les nouveaux usages qui s'introduisirent dans les traités et dans les jugements, que par les maximes nouvelles qui furent alors reçues, ou éclaircies ; et c'est ce mélange du droit romain avec les coutumes, qui fait le droit français d'aujourd'hui.

§ *XXII*. Premières rédactions des coutumes.

Il reste à voir en quelle forme ce droit est venu jusques à nous, c'est-à-dire comment on a rédigé les coutumes par écrit. La diversité des coutumes devint fort embarrassante, lorsque les provinces furent réunies sous l'obéissance du roi, et que les appellations au parlement devinrent fréquentes. Comme les juges d'appel ne pouvaient savoir toutes les coutumes particulières qui n'étaient point écrites en formes authentiques, il fallait ou que les parties en convinssent, ou qu'elles en fissent preuve par témoins. Il arrivait de là que toutes les questions de droit se réduisaient en faits, sur lesquels il fallait faire des enquêtes par turbes, fort incommodes pour la dépense et pour la longueur. Encore ces enquêtes n'étaient pas un moyen sûr de savoir la véritable coutume, puisqu'elles dépendaient de la diligence ou du pouvoir des parties, de l'expérience et de la bonne foi des témoins. D'ailleurs il se trouvait quelquefois preuve égale de deux coutumes directement opposées dans un même lieu, sur un même sujet. L'on peut juger combien cette commodité de se faire un droit tel que l'on en avait besoin, faisait entretenir de faux témoins, et combien l'étude de la jurisprudence était ingrate, puisqu'après qu'un homme y avait appris le droit écrit, avec beaucoup de travail, ou, que par sa méditation, il avait tiré de bonnes conséquences sur des principes bien établis, il ne fallait pour ruiner toutes ses autorités et toutes ses raisons, qu'alléguer une coutume contraire, et souvent fausse. Enfin les coutumes étaient très incertaines en elles-mêmes, tant par l'injustice des baillis et des prévôts, qui les méprisaient pour exécuter leurs volontés, que par la présomption de ceux qui s'attachaient plus à leurs opinions particulières, qu'à ce qu'ils avaient appris par la tradition de leurs anciens. C'est ainsi qu'en parlait Pierre de Fontaines, dès le temps de Saint-Louis, se plaignant que son pays était presque sans coutumes, et qu'à peine en pouvait-on trouver un exemple assuré par l'avis de trois ou quatre personnes. (1)

Je crois que l'étude du droit romain y contribua ; comme il était estimé universellement, sans être bien entendu, ni légitimement autorisé, chacun en suivait ce qu'il voulait, ou ce qu'il pouvait. Dailleurs, les plus savants en lois n'étaient pas toujours les plus expérimentés dans les coutumes, qui ne s'apprennent que par l'usage des affaires, et toutefois leurs opinions

---

(1) *Préf. du conseil de Pierre de Fontaines.*

étaient respectées et suivies dans les jugements, et il y en a grand nombre qui ont passé en coutume.

L'écriture était le seul moyen de fixer les coutumes, et de les rendre certaines malgré leur diversité ; aussi commença-t-on de les écrire sitôt que les désordres qui les avaient produites furent un peu calmés, et que le temps les eut un peu affermies, c'est-à-dire sur la fin du onzième siècle : et quoiqu'il nous reste peu de mémoires de rédactions si anciennes, je présume toutefois que ce qui paraît avoir été fait dans un pays s'est aussi fait ailleurs, et que le temps et les rédactions postérieures ont fait périr la plupart des plus anciennes. La première que je connaisse, est celle des usages de Barcelonne par l'autorité du comte Raimond Berenger le Vieux, en 1060. Les anciens fors de Bearn étaient pour le moins du même temps, puisqu'ils furent confirmés en 1088, par le vicomte Gaston IV. Vers le même temps, c'est-à-dire en 1080, ou environ, Guillaume le Bâtard ayant conquis l'Angleterre, fit assembler les plus nobles et les plus sages de chaque comté, et sur leur témoignage, fit rédiger les anciennes coutumes des Anglais-Saxons et des Danois qui étaient mêlés avec eux. Ce fut l'archevêque d'Yorck et l'évêque de Londres qui les écrivirent de leur propre main. Je mets au nombre de ces coutumes rédigées, les livres des fiefs des Lombards, composés vers l'an 1150 par deux consuls de Milan : ils portent le titre des coutumes, et ne sont en effet que des usages anciens recueillis par des juges expérimentés. On y peut aussi rapporter le miroir du roi de Saxe, ou *Sachs Senspiegel*, qui est le plus ancien original du droit d'Allemagne(1),

-----

(1) *V. Herman. Conring. hist. jur. german.*

bien que, suivant l'opinion des plus doctes, il n'ait été écrit que vers l'an 1220.

En France on écrivit les coutumes vers le même temps; et ces premiers écrits furent principalement de trois sortes; les chartes particulières des villes, les coutumiers des provinces, et les traités des praticiens. Examinons-les en particulier.

Vers la fin du douzième siècle, et pendant tout le treizième, on écrivit les droits des coutumes de plusieurs villes dont les chartes ont été, comme je crois, les premiers originaux de nos coutumes. Je ne parlerai que de celles que j'ai vues, ou entières, ou énoncées dans les histoires, et ce peu suffira pour faire juger des autres.

La plus ancienne est la charte de la commune de Beauvais, donnée par le roi Louis le Jeune, en 1144, qui contient l'expression de plusieurs coutumes, concernant la jurisdiction du maire et des pairs. Elle ne porte que confirmation de ces droits déjà accordés par Louis le Gros; mais on n'en rapporte point les lettres, et peut-être n'était-ce qu'une concession verbale (1). De même on prétend que Guillaume Talvas, comte de Ponthieu, accorda le droit de commune à Abbeville, vers l'an 1130, quoique la charte de Jean II, qui est rapportée, ne soit que de l'année 1184.

Je trouve aussi qu'en 1173 (2) Henri Ier, roi d'Angleterre, permit aux habitans de Bordeaux d'élire un maire. En 1187, Hugues, duc de Bourgogne (3), accorda

----

(1) *Hist. des comtes de Ponth.*

(2) *Chronic. Bur. deg.*

(3) *Recueil de pièces servant à l'histoire de Bourgogne*, par Peyras.

aux habitants de Dijon, le droit de commune semblable à celle de Soissons, qui par conséquent est plus ancienne, mais dont la charte n'est point datée. Celle de la comté de Beaune est de 1203. Celle de Bar-sur-Seine de 1234. Celle de Semur de 1276. Je pourrais en rapporter de plusieurs autres lieux moins considérables. Je mets en ce rang l'établissement fait à Rouen en 1205 (1), entre les clercs et les barons de Normandie, qui contient plusieurs coutumes touchant la jurisdiction ecclésiastique, certifiées par les experts : la charte de Rouen donnée par le roi Philippe-Auguste en 1207, qui est la confirmation des anciens droits et priviléges de cette ville, pour ce qui regarde la commune et le trafic ; enfin l'établissement de la commune de Rouen, de Falaise, et du Pont-Eau-de-Mer qui est sans date, mais qui semble être plus ancienne, et règle la création et le pouvoir du maire et des échevins.

Outre ces titres particuliers à chaque ville, on commença aussi à écrire les coutumes des provinces entières ; et c'est le second genre d'écrits que j'ai marqué. Telles sont les anciennes coutumes de Champagne, publiées par Pithou : celles de Bourgogne qui se trouvent dans le recueil de du Peyrat ; les coutumes notoires du Châtelet, publiées par Brodeau, qui sont la plupart des résultats d'enquêtes par turbes, faites depuis l'an 1300 jusqu'en 1387 ; l'ancienne coutume de Normandie ; celle d'Anjou, les anciens usages d'Amiens, et plusieurs autres qui se trouvent encore en manuscrits ; mais les plus considérables sont les établissements de saint Louis donnés par M. du Cange, qui contiennent les coutumes de Paris, d'Orléans et

____

(1) *Hist. Norman. de Duchesne, à la fin.*

d'Anjou, telles qu'elles étaient alors; le nom d'établissement signifie édit ou ordonnance. Pierre de Fontaines, qui vivait du même temps, le fait voir, puisque traduisant une loi du Digeste, il appelle l'édit du Préteur, ban et établissement. Je les mets toutefois au rang des coutumes, parce que la préface porte expressément qu'ils sont faits pour confirmer les bons usages et les anciennes coutumes, avec quelques corrections tirées des lois et des canons. Saint Louis les fit en l'année 1270, avant son voyage d'Afrique.

La troisième espèce d'écrits qui contiennent les mêmes choses, et peuvent passer pour les originaux de nos coutumes, sont les ouvrages que quelques particuliers habiles composèrent en ce même temps pour l'instruction des autres, comme le conseil de Pierre de Fontaines donné par M. du Cange, le livre à la reine Blanche, que l'on croit être du même auteur; les coutumes de Beauvoisis, composées par Philippe de Beaumanoir en 1285; la somme rurale de Bouteillier; le grand coutumier, composé sous le règne de Charles VI, et les décisions de Jean des Mates que Brodeau a publiées, avec les coutumes notoires. J'estime que les cahiers des coutumes dont on s'est servi aux rédactions solennelles, ont été dressés sur ces originaux : c'est pourquoi je crois devoir dire ce qu'ils contiennent.

Les mots d'us et coutumes, fors et coutumes, franchises et priviléges, ne sont pas synonymes comme on le pourrait juger (1). Le nom de coutumes signifie quelquefois les usages, et en ce sens est opposé à celui

____

(1) *Marca hist. de Bearn.. L. 5, c. 24.*

de fors, qui signifie les priviléges des communautés, et ce qui regarde le droit public. Quelquefois on oppose les coutumes aux us, et alors elles signifient les droits particuliers de chaque lieu, principalement les redevances envers les seigneurs; et les us signifient les maximes générales. Les franchises sont principalement les exemptions des droits de servitudes, comme des main-mortes, ou des formariages, pour remettre des serfs dans le droit commun; et les priviléges sont des droits attribués à des personnes franches, outre ce qu'elles avaient de droit commun, comme le droit de commune et de banlieue, l'usage d'une forêt, l'attribution de causes à une certaine jurisdiction. Il se peut faire toutefois qu'en différents pays, ces mots d'us, coutumes, et les autres aient été pris en des significations différentes; et je ne prétends point que l'on prenne à la rigueur mes définitions.

La matière de ces anciens originaux des coutumes sont principalement les nouveaux droits établis pendant les temps de désordre. Premièrement, les droits du prince, du comte et des autres seigneurs, la jurisdiction des seigneurs et celle des communes, ensuite les droits des fiefs, les censives, les bannalités, et les autres droits seigneuriaux, les gistes, les fournitures et les corvées que les communes doivent aux seigneurs; la différence des gentils-hommes et des gentils-femmes, d'avec les vilains (1), francs, ou serfs; le droit de guerre, le droit de duel et des champions. Ce que l'on y voit le plus au long sont les formalités de justice, et la procédure du temps, suivant le style de cour laye : car ils ne manquaient jamais d'observer cette

______

(1) *Villani.*

distinction, à cause de la jurisdiction ecclésiastique qui était alors la plus étendue. Ainsi l'on voit que ceux qui ont rédigé ces coutumes, ont toujours supposé un autre droit, par lequel on se devait régler dans tout le reste, comme dans les matières de contrats et de successions, et n'ont prétendu marquer que ce qui dérogeait au droit commun. Je ne vois pas quel pouvait être ce droit commun, si ce n'était le droit romain. Aussi le citent-ils fréquemment sous le nom de lois, et de loi écrite. Bien qu'alors on écrivît presque tout en latin, ces coutumes ont été écrites en français, comme traitant de matières qui ne pouvaient être bien expliquées qu'en langue vulgaire, et qui devaient être entendues de tout le monde. On peut conserver dans ces écrits les changements de notre droit. Les plus anciens tiennent beaucoup de la dureté des lois des Barbares. Il y est souvent parlé de plaies à sang, de mutilation de membres, d'amendes pour les forfaits, d'assurement ou sauve-garde, d'infraction de paix. Ce qui est écrit depuis trois cents ans approche plus du droit romain et de la jurisprudence d'aujourd'hui. On y voit des questions touchant les successions et les testaments, les mariages et les autres contrats, et beaucoup de formalités de procédure. Je me suis étendu sur ces anciens originaux, parce que des personnes très capables jugent que ce sont les meilleurs commentaires des coutumes, d'autant qu'on y peut voir leur esprit et la suite de leur changement.

XXIII. Rédactions solennelles.

Tous ces écrits n'empêchaient pas que le droit coutume ne fût encore incertain, parce qu'ils étaient sans autorité, ou trop anciens, ou trop succincts : c'est pourquoi on jugea nécessaire de rédiger les coutumes par écrit, plus exactement et plus solennellement. Le dessein en fut formé sous le règne de Charles VII, qui après avoir chassé les Anglais de toute la France, entreprit une réformation générale de toutes les parties de son état, et fit entre autres une grande ordonnance datée de Montil-lez-Tours en 1454, dont le cent vingt-troisième article porte, que toutes les coutumes seraient écrites et accordées par les praticiens de chaque pays, puis examinées et autorisées par le grand conseil et par le parlement, et que toutes les coutumes ainsi rédigées et approuvées, seraient observées comme lois, sans qu'on en pût alléguer d'autres.

Dumoulin dit que le dessein était d'amasser toutes les coutumes ensemble pour n'en faire qu'une loi générale, et que la rédaction de chaque coutume en particulier n'était que provisionnelle, afin que les peuples eussent quelque chose de certain pendant que l'on travaillerait à la réformation générale. C'était la meilleure voie qu'on pût tenir pour donner à la France de bonnes lois ; et c'est celle que les anciens législateurs ont suivie. Platon dit (1) que, comme les états ont été formés de plusieurs familles jointes ensemble, les lois ont été composées de coutumes de ces familles, entre lesquelles quelque sage a choisi les plus raisonnables pour les rendre communes à tout l'état, abolissant quelque chose de particulier à chaque famille dans les matières moins importantes. On eût pu faire la même chose en France, considérant chaque petite province comme une famille à l'égard

____

(1) *Livre 5 des lois.*

de ce grand état. C'est ce que Dumoulin dit que l'on voulait faire, lui qui le pouvait savoir par une tradition prochaine : et Philippe de Comines semble le prouver, lorsqu'il dit que le roi Louis XI désirait fort qu'en ce royaume on usât d'une coutume, d'un poids, d'une mesure, et que toutes les coutumes fussent mises en français dans un beau livre : ce sont ses termes. Il n'y a eu jusqu'à présent que la première partie de ce grand dessein exécutée, c'est-à-dire, la rédaction des coutumes, encore s'est-elle faite fort lentement, et n'a été achevée que plus de cent ans après la mort de Charles VII.

La plus ancienne est la rédaction de la coutume de Ponthieu, faite sous Charles VIII, et de son autorité en 1495. Il y en eut plusieurs sous Louis XII. Depuis l'an 1507 l'on continua à diverses reprises sous François Ier et sous Henri II, et il s'en trouva encore quelques-unes à rédiger sous Charles IX. Si l'on veut compter ces coutumes, on en trouvera jusqu'à deux cent quatre-vingt-cinq, en y comprenant les coutumes locales, et celles des pays voisins, comme les Pays-Bas, où on les a rédigées à l'imitation de la France ; et ne comptant que les coutumes principales du royaume, on en trouvera bien soixante, la plupart fort différentes.

On s'aperçut vers l'an 1580, qu'il était arrivé beaucoup de changements depuis les rédactions qui avaient été faites au commencement du même siècle, et qu'il y avait des omissions considérables ; de sorte que l'on réforma plusieurs coutumes, comme celles de Paris, d'Orléans, d'Amiens ; ce qui se fit avec les mêmes cérémonies que les premières rédactions.

Il est nécessaire, pour bien entendre les coutumes, de connaître ces cérémonies ; quoique tout le monde les puisse voir dans les procès-verbaux, la lecture en est si ennuyeuse, que j'ai cru les devoir marquer ici. Premièrement, le roi donnait des lettres patentes, en vertu desquelles on faisait assembler par députés les trois états de la province. Le résultat de la première assemblée était d'ordonner à tous les juges royaux, aux greffiers, à ceux qui l'avaient été, et aux maires et échevins des villes, d'envoyer les mémoires des coutumes, des usages et des styles qu'ils auraient vu pratiquer de tout temps. Les états choisissaient quelques notables en petit nombre, entre les mains de qui l'on remettait ces mémoires pour les mettre en ordre, et en composer un seul cahier. Ensuite on lisait ce cahier dans l'assemblée des états, pour examiner si les coutumes étaient telles qu'on les avait rédigées, pour en accorder les articles, ou les changer s'il était besoin : enfin on les envoyait au parlement pour y être enregistrées. Cet ordre est expliqué dans le procès-verbal de la coutume de Ponthieu, qui est, comme j'ai dit, la première rédigée, et qui le fut par des officiers des lieux. La plupart des autres ont été rédigées par des commissaires tirés du corps du parlement, c'est-à-dire, que ces commissaires ont présidé à l'assemblée des états où se faisait la lecture des cahiers; mais il ne faut pas croire qu'ils aient composé ces cahiers, ni qu'ils aient pu les corriger à loisir. C'était l'ouvrage des praticiens de chaque siége, qui sans doute avaient suivi les autres écrits plus anciens dont j'ai parlé. On ne doit point attendre de ces gens-là ni politesse, ni méthode; et il était impossible de penser à l'arrangement, ni au style, lorsqu'on lisait ces cahiers dans les assemblées ; c'était bien assez d'y pouvoir établir les choses en substance, car on est toujours pressé en ces rencontres.

Il ne faut donc pas s'étonner si les coutumes sont rédigées avec si peu d'ordre, et d'un style si peu exact, quoique les commissaires dont on voit les noms en tête, aient été de grands personnages.

§ *XXIV*. Ordonnances des rois.

Il ne me reste qu'à parler des Ordonnances. Nous n'appelons ainsi que celles des rois de la troisième race ; les autres sont plus connues sous le nom des Capitulaires, et font partie de ce que j'appelle l'ancien droit français. Toutefois le nom d'ordonnance semble avoir pris son origine du règlement que Charlemagne faisait tous les ans pour l'ordre de son état et de sa maison ; car on a long-temps continué d'user de ce mot ; et du temps de Saint-Louis, on appelait encore ordonnance ce que l'on appelle aujourd'hui l'état de la maison du roi (1). Depuis, on l'a étendu à toutes les lettres patentes, par lesquelles le roi propose quelque loi générale ; mais je n'en vois point de telle avant Saint-Louis. On ne nous rapporte de ses prédécesseurs, que des chartes de priviléges et de réglements particuliers en faveur des églises, des communes, des villes ou des universités. Mais il semble qu'ils ne faisaient point ces actes comme rois, puisque les seigneurs en faisaient de semblables dans leurs terres, et la plupart de ces anciens réglements ayant passé ces coutumes, ont été compris dans les rédactions. S'il y avait quelque droit nouveau à établir, ou quelque question importante à décider, le roi le faisait dans l'assemblée de

---

(1) *Voy. not. de Ducange sur la vie de saint Louis.*

ses barons ; et les seigneurs en usaient de même à proportion de leurs vassaux : ainsi c'était comme une convention entre eux tous, ou un jugement donné par leur conseil. On peut donner pour exemple de ces conventions l'*Assise du comte Geoffroy*, qui est un réglement fait en Bretagne, pour les successeurs des nobles en 1287, et un ancien réglement de Philippe-Auguste, pour la mouvance des fiefs partagés, fait en 1210, du consentement de plusieurs seigneurs dont le nom est mis tête de l'acte aussi bien que celui du roi. Pour exemples des jugements solennels, nous avons les anciens arrêts rapportés par Dumoulin à la fin du style du parlement. Ils sont nommés indifféremment édits ou arrêts ; de sorte que le mot d'arrêt signifiait simplement le résultat d'une délibération, et comme on dirait aujourd'hui un arrêté. C'est peut-être l'origine de la grande autorité, que le commun des praticiens donne aux arrêts, les considérant comme des lois. Joint qu'avant la rédaction des coutumes il n'y avait point de meilleure preuve de l'usage, qu'un grand nombre d'arrêts conformes. D'où vient qu'à la fin des anciens manuscrits des coutumes, on trouve d'ordinaire des arrêts de la cour souveraine du Pays.

Les ordonnances de Saint-Louis ont paru si considérables, que les auteurs de sa vie les ont rapportées dans leurs histoires : il y en a sur plusieurs matières. Pour la religion : contre les juifs, contre les blasphémateurs, contre les entreprises des ecclésiastiques. Pour la justice : du devoir des baillis, et des autres officiers. Pour la police : contre les lieux publics de jeu et de débauche. On pourrait aussi marquer ce que contiennent les ordonnances des autres rois, mais ce serait faire l'Histoire de France par les ordonnances, ce que je n'ai pas entrepris. On peut voir les tables chronologiques de la conférence de Guenoys. Je dirai seulement que presque toutes regardent le droit public, et règlent les droits du roi, et le pouvoir des officiers. De là vient que le nombre des édits a été sans comparaison plus grand, depuis le commencement du règne de François Ier, que dans tous les temps précédents, parce que depuis ce temps l'on a établi la plupart des subsides, et créé la plupart des offices en titres pour les rendre vénaux. Il y a aussi grand nombre d'ordonnances pour régler les procédures, et les formalités de justice; mais il y en a peu qui contiennent des règles pour les affaires des particuliers, et des maximes de jurisprudence. Ainsi l'utilité du droit romain n'est pas moindre, que quand on recommença à l'étudier, quoiqu'il n'y eût alors ni coutumes écrites, ni ordonnances. Car si d'un côté, l'on en a aboli expressément quelques maximes, comme le privilége du sénatus-consulte Velléien, on en a reçu d'autres expressément, comme la disposition de la loi *Hac edictalis Cod. de secundis nuptiis*, qui se trouve avec des explications et des ampliations dans l'édit des secondes noces; et toutes les ordonnances ont été composées par des gens savants dans le droit romain.

Les plus solennelles sont celles qui ont été faites dans les assemblées d'états, comme celles de Moulins et de Blois. Les parlements et les autres compagnies dont la jurisdiction est souveraine, parce que le roi y est réputé présent, étaient en possession d'examiner les édits qui leur étaient adressés, et de faire des remontrances avant que d'en ordonner la publication, quand ils le jugeaient à propos : mais cet usage a été aboli, et ces compagnies sont obligées d'enregistrer et de publier tout ce que le roi leur envoie, sauf à faire ensuite leurs remontrances.

Voilà ce que j'ai pu recueillir de plus certain de l'Histoire du droit français. Si quelqu'un veut s'appliquer à cette recherche, je ne doute pas qu'il ne découvre beaucoup plus ; mais je serai content si ceux que leur profession oblige à savoir notre droit, sont excités par cet écrit à en connaître les sources.

FIN.

TABLE DES MATIÈRES.

HISTOIRE DES SOURCES DU DROIT ROMAIN.

CHAPITRE PREMIER.

Préliminaires.

CHAPITRE II.

DES DIVERSES PÉRIODES DE L'HISTOIRE DU DROIT ROMAIN.

PREMIÈRE PÉRIODE.

Depuis la formation du gouvernement romain jusques à la loi des douze Tables.

QUATRIÈME PÉRIODE.

Depuis Alexandre Sévère jusques à Justinien.

CHAPITRE III.

SORT ÉPROUVÉ PAR LE DROIT ROMAIN APRÈS JUSTINIEN.

PREMIÈRE SECTION.

Du droit romain dans l'Orient.

DEUXIÈME SECTION.

Du droit romain dans l'Occident.

CHAPITRE IV.

DU CORPUS JURIS CIVILIS, DE SES DIVERSES PARTIES EN PARTICULIER, ET DE SES DIFFÉRENTES ÉDITIONS.

CHAPITRE V.

DES DIFFÉRENTES MÉTHODES D'ENSEIGNEMENT DU DROIT ROMAIN.

APPENDIX CONTINENS.

I. Conspectus singulorum fragmentorum.
legis XII tabularum.
II. Edicti prætorii atque ædilitii sententiæ
quæ supersunt.
III. Pomponii fragmentum de origine juris
et tres constitutiones imperiales de

APPENDIX I.

*Conspectus singulorum fragmentorum legis XII tabu-
larum.*

APPENDIX II.

Edicti prætorii atque ædilitii sententiæ quæ supersunt.

A.

Edictum prætoris.

B.

APPENDIX III.

HISTOIRE DU DROIT FRANÇAIS.

PAR L'ABBÉ FLEURY.

FIN DE LA TABLE DES MATIÈRES.